天津市哲学社会科学规划项目成果 (TJYY15-011)

Research on the Coordination of China's Monetary Policy and Exchange Rate Policy under the New Normal

新常态下中国货币政策与汇率政策协调研究

林文浩 著

中国金融出版社

责任编辑：王效端　张菊香
责任校对：张志文
责任印制：陈晓川

图书在版编目（CIP）数据

新常态下中国货币政策与汇率政策协调研究（Xinchangtai Xia Zhongguo Huobi Zhengce yu Huilü Zhengce Xietiao Yanjiu）／林文浩著．—北京：中国金融出版社，2018.1

ISBN 978-7-5049-7901-8

Ⅰ.①新… Ⅱ.①林… Ⅲ.①货币政策—研究—中国②汇率政策—研究—中国　Ⅳ.①F822.0②F832.0

中国版本图书馆 CIP 数据核字（2015）第 062669 号

出版发行	中国金融出版社
社址	北京市丰台区益泽路 2 号
市场开发部	（010）63266347，63805472，63439533（传真）
网上书店	http://www.chinafph.com
	（010）63286832，63365686（传真）
读者服务部	（010）66070833，62568380
邮编	100071
经销	新华书店
印刷	北京市松源印刷有限公司
尺寸	169 毫米 × 239 毫米
印张	14.75
字数	264 千
版次	2018 年 1 月第 1 版
印次	2018 年 1 月第 1 次印刷
定价	45.00 元
ISBN 978-7-5049-7901-8	

如出现印装错误本社负责调换　联系电话（010）63263947

编辑部邮箱：jiaocaiyibu@126.com

前　言

　　从世界各国看，货币当局普遍将维护物价稳定和金融稳定作为主要目标，货币政策更加关注于物价的稳定。国际金融危机后，各国经济复苏的持续乏力引发了对通胀目标制以外货币政策框架的理论探讨。对于新兴市场经济体而言，涉及货币当局是否应该关注国际收支平衡和汇率基本稳定的问题。作为兼具新兴市场经济体和大型转轨经济体特征的国家，中国政府赋予中央银行维护价格稳定、促进经济增长、促进社会就业、保持国际收支平衡的年度目标，及组织金融改革开放、发展金融市场的动态目标。中国央行多目标制的货币政策框架与本国处在经济转轨的特定阶段紧密相关。

　　在经济转轨过程中，中国借鉴了东亚外向型国家的发展经验，这对中国改革开放战略的成功实施贡献良多，但也曾一度提升了中国对国际贸易和FDI的依赖度。国际收支、资本流动、外汇储备和汇率波动成为影响中国宏观经济和货币政策的重要因素。与这种情况相关的问题是，中央银行的汇率政策与货币政策具有怎样的关系？从理论上看，货币政策与汇率政策的分工侧重不同；从实践经验看，二者存在冲突和交集。在新世纪至国际金融危机前的绝大多数年份，中国央行实施过大规模的流动性对冲，缓解了国际收支持续顺差下货币信贷快速增长的压力，为经济结构调整争取了时间。

　　党的十八大以来，党中央综合分析世界经济长周期和中国发展阶段性特征及其相互作用，作出中国经济发展进入新常态的重大战略判断。在经济新常态下，中国经济面临国内外诸多矛盾叠加、风险隐患交汇的严峻挑战。为应对复杂多变的经济金融扰动，中央银行实施稳健中性的货币政策，为供给侧结构性改革营造适宜的货币金融环境。综合运用多种货币政策工具，维护流动性基本稳定，合理引导市场利率水平，疏通传导机制，促进金融资源流向实体经济。完善人民币汇率形成机制，促进汇率在合理均衡水平上的基本稳定，保持人民币在全球货币体系中的稳定地位，维护国家经济金融安全。

　　本书以新常态下货币政策与汇率政策协调为研究对象，共有9章，四个部分：第一部分（第1、2章）提出政策协调问题，构建研究基础。阐述新常态下货币政策与汇率政策协调的研究背景，综述政策协调重要文献和理论基础，界定本书主要概念。第二部分（第3、4章）进行政策协调的经验研究。基于新世纪至新常态以来中国政策协调的经验分析，弄清政策协调的重点难点；借鉴近一个世纪以来政策协调的国际经验，归纳政策协调的规律。第三部分（第5、6章）开展政策协调的理论研究。建立新常态下政策协调的理论模型，分析不同协调方式下的福利水平；进行模拟分析，考察政策协调的微观机制。第四部分（第7、8、9章）基于经验、理论和实证分析，提出完善新常态下货币政策与汇率政策协调的思路和措施。

  本书是天津市哲学社会科学规划项目（TJYY15－011）的研究成果。本书的出版受到天津财经大学经济学院金融系、天津市哲学社会科学基金、中国滨海金融协同创新中心的资助。在本书写作过程中，得到许多专家学者的指导。感谢中国滨海金融协同创新中心主任王爱俭教授和中央财经大学金融学院李健教授，以及天津财经大学马亚明教授、李向前教授、王学龙教授、孟昊教授、王小雪教授、郭红教授、刘喜和教授的认真指导。感谢中国金融出版社王效端主任在本书出版过程中提供的诚挚帮助。感谢我的家人和朋友，你们的理解、关爱一直支持和鼓励着我。

  最后，希望本书能为关心中国货币政策与汇率政策协调的读者提供有益参考。限于本人学识有限，书中难免存在错误和疏漏之处，恳请专家学者批评指正。

林文浩
2017 年 12 月于天财园

目　录

1　新常态下货币政策与汇率政策协调问题的提出 ………………………… 1

 1.1　研究背景、目的和意义 ……………………………………………… 2
  1.1.1　研究背景 ……………………………………………………… 2
  1.1.2　研究目的 ……………………………………………………… 7
  1.1.3　研究意义 ……………………………………………………… 8
 1.2　国际国内相关文献综述 ……………………………………………… 8
  1.2.1　货币政策与汇率政策协调研究综述 ………………………… 8
  1.2.2　新常态下改革和政策调控研究综述 ………………………… 10
  1.2.3　新常态下各类经济冲击的研究综述 ………………………… 11
 1.3　研究内容、逻辑和方法 ……………………………………………… 12
  1.3.1　主要内容 ……………………………………………………… 12
  1.3.2　逻辑框架 ……………………………………………………… 13
  1.3.3　研究方法 ……………………………………………………… 14

2　新常态下货币政策与汇率政策协调的理论基础 …………………………… 15

 2.1　货币政策和汇率政策协调的相关理论 ……………………………… 15
  2.1.1　米德冲突理论 ………………………………………………… 16
  2.1.2　丁伯根规则 …………………………………………………… 16
  2.1.3　蒙代尔指派规则 ……………………………………………… 17
  2.1.4　名义驻锚理论 ………………………………………………… 17
 2.2　货币政策和汇率政策协调的相关模型 ……………………………… 18
  2.2.1　蒙代尔—弗莱明模型 ………………………………………… 18
  2.2.2　多恩布什超调模型 …………………………………………… 20
  2.2.3　新开放宏观经济学 …………………………………………… 24
 2.3　新常态下货币政策与汇率政策协调的概念界定 …………………… 31
  2.3.1　货币政策相关概念 …………………………………………… 32
  2.3.2　汇率政策相关概念 …………………………………………… 35
  2.3.3　政策协调相关概念 …………………………………………… 39

  2.3.4 新常态的相关概念 ·· 44

3 新世纪至新常态货币政策与汇率政策协调经验 ························ 46

3.1 多目标的货币政策框架和有管理的浮动汇率制度 ················ 46
  3.1.1 主要经济体的货币政策框架和汇率制度 ···················· 46
  3.1.2 中国多目标制的货币政策框架和汇率制度 ················ 55
  3.1.3 多目标框架下货币政策与汇率政策冲突 ···················· 61
3.2 新常态下货币政策与汇率政策协调的经验分析 ···················· 68
  3.2.1 2005 年 7 月前货币政策与汇率政策协调 ·················· 68
  3.2.2 2005 年 7 月至新常态货币汇率政策协调 ·················· 75
  3.2.3 货币政策与汇率政策协调方式比较分析 ···················· 82
3.3 新常态下货币政策与汇率政策协调的经验分析 ···················· 88
  3.3.1 新常态下政策协调的环境分析 ···································· 88
  3.3.2 新常态货币政策与供给侧改革 ···································· 91
  3.3.3 新常态下政策协调的特征分析 ···································· 92
3.4 新常态下货币政策和汇率政策协调的重点难点 ···················· 93
  3.4.1 原有政策协调方式的消极影响 ···································· 93
  3.4.2 政策目标体系设计的难点问题 ···································· 95
  3.4.3 政策协调能力建设的难点问题 ···································· 97
  3.4.4 政策协调配套措施的不足之处 ···································· 99
  3.4.5 政策协调研究难点与技术问题 ···································· 100

4 主要国家货币政策与汇率政策协调的国际经验 ························ 101

4.1 主要国家转变政策协调方式的原因 ·· 102
  4.1.1 历史经验 ·· 103
  4.1.2 理论模型 ·· 105
  4.1.3 影响因素 ·· 111
  4.1.4 主要启示 ·· 112
4.2 德国货币政策与汇率政策协调经验 ·· 113
  4.2.1 德国政策协调经验 ·· 114
  4.2.2 德国政策协调策略 ·· 118
  4.2.3 德国政策协调启示 ·· 123
4.3 美国货币政策与汇率政策协调经验 ·· 124
  4.3.1 美国货币和汇率政策的目标体系 ································ 124

  4.3.2 次贷危机的货币和汇率政策根源 ………………………… 129
  4.3.3 货币汇率政策协调的经验和启示 ………………………… 131

5 新常态下货币政策与汇率政策协调的理论分析 ………………… 134
 5.1 理论基础 ………………………………………………………… 134
 5.2 理论模型 ………………………………………………………… 136
  5.2.1 模型设定 …………………………………………………… 136
  5.2.2 相机抉择对通胀目标制——一种政策工具 …………… 137
  5.2.3 相机抉择对通胀目标制——两种政策工具 …………… 139
  5.2.4 不同协调方式和工具组合下央行福利比较 …………… 142
 5.3 主要启示 ………………………………………………………… 145

6 新常态下货币政策与汇率政策协调的模拟分析 ………………… 147
 6.1 模型简介 ………………………………………………………… 147
 6.2 黏性价格小国模型建立和求解 ………………………………… 149
  6.2.1 家庭 ………………………………………………………… 149
  6.2.2 厂商 ………………………………………………………… 154
  6.2.3 政策和均衡 ………………………………………………… 157
 6.3 黏性价格小国模型的政策模拟 ………………………………… 158
  6.3.1 参数校准 …………………………………………………… 158
  6.3.2 不同政策规则下冲击的影响 …………………………… 158
 6.4 黏性价格两国模型和政策模拟 ………………………………… 165
  6.4.1 黏性价格两国模型 ………………………………………… 165
  6.4.2 参数校准 …………………………………………………… 166
  6.4.3 外国扩张性货币政策的影响 …………………………… 166
 6.5 主要启示 ………………………………………………………… 171

7 新常态下新型货币政策和汇率政策协调的建立 ………………… 175
 7.1 新世纪至新常态货币政策与汇率政策协调演变趋势 ………… 175
  7.1.1 政策协调转变的趋势 …………………………………… 176
  7.1.2 政策协调转变的原因 …………………………………… 176
  7.1.3 政策协调转变的逻辑 …………………………………… 178
 7.2 新型政策协调下的汇率政策：从单一汇率锚到混合汇率锚 …… 179
  7.2.1 BBC 制度与混合汇率锚 ………………………………… 179

  7.2.2 混合汇率锚的合理性 ·················· 180
  7.2.3 混合汇率锚的存在性 ·················· 181
  7.2.4 混合汇率锚的地位作用 ················ 186
 7.3 新型政策协调下的货币政策：从货币总量目标到通货膨胀目标 ··· 187
  7.3.1 货币总量目标——现行的名义锚 ·········· 187
  7.3.2 通货膨胀目标——未来的名义锚 ·········· 190
  7.3.3 隶属多目标货币政策的通胀目标 ·········· 191
 7.4 新常态下政策协调的渐进式转变和配套改革措施 ······ 194
  7.4.1 政策协调渐进转变 ·················· 194
  7.4.2 配套的改革与措施 ·················· 195

8 中国货币政策和汇率政策协调效果的实证分析 ··········· 198
 8.1 研究基础 ································ 199
 8.2 理论分析 ································ 201
 8.3 模型构建 ································ 202
  8.3.1 计量方法选取 ···················· 202
  8.3.2 分布滞后模型 ···················· 202
  8.3.3 数据选取描述 ···················· 203
 8.4 实证分析 ································ 205
  8.4.1 数据分析和检验 ·················· 205
  8.4.2 两阶段实证分析 ·················· 206
 8.5 主要启示 ································ 209

9 新常态下货币政策与汇率政策协调的结论建议 ··········· 211
 9.1 主要结论 ································ 211
 9.2 政策建议 ································ 213
  9.2.1 优化货币政策和汇率政策目标体系，指导相关政策制定 ··· 214
  9.2.2 增强货币政策和汇率政策调控能力，适应新型协调要求 ··· 217
  9.2.3 为供给侧改革营造中性的货币环境，实施稳健中性政策 ··· 219
  9.2.4 完善货币汇率政策协调的配套措施，保障转变平稳可控 ··· 220
 9.3 本书结语 ································ 222

参考文献 ···································· 223

1 新常态下货币政策与汇率政策协调问题的提出

后金融危机时代,全球经济步入长期、深度的调整期,世界各国宏观经济运行出现差异和分化。目前,中国经济处于全面深化改革、新旧产业更替、发展动能转换的关键时期,经济中的矛盾、问题仍然突出,经济面临下行压力。在经济新常态下,中国既有深化改革和完善机制的任务,又有调整结构和寻求新增长动力的任务,彼此互为支撑。由于中国经济在市场化程度、货币政策运作及传导机制上有别于发达经济体和一些市场化程度高的新兴市场经济体,所以实行多目标货币政策框架。货币当局在维护多重政策目标时,需要关注政策的协调与分工。

进入经济新常态以来,政策协调面临的环境发生变化。从货币需求看,伴随金融开放、创新,经济主体对于流动性的敏感性显著增强。从货币供给看,国际收支渐趋平衡,流动性供给方式和规模回归"常态"。从货币政策看,政策调控方式正从"数量型调控为主"转向"价格型调控为主",货币当局保持货币政策的稳健中性,适应货币供应方式变化,调节货币闸门,畅通货币政策传导渠道和机制,维护流动性基本稳定。从汇率政策看,货币当局基本退出常态式外汇市场干预,在增强汇率弹性的同时,保持人民币汇率在合理均衡水平上的基本稳定。政策调控对象、政策制度框架的变化,对政策协调提出新的挑战。

1.1 研究背景、目的和意义

1.1.1 研究背景

新常态下，中国货币政策与汇率政策协调研究立足错综复杂的背景，既有国别上的内外差别，也有时间上的长短之分。为了全面阐述新常态下政策协调的研究背景，本书从国内、国际两个视角加以呈现。

（一）国内背景

第一，"十三五"时期中国经济发展进入新常态。

2014年5月，习近平总书记在河南调研考察时说："中国发展正处于重要战略机遇期，我们要增强信心，从当前中国经济发展的阶段性特征出发，适应新常态，保持战略上的平常心态。"2014年7月，习近平总书记在党外人士座谈会上再次使用"新常态"这一概念，指出"要正确认识中国经济发展的阶段性特征，进一步增强信心，适应新常态，共同推动经济持续健康发展"（王松奇，2015）。

习近平（2016）认为经济发展进入新常态，是中国经济发展阶段性特征的必然反映，是不以人的意志为转移的必然趋势。全面认识和把握新常态，需要从时间和空间的大角度审视中国发展。这是因为，中国经济发展历程中新状态、新格局、新阶段总是在不断形成，经济发展新常态是这个长过程的一个阶段。

从时间上看，新常态是中国不同发展阶段更替变化的结果。改革开放以来，中国用几十年时间走完了发达国家几百年走过的发展历程，经济总量跃升为世界第二，制造业规模跃居世界第一，创造了世界经济的奇迹。然而，随着经济总量不断增大，中国在发展中遇到了一系列新情况新问题。当前，中国经济发展正处于增长速度换挡期、结构调整阵痛期和前期刺激政策消化期"三期叠加"阶段，面临着经济发展速度换挡节点；面临经济发展结构调整节点，低端产业产能过剩要集中消化，中高端产业要加快发展；面临着经济发展动力转换节点，低成本资源和要素投入形成的驱动力明显减弱，经济增长需要更多驱动力创新（习近平，2016）。

从空间上看，中国出口优势和参与国际产业分工模式面临新挑战，经济发展新常态是这种变化的体现。改革开放以来，中国大踏步发展的一个重要特点就是对国际市场的充分有效利用,使中国快速成长为世界贸易大国。2008年国际金融危机爆发,世界经济进入深度调整期,全球贸易发展进入低迷期,导致中国出口需求增速放缓。今后,再要维持出口高增长、出口占国内生产总值的高比例已不大可能。这就要求必须把经济增长动力更多放在创新驱动和扩大内需特别是消费需求上(习近平,2016)。

经济发展新常态下,尽管经济面临较大下行压力,但中国仍处于发展的重要战略机遇期。经济发展长期向好的基本面没有变,经济韧性好、潜力足、回旋余地大的基本特质没有变,经济持续增长的良好支撑基础和条件没有变,经济结构调整优化的前进态势没有变。

第二,中国多目标制货币政策框架以及政策协调。

作为一个处于经济转型期的新兴市场经济体,中国既有一个改革和完善机制的过程,也有一个在改革过程中保持经济和就业稳定增长的任务,两者互为支撑。由于中国在市场化程度、货币政策运作和传导机制上不同于发达国家,也不同于一些市场化程度较高的新兴市场国家,所以单一目标制并不符合中国国情(周小川,2013)。

周小川(2016)指出,长期以来,中国政府赋予央行的年度目标是维护价格稳定、促进经济增长、促进就业、保持国际收支大体平衡。人民银行高度重视价格稳定,这是各国央行都有的目标。经济增长和就业重叠性较大,也是某些其他央行的目标。但中国央行功能中比较特殊的是改革开放、发展金融市场和国际收支平衡,也比较注意协调其他政府部门。

除中国央行要关注国际收支平衡外,事实上,对大多数新兴市场经济体而言,国际收支、资本流动、汇率和外汇储备都是影响宏观经济和货币政策的核心内容,新兴市场经济体央行关注国际收支平衡十分正常。而转轨经济体还有其自身特点,因为计划经济时代的价格、贸易、汇率政策往往存在严重扭曲,许多转轨经济体都经历了国际贸易的崩溃和国际收支的大幅恶化(周小川,2016)。

中国在转轨过程中借鉴了东亚外向型国家的发展道路。这对中国经济的各方面改革开放都贡献良多,但也提高了中国对国际贸易和外资的依赖度,导致国际收支在很大程度上影响到了央行的货币政策、货币供应量和价格稳定目标。因此,中国央行必须要关注国际收支平衡问题,相应也需要承担管理汇率、外汇、外汇储备、黄金储备、国际收支统计等职能。从中国这些年的情况看,内需和外需都向正确的方向得以调节,也应对了亚洲金融危机,说明央行关注国际收支的体制是对的(周小川,2016)。

多目标和货币政策功效之间的关系也存在不容易处理的问题。中国央行追求多个目标确实可能会影响其独立性,这个矛盾真实存在。应对政策目标之间的冲突,需要遵循"N种目标,N种工具"的宏观调控法则,引入新的政策工具,确保调控目标实现。

综上,中国央行采取的多目标制,既包含价格稳定、促进经济增长、促进就业、保持国际收支大体平衡等四大年度目标,也包含金融改革和开放、发展金融市场这两个动态目标。这种选择与中国处于经济转轨中的国情是分不开的。

第三,新常态下供给侧结构性改革和需求侧总量管理。

纵观世界经济发展史,经济政策是以供给侧为重点还是以需求侧为重点,要依据一国宏观经济形势作出抉择。放弃需求侧谈供给侧或放弃供给侧谈需求侧都是片面的。中国推进的供给侧结构性改革,既强调供给又关注需求,既突出发展社会生产力又注重完善生产关系,既发挥市场在资源配置中的决定性作用又更好发挥政府作用,既着眼当前又立足长远(习近平,2016)。

供给侧结构性改革的着力点就在于化解过剩产能和过度供给,同时弥补部分领域的供给不足,其核心是发挥市场在资源配置中的决定性作用。在供给侧改革过程中应更全面理解"总需求管理"的内涵,这不仅包括传统的财政政策和货币政策,还包括推进简政放权、鼓励竞争等供给改革来释放有效需求。

供给侧结构性改革短期可能会加大经济下行压力,需要做好相应的总需求管理,保持经济运行在合理区间。但也应看到,若过度依靠刺激需求以及基建和房地产投资会进一步推升债务和杠杆水平。因此,还须通过供给改革来释放有效需求。例如,20世纪90年代中后期,中国通过改革促进了房地产和汽车产业的大发展,对摆脱亚洲金融危机后的经济低迷发挥了重要作用。在经历了重化工业高速发展阶段之后,随着收入水平逐步提高,居民的消费需求会更多地转向医疗、教育、文化等服务领域,应进一步激发民间投资活力,通过改革补短板,释放有效需求。

当前仍存在一些潜在需求巨大,但有效供给受到严重抑制的问题,如社保体制不完善和消费产品升级跟不上抑制了家庭消费增长,服务业受制于过度管制发展不足,市场优胜劣汰机制难以发挥作用,不利于资源优化配置和新动力的形成,民营经济发展和经济内生增长动力尚显不够。应该有针对性地推进结构性改革,释放有效需求。在新形势下运用新机制,发挥好地方政府的积极性和主动性;解决抑制新型城镇化进程中的体制机制问题;破解发展服务业中的"公立"和准入问题;健全社会保障体制,完善扩大消费的长效机制;化解过剩产能，补充企业资本，保持融资可持续；加快发展金融市场，推进金融改革，更好地发挥金融支持实体经济的作用。

2016年第二季度《中国货币政策执行报告》显示，2016年上半年，中国经济总体运行平稳，转方式、调结构稳步推进。央行将继续实施稳健的货币政策，保持灵活适度，适时预调微调，做好与供给侧结构性改革相适应的总需求管理，从量价两方面为结构调整和转型升级营造适宜的货币金融环境。继续推进汇率形成机制改革，初步形成"收盘汇率＋一篮子货币汇率变化"的人民币兑美元汇率中间价形成机制，汇率机制的灵活性、规则性、透明度和市场化水平明显提高，人民币汇率预期总体稳定。

（二）国际背景

第一，后危机时代"New Normal"和央行政策目标的丰富。

2009年初，在美国举行的一次"探讨危机后美国各个经济领域复苏和发展新模式"的论坛上，美国太平洋基金管理公司首席投资官格罗斯和总裁埃利安在发言中用"New Normal"来归纳国际金融危机爆发后经济可能遭受的缓慢而痛苦的恢复过程。论坛与会者对"New Normal"在不同领域的表现特征进行了初步的总结。

首先，"后危机"时代的金融体系不可能简单回归到危机之前，"New Normal"下的金融体系代表"更低的金融杠杆率与更多政府干预的结合"；其次，"后危机"时代的消费群体和消费观念都发生了变化，商业环境也将发生改变，全球企业界要在"New Normal"中重新定位，以适应这种变化；最后，"后危机"时代经济恢复缓慢而痛苦的过程被视为"New Normal"，大多数美国人都会慢慢适应这种宏观经济的"New Normal"。（王松奇，2015）

国际金融危机前多数主要央行关注的重点是价格稳定，并采用了通胀目标制。进入后危机时代以来，许多央行强化或增加了金融稳定和金融监管职能，经济复苏的持续乏力也引发了对通胀目标制以外的货币政策框架的理论探讨，如兼顾了增长和通胀的名义GDP目标制。对新兴市场经济体而言，货币政策无疑会受到国际收支和资本流动的影响，涉及的问题是央行是否应该关注国际收支平衡。（周小川，2016）

从新兴市场经济体央行实践经验看，汇率在这些经济体的作用往往大于发达国家。即使大多数新兴市场经济体不设定具体的汇率政策目标，也往往有一个隐含的汇率目标区，这些经济体的货币当局不希望看到本币汇率突然突破目标区的界限，这从它们的货币政策和外汇干预操作中可以看出来（Atish R. Ghosh et al. 2016）。

第二，布雷顿森林体系解体后发达国家的汇率目标。

近几十年以来，由于发达经济体采取通胀目标制和自由浮动汇率制度，给人们一种认识，即发达经济体只有货币政策目标，没有汇率政策目标。本书认为这是一种假象，发达经济体并没有真的做到对汇率水平"善意的忽视"。除了干预其他国家的汇率政策之外，发达经济体由于拥有相对开放的金融市场，因此，在实施货币政策时，与隐性的外汇市场干预一起，达到了影响汇率的意图，例如后危机时代的美国、日本和欧洲竞相采取量化宽松货币政策，压低本国货币的币值。此外，回顾历史，可以找到发达经济体兼顾汇率政策目标的证据。历史上，1996年至2003年的德国和美国的宏观经济呈现出不同的发展态势。德国由于实施了一系列的政策安排，不仅维护了低通胀这一传统的货币政策目标，而且收获了较为稳定的有效汇率、相对稳定的家庭财富—收入比和经常项目的改善；而这一时期的美国，尽管获得了较为理想的通胀水平，但是同时也出现了家庭财富—收入比较快上升、有效汇率的坚挺和经常项目不断恶化等状况，在此背景下，美国国内的出口导向部门（尤其是制造业）趋于萎缩。值得注意的是，这种经济现象并非美国独有，当时欧洲的西班牙、意大利乃至英国和法国也大致出现了货币坚挺、经常项目逆差加大、家庭财富—收入比上升的现象。至本世纪第一个10年即将结束的时候，包括美国和上述欧洲工业国（不包括德国），不同程度地爆发了金融危机或主权债务风险。著名的经济学家凯恩斯对于内部稳定的偏好众人皆知，但是他还说过，如果能够同时获得内部、外部稳定两个目标当然更好。德国和美国在世纪之交的经验和教训表明，如果只关注通货膨胀目标，而完全抛弃汇率政策目标，任由有效汇率升值，甚至利用坚挺的币值来吸引外部融资弥补贸易收支赤字的话，将使宏观经济滑向不健康甚至是危机的边缘。这些经验是当前中国货币政策和汇率政策协调中不能忽视的内容。

第三，国际货币政策合作缺失凸显国内政策协调必要。

蒙代尔在对20世纪货币体系进行回顾时，曾总结了20世纪70年代之后的主要经验：其一，浮动汇率（至少在初期）没有能像固定汇率那样提供货币的自我约束机制。其二，在一个累进所得税制的世界里，通货膨胀成本更高。其三，通过学习可以懂得货币稳定的迫切性和手段。其四，政策组合可以移动菲利普斯曲线。但是一个重要的经验还没有被吸取，即在每一个国家都实现了价格稳定的世界里，浮动汇率实在是一个不必要的痛苦。从全球各国实践和理论研究的趋势看，国际货币金融秩序很可能存在一个从普遍的通货膨胀目标制，到区域货币体系，再到全球统一货币体系的演化路径。从第一阶段看，根据国际货币基金组织2004年的报告，实行通胀目标制的国家变得越来越多，实行固定汇率的国家越来越少。与这种观察相一致，在过去的40年中，工业化国家和发展中国家通胀率都接近它们的最低水平，这反映了政策的新重点。这种趋势的背后是任何一个民主政府不想重蹈覆辙的决心支撑的，历史上，通货膨胀、预算赤字、巨额债务和庞大政府都有害于大众的利益，这一点可以从发达经济体对于通货膨胀的有效管理得到证明。在第二阶段，伴随着各国价格稳定逐渐趋同，为区域货币体系的形成奠定了基础。在第三阶段，伴随世界多极化发展，主要国家议价能力的提升将为单一的非主权国际化货币诞生创造条件。经验证明，对于新体系的演变，应关注大国政府的意愿而非能力。二战后，为了防止一个世界性货币扼杀美元的权利，美国政府废弃了具有前瞻性想法的凯恩斯的"班克（Bancor）计划"和怀特的"尤里塔斯（Unitas）计划"。在目前，国家之间的货币政策协调框架缺位，而某些大型经济体不顾全球经济复苏艰难缓慢，通过金融和战争等多种手段增加世界经济动荡的情况下，利用货币政策和汇率政策协调，屏蔽外部冲击，维护中国经济的稳定，成为最优选择。

1.1.2 研究目的

作为当今全球最大的新兴市场经济体，中国实行多目标制的货币政策框架和有管理的浮动汇率制度。自20世纪90年代中期以来，中国货币当局就经历过货币政策和汇率政策的冲突，在此后的数十年中，人民银行在协调货币政策和汇率政策目标方面做了大量的工作并积累了丰富的经验。本书立足货币政策与汇率政策协调的文献综述和理论基础，对新世纪至新常态以来中国货币政策与汇率政策协调进行经验分析，明确新常态下货币政策与汇率政策协调的重点和难点。对美国、德国等主要国家货币政策与汇率政策协调进行经验研究，归纳大型经济体政策协调的一般规律。借鉴新兴市场经济体最优货币政策与汇率政策的分析框架，建立新常态下货币政策与汇率政策协调的理论模型，为新常态下政策协调和工具指派提供依据。基于NOEM方法，建立黏性价格小国模型和两国模型，模拟政策协调稳定经济的内在机制和调控效果。基于计量经济学方法，对中国货币政策和汇率政策协调的实际效果进行实证分析，论证政策协调的合理性和有效性。最后，结合研究结论，本书从政策目标体系、政策调控能力、政策调控实施、配套措施安排等方面提出新常态下实现货币政策与汇率政策协调的相关建议。

1.1.3 研究意义

本书基于新世纪至新常态中国货币政策与汇率政策协调的经验研究，提出新常态下货币政策与汇率政策协调问题。借鉴全球主要国家货币政策与汇率政策协调的经验，归纳大型经济体政策协调的规律。借鉴开放经济最优货币政策与汇率政策的分析框架，建立新常态下货币政策与汇率政策协调的理论模型，比较不同协调方式下福利水平和政策信誉。在理论模型的基础上，进一步建立具有微观基础的 DSGE 模型，探索政策协调的微观机制，增强模型的现实性。

立足新常态特征，开展货币政策与汇率政策协调的模拟分析和实证分析，将定性分析发展为动态定量分析，评估政策协调的实际效果。研究实行政策协调的长效机制和促进措施，为实现货币政策和汇率政策的科学分工和合理指派，提升货币当局的调控能力和政策信誉提供理论和事实依据。本书将深化关于"新常态下政策协调"的认识水平，使我们更好地认识和把握中国经济新常态。

1.2 国际国内相关文献综述

1.2.1 货币政策与汇率政策协调研究综述

第一，新开放宏观经济学关于货币调控的研究。

Gali, J 等（2005）运用小国开放模型，分析了三种货币政策框架对宏观经济的影响，认为不同货币政策框架的区别在于汇率波动幅度不同。Leitemo, K 等（2005）认为在汇率不确定的模型中，泰勒规则能稳定小型开放经济。Devereux, M B 等（2006）认为在一个新兴市场经济体中，汇率传递程度是评估货币政策规则的关键。当汇率传递程度高时，最优规则是稳定非贸易商品价格；反之，则是稳定 CPI。此外，Smets, F 等（2002）分析了不完全汇率传递下的最优货币政策，认为央行需要最大限度地减少国内和进口产品价格通胀的加权平均值，以尽量减少交错价格设定的资源成本。

第二，货币政策和汇率政策冲突和协调的研究。

首先，关于政策冲突的研究。阿莱（1992）认为自一战以来，没有一个国家可依靠单一手段，同时控制住价格水平和汇率。Obstfeld, M 等（2005）研究 130 多年国际利率的相关性，在很大程度上证实三元悖论成立。其次，关于政策协调的研究。克鲁格曼（2012）认为不可能三角并不意味着不存在中间状态。彼得·B. 凯南（2008）关于多目标稳定政策工具分配的研究认为，如果进口的边际倾向大于储蓄的边际倾向，则支出增减政策（货币政策）应用于内部平衡，汇率政策应用于外部平衡；如果进口的边际倾向小于储蓄的边际倾向，则汇率政策应用于内部平衡，支出增减政策（货币政策）应用于外部平衡。Jonathan D. Ostry 等（2012）考察了新兴市场经济体运用政策利率和外汇对冲干预这两类政策工具来保持低通胀并防止汇率大幅偏离其中期均衡水平的情况。其初步结论认为，从全球福利的视角看，包含外汇干预工具的通胀目标制可能是最佳做法，无论是单边的相机抉择制度还是完全放弃干预工具的狭义通胀目标制都无法与之相提并论。

第三，货币政策对汇率政策的影响研究。

Cho, D 等（2000）、Goldfajn, I 等（2003）分析了货币危机后实施货币政策实现汇率目标的效果。Bonser–Neal, C（1998）认为美元汇率会对美国货币政策作出及时反应，且反应与"超调"假说通常一致。Eichenbaum, M 等（1995）认为美联储紧缩性货币政策将引起美元名义和实际汇率升值。Faust, J 等（2003）发现货币政策冲击会引起汇率延迟或及时反应，但货币政策冲击仅解释了汇率波动较小部分。Fatum, Rasmus. etc（2008）认为美元汇率仅对美国货币政策中未预期到的"新闻"作出反应。此外，Gagnon, J E、Ihrig, J（2004）认为 20 世纪 80 年代后，由于很多央行强调稳定通胀，降低了汇率传递对通胀的影响。

第四，汇率政策对货币政策的影响研究。

Coenen, G 等（2003）、Walsh, C E（2003）评估了名义利率接近零的经济体中，货币贬值对于改善利率零下界影响和规避流动性陷阱的作用。Shambaugh, J C（2004）发现实行钉住汇率经济体的基础利率比浮动汇率经济体高。Kim 等（2012）认为亚洲金融危机后，汇率在韩国货币政策操作中成为重要中介目标。Kharel, Ram Sharan（2010）估计了英国货币当局对实际汇率的反应，发现政策制定者对实际汇率错位（而非实际汇率本身）作出反应；面对汇率低估时，对通胀反应较大，反之亦反。Frenkel 等（2008）认为在一个具有稳定且有竞争力的实际汇率的宏观经济框架中，汇率通过刺激国内生产总值和就业提高通胀，货币政策应控制总需求。

第五，中国货币政策和汇率政策协调的研究。

自 20 世纪 90 年代以来，国内学者日益关注货币政策和汇率政策协调（谢多，1996；陈雨露，2003；范志勇，2005；何帆、张斌，2006；陈晓莉，

2008;邓永亮,2010;范从来,2011)。周小川(2012)认为新世纪以来的绝大多数时间(危机时期例外),央行进行了大规模流动性对冲,政策工具灵活运用保证对冲完成。Li Shaoyu 等(2013)检验了汇率制度改革对中国货币政策有效性的影响。

1.2.2 新常态下改革和政策调控研究综述

王松奇(2015)考察了"新常态"一词的源流,认为中国的"新常态"一词,在内涵外延上不同于美国商业人士2009年提出的"New Normal",后者的本意是让人们对国际金融危机后的经济金融恢复不要抱过高期望,主基调可用"悲观"、"无奈"来概括。习近平(2016)认为把握经济发展新常态要注意克服几种倾向。其一,新常态不是一个事情,不要用好或坏来判断。新常态是一个客观状态,是一种内在必然性,并没有好坏之分,要因势而谋、因势而动、因势而进。其二,新常态不是一个筐子,不要什么都往里面装。新常态主要表现在经济领域,不好滥用新常态概念,甚至把一些不好的现象都归入新常态。其三,新常态不是一个避风港,不要把不好做或难做好的工作都归结于新常态,新常态不是不干事,不是不要发展,不是不要国内生产总值增长,而是要更好地发挥主观能动性、更有创造精神地推动发展。

新常态下,中国经济发展面临的问题,供给和需求两侧都有,但主要矛盾是供给体系不能适应需求结构的变化(习近平,2016)。推进供给侧结构性改革,将转变过度依赖货币政策等需求侧管理的局面。胡鞍钢等(2016)、龚刚(2016)阐释了供给侧改革的内涵。吴敬琏等(2016)、蔡昉(2016)辨析了供给侧改革、行政调结构、需求侧政策的差异。James Tobin(1993)指出货币主义理论认为,政府预算影响供给侧,不影响需求侧,除非引发货币政策变化;但在凯恩斯主义理论中,财政政策是一个需求侧政策。Canto,Victor A 等(1983)、Lucas,Robert E.(1990)分析了边际税率影响供给侧经济活动的机制。中国人民银行货币政策分析小组(2016)指出要充分考虑供给和需求的交互和动态影响。供给侧结构性改革的着力点就在于化解过剩产能和过度供给,同时弥补部分领域的供给不足,其核心是发挥市场在资源配置中的决定性作用。

在推进供给侧改革过程中,中国既强调供给又关注需求。周小川(2016)阐述了中国多目标货币政策框架及央行组织并参与经济改革的特点。王国刚(2016)提出供给侧改革进程中货币政策调控的新任务。贺京同等(2016)提出按照供给侧管理实施货币政策,有助于降低企业成本、增加有效供给。Schmitt -

Grohe, S 等（2007）研究了最优财政政策和货币政策的规则问题。

尹艳林（2016）认为保障供给侧结构性改革有效推进，需要营造稳定的宏观经济环境。要坚持适度扩大总需求，实行积极的财政政策和稳健的货币政策，积极的财政政策要真正积极，稳健的货币政策要真正稳健，注重把握重点、节奏、力度。要保持定力，避免用加杠杆的办法硬推经济增长。与此同时，还要保持金融市场稳定，防范系统性、区域性金融风险。要保持人民币汇率基本稳定，逐步形成以市场供求为基础、双向浮动、有弹性的汇率运行机制。

1.2.3 新常态下各类经济冲击的研究综述

为走出"新平庸"（Christine Lagarde, 2014），美国为首的发达国家纷纷在供给侧发力。Peter Thiel（2014）指出"如果美国企业不在艰难的创新上进行投资，未来都将以失败告终……科技对未来更具影响力"。技术和闲暇偏好变化（F. E. Kydland and E. C. Prescott, 1982）、消费品位变化（Charles Plosser, 1989）、大国货币政策调整、非理性动物精神（J. M. Keynes, 1936）成为新常态下供给冲击、真实需求冲击和资本流动冲击的来源。各种经济扰动叠加，将暴露新兴市场长期积累的结构性问题，并加剧资本外流、"需求外溢"等周期性问题。当政策工具或中间目标值被设定时，经济冲击将使宏观经济变量偏离预期路径（James Tobin, 1983）。

以资本流动冲击为例，G. A. Epstein 等（2013）认为狭义投机是噪声交易指导下的短期"方向性"并加杠杆的交易活动，广义投机是任何无益于增加实体经济收入和持久财富的金融活动。Röthig A.（2004）实证分析货币期权投机对即期汇率稳定性的影响。C. Burnside（2012）、N. Doskov（2014）研究了套息交易活动。沈联涛（2011）认为货币国际化可能遭受套息交易等高杠杆化资金的投机攻击。近期国际投机力量攻击人民币，表明市场对中国经济走势存在分歧，但好的汇率预测取决于对经济基本面的正确理解（C. D. Dick et al., 2015），周小川（2016）认为人民币不存在持续贬值基础。

A. Erler（2014）认为考虑到货币危机和政策干预的总成本，央行是否干预货币危机将面临风险（如干预失败的风险）。对风险厌恶型央行而言，放弃干预是更好选择。J. Aizenman 等（2012）认为金融危机期间，新兴市场国家利用汇率贬值而非消耗外汇储备来吸收外汇市场的大部分压力。M. Bussiere（2014）认为外汇储备积累与资本管制在应对国际金融危机冲击时具有互补性。刘健、何继军（2011），孙坤坤（2014）运用不完全信息动态博弈研究中国货币金融管理的策略。面对近期货币攻击，周小川（2016）指出不会让投机力量主导市场情绪，会灵活应对市场投机，做到攻防有度。此外，周小川（2015）提出建立金融处罚限制制度，应对极端情况下的境外金融攻击或制裁。

1.3 研究内容、逻辑和方法

1.3.1 主要内容

经济新常态下供给冲击、真实需求冲击和资本流动冲击等多种经济扰动，影响中国宏观经济平稳运行。在中央领导下，货币当局实施稳健中性的货币政策、保持人民币汇率的基本稳定，为推进供给侧结构性改革、解决中国结构性和周期性问题创造了适宜的货币金融环境。本书以新常态下货币政策与汇率政策作为研究对象，在界定经济新常态、货币政策和汇率政策的基础上，开展以下研究。

（一）新常态下货币政策与汇率政策协调问题的提出

（1）综合世界经济长周期和我国发展阶段特征，阐述新常下货币政策与汇率政策协调所处于的环境和背景。（2）综述货币政策与汇率政策协调的国内外相关文献，明确本书的研究方向。（3）阐述新常态下货币政策与汇率政策协调的理论基础，界定本书的主要概念。

（二）新常态下货币政策与汇率政策协调的经验分析

（1）基于新世纪至新常态以来中国货币政策与汇率政策的经验分析，分析新常态下货币政策与汇率政策协调的重点难点。（2）基于全球主要国家货币政策与汇率政策协调的经验分析，回顾美国、德国等经济体在货币政策与汇率政策协调领域的经验教训，归纳货币政策与汇率政策协调的一般规律。

（三）新常态下货币政策与汇率政策协调的理论分析

（1）基于开放经济下最优货币政策与汇率政策的分析框架，建立新常态下货币政策与汇率政策协调的理论模型，在原有框架基础上，引入供给冲击，刻画供给冲击对供给侧经济活动、资本流动的影响机制。基于多目标优化方法，求解不同政策协调方式下货币当局的福利水平。（2）对新常态下货币政策与汇率政策协调进行模拟分析，分别建立黏性价格小国模型和黏性价格两国模型，考察政策协调的微观机制。

(四) 新常态下建立新型政策协调的思路和政策建议

(1) 基于上述经验和理论分析,提出适应新常态要求的新型货币政策与汇率政策协调思路。(2) 基于历史数据对中国货币政策与汇率政策协调的效果进行实证分析。(3) 提出新常态下货币政策与汇率政策协调的促进政策和措施。

1.3.2 逻辑框架

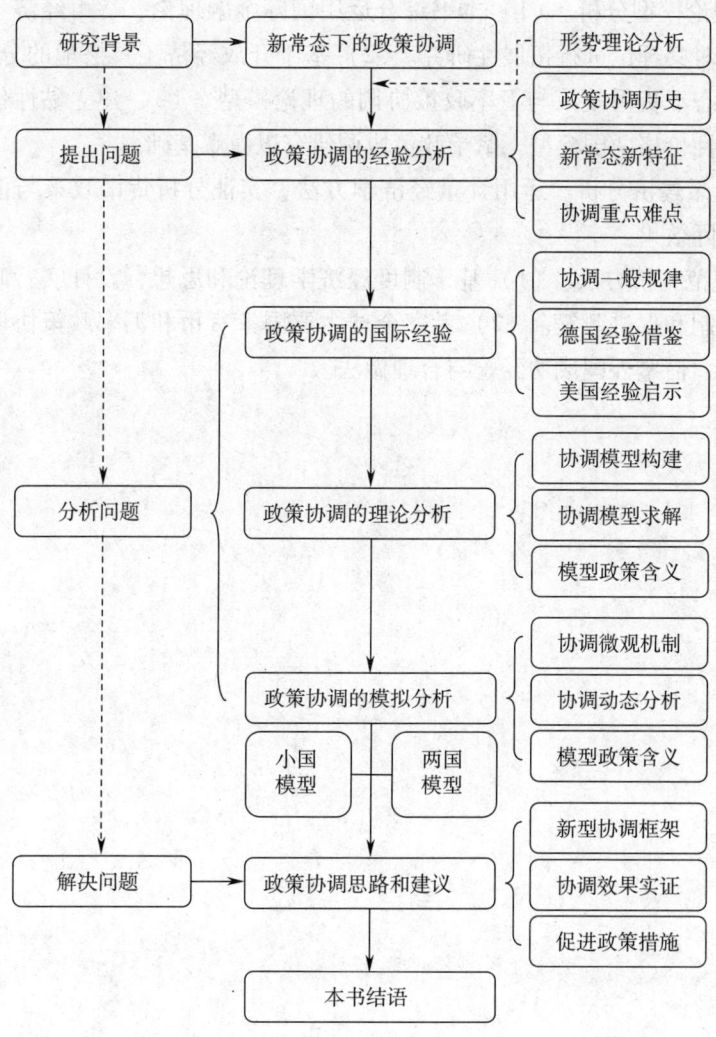

图 1-1　本书的逻辑框架图

1.3.3 研究方法

1. 经验分析、文献法和归纳法等。(1) 综合全球经济长周期和我国经济阶段特征，对新世纪至新常态中国货币政策与汇率政策协调进行经验分析。(2) 回顾政策选择理论、货币理论、国际经济理论相关文献，考察货币政策与汇率政策协调的理论基础和研究方法。(3) 归纳全球主要国家货币政策与汇率政策协调的一般规律。

2. 理论模型分析。(1) 本书综合运用国际金融理论、货币经济学的思想和方法，对其理论进行拓展性研究。(2) 基于开放经济工具搭配的分析框架，建立新常态下货币政策与汇率政策协调的理论模型。(3) 建立黏性价格小国模型和黏性价格两国模型，赋予政策协调研究以微观基础。

3. 计量经济分析。运用计量经济学方法，实证分析货币政策与汇率政策协调的实际效果。

4. 规范分析方法。(1) 基于制度经济学理论和思想，设计实行政策协调的长效机制和促进政策。(2) 考察全球主要国家货币和汇率政策协调方面的经验教训，借鉴外国成功经验与合理做法。

2

新常态下货币政策与汇率政策协调的理论基础

货币政策与汇率政策协调研究是以现代国际宏观经济学作为理论基础的。后者沿着两条主要路径发展。第一条是应用于国际化条件下的主流微观和宏观经济理论技术和范式的发展;第二条是研究者们利用理论和经验方法更为深入地探索国际经济学这一独特的领域,例如研究政府干预、要素部分或者完全不能跨国界流动、运输成本、跨国界的信息不对称等妨碍贸易发生的因素。很多新技术的发展在整合不完善的国际经济学的同时,为货币政策和汇率政策研究提供了坚实的理论基础。本章就货币政策和汇率政策协调的理论基础和有关模型进行了梳理,界定了本书中的几个基本概念。具体内容包括:第1节介绍了货币政策和汇率政策协调的理论脉络;第2节介绍了货币政策和汇率政策协调的经济模型;第3节界定了本书核心概念。

2.1 货币政策和汇率政策协调的相关理论

在16世纪至18世纪,重商主义学派就关注货币、价格、汇率和国际收支之间的关系。一战爆发后,古典理论的前提条件遭到破坏,凯恩斯主义经济学家对开放经济的分析集中于对国际贸易和货币贬值的经济分析上,但是这种分析几乎忽略了货币对国际宏观经济运行的影响。J. Meade(1951)在《国际收支》一书中对开放条件下内外均衡问题进行研究,较早地提出了开放经济条件下的政策搭配思想。Tinbergen(1952)论证了政策目标和政策手段之间的关系,该关系被称为"丁伯根法则"。Swan(1963)运用图示方法,研究如何利用支出增减政策和支出转向政策的搭配,实现一国经济的内部均衡和外部平衡。蒙代尔（1960）认为每个政策工具都应当被分派，用于相对而言能发挥其最大作用的政策目标中，他称之为"有效市场分类原则"。

2.1.1 米德冲突理论

詹姆斯·E.米德（James E. Meade）指出若要实现一个政策目标，就要有一个政策工具。主张用财政政策实现就业目标，用货币政策实现国际收支目标。米德在其《国际收支》（1951）一书中，试图将凯恩斯主义最新发展潜入一个更广泛的框架中，其中还要接受货币因素。米德归纳并至少在一定程度上综合了过去几个世纪的国际货币思想。米德试图在开放经济中系统性地考量经济问题及其解决方法，提出了关于弹性价格和国际收支安排的一系列广泛的假设以实现指导政策选择的目标。实际上，在一段时间内"全部都在米德那里"的评论让随后的国际经济学研究无用武之地。蒙代尔（1968）将米德的著作誉为"国际贸易理论和一般经济理论的里程碑"。在《国际收支》中，米德提出了固定汇率制下内外均衡冲突的命题，又被称为"米德冲突"。在米德的分析中，内外均衡的冲突一般是指在固定汇率制下，失业增加、经常账户逆差或者通货膨胀、经常账户盈余这两种特定的内外经济状况。

尽管《国际收支》的影响是巨大的，但米德（1951）指出其本人在国际宏观经济学理论分析中一个大的缺口，即没有使用从一个均衡点到另一个均衡点的动态分析。米德批判了如何从一个局部或暂时的均衡移动到另一个均衡过程中缺乏精确的数学分析。而这一问题对于上世纪40年代至50年代的凯恩斯主义理论而言是更为基础性的。外部不平衡的情况必然意味着本国财富的存量（货币或者是其他资产）不是静止的，正因为如此，经济的暂时均衡即使没有外部冲击也会随时间而变化。尽管亚历山大在上世纪50年代有关吸收分析法的重要方程考虑了引起国际不平衡的财富变化的作用，但是直到上世纪60年代初蒙代尔成果的出现，才在这一问题上产生重大进步。

2.1.2 丁伯根规则

历史上，诺贝尔经济学奖获得者、荷兰经济学家丁伯根（J. Tinbergen）提出过将政策目标和工具联系在一起的主张，指出要实现N个独立的政策目标，至少需要相互独立的N个有效的政策工具，这一观点被称作丁伯根规则。这一规则对于开放经济下的货币政策和汇率政策协调具有鲜明的政策含义：只运用货币政策这一种工具是不够的，必须寻找新的政策工具进行合理搭配。同理，其他的单一的政策也不能够同时解决内部稳定和外部稳定两个问题。丁伯根规则在指导实践过程中存在两个特点：一是假定各种政策工具可以由决策当局集中控制，从而通过各种工具的紧密配合实现政策目标，这无疑与货币当局可以同时运用货币政策和汇率政策的情况是一致的。二是没能明确指出哪种工具在调控中侧重于哪种目标的实现。蒙代尔的有效市场分类规则则在这方面向前迈出了一步。

2.1.3 蒙代尔指派规则

1962年，蒙代尔在向国际货币基金组织提交的一份题名为《固定汇率下货币政策与财政政策的适当运用》的报告中提出了在固定汇率制度和资本可以流动条件下，运用货币政策和财政政策搭配来实现内外均衡的规则，也被称为"有效市场分类规则"或者"蒙代尔指派规则"。这一规则的基本含义是：每个目标应当指派给对其具有相对最大影响力的政策工具去实现。如果指派上出现错位，那么不但不会实现目标，反而会导致不稳定和离均衡点越来越远。尽管以上规则主要论证的是货币政策和财政政策的搭配问题，但是它的核心思想对于研究货币政策与汇率政策协调具有借鉴意义。

2.1.4 名义驻锚理论

（一）名义锚的理论基础

名义驻锚理论，也称为名义锚理论（Nominal Anchor），是建立在理性预期理论和动态非一致性理论的基础之上的。穆特在20世纪60年代已经提出了理性预期假说的很多思想，卢卡斯、巴罗、萨金特和华莱士、凯德兰德和普雷斯科特等在20世纪70年代至80年代的研究奠定了新型古典理论及现代古典学派的基础，把理性预期和货币中性作为政策分析的核心要素。其中，凯德兰德和普雷斯科特（1977）提出了动态不一致理论，论述了政府在制定一些政策时存在动态不一致性。此后，巴罗和乔丹（1983）把动态不一致分析引入至货币政策领域，分析了当时许多国家的高通胀现象，并借助模型证明了建立政府货币政策信誉可以解决货币政策动态不一致性，降低通胀。关于名义锚的概念，Michael Bruno（1986）、Charles Adams 和 DanielGros（1986）、Don Patinkin（1993）、Robert P. Flood 和 Michael Mussa（1994）等将名义锚定义为"一种货币政策瞄准目标的名义变量"。Frankel 和 Chinn（1993）认为政策选择的实践中，一个可信的实现政策承诺或规则必须有某个特定的名义锚，即选择固定或按照事前宣布的路径变化的经济变量。选取并宣布一个可以观测的中间目标作为名义锚，可以让公众监督政府的行为，以评估政府是否坚持了事前的政策承诺。Jeffery Sachs、Aaron Tornell 和 Andres Velasco（1996）指出，"中央银行独立性、通胀目标的公布、富有弹性的劳动力市场、稳健的财政政策，都属于保持低通胀的名义锚形式，即使在浮动汇率制度下亦如是"（李辉，2008）。Frankel（2003）指出名义锚的目标是保持价格水平的稳定，中央银行为约束其过度的货币创造而向公众承诺钉住某个名义变量，该名义变量就成为货币政策钉住的名义锚。对于名义锚的作用，伯南克曾形象地将其喻为大船上的锚，它的泊位固定下来之后，经济之船就不会因通货膨胀而四处漂荡。本书认为这对于当今国际货币体系很多进入"无海图航行"（浮动汇率制）的经济大船具有很重要的作用。

（二）名义锚的主要类型

Robert P. Flood 和 Michael Mussa（1994）将近两个世纪以来全球各国所采用过的名义锚分为三个类别：固定名义锚（Fixed Nominal Anchor）、移动名义锚（Moving Nominal Anchor）和基本名义锚（Underlying or Base Nominal Anchor）。第一种，固定名义锚，是指将本国的货币钉住一种商品或一组商品，由于这种情况下价格水平在长期中有向钉住水平回归的趋向，因此被称作固定名义锚，例如金本位制下各国货币钉住金平价；第二种，移动名义锚，货币政策瞄准宏观名义量的增长，包括货币供应量目标、名义收入目标或通胀目标，由于这些变量通常表现为建立在历史经验基础上的增长率，不产生回归评价的去向，因此被称作移动名义锚；第三种，基本名义锚，是指主要根据另一国货币对本国货币价格管理的制度安排，特别是汇率锚。Frederic S. Mishkin（1999）归纳出全球各国可以为货币政策提供名义锚的货币政策框架：汇率锚框架、货币总量目标框架、通货膨胀目标制框架和有隐性的名义锚而无显性名义锚的货币政策。

2.2 货币政策和汇率政策协调的相关模型

2.2.1 蒙代尔—弗莱明模型

在一系列开创性论文中，蒙代尔填补了米德没有动态分析的缺口。通过这样做，他重新引进了作为古典框架核心的自我调节方式的思想。顺应发端于20世纪50年代世界金融市场的变化，蒙代尔将国际资本流动作为其动态分析的核心。由于蒙代尔拥有出众的分析能力和熊彼特一般的"视野"，他利用数学公式，永远地改变了后人对于开放经济的思维方式。

蒙代尔延续了米德对于货币的强调，通过货币需求的流动性偏好理论，将短期均衡联系在一起。在《国际非均衡系统》一文中，蒙代尔聚焦国际收支不平衡的动态效果。他认为，甚至在一个刚性价格的世界中，一个类似于大卫·休谟"价格—现金流动机制"的"收入—现金流动机制"也可以确保国际收支的长期均衡。例如，一个国家货币供给的增加，将降低其利率，提高支出，并伴随着货币外流，开启外部逆差。对于一个小型经济体而言，当最初均衡被重新建立时，这个进程就结束了。蒙代尔澄清了冲销操作的角色，认为它们最好只是应对影响国际收支平衡的永久性冲击的暂时反应。这个研究是有意义的，它表明了国际自我调整机制的无处不在，以及（而且作为一个必然结果）固定汇率制下货币政策的有限作用，即使是在凯恩斯主义的条件之下。[①]

蒙代尔（1960）研究了固定或者浮动汇率在帮助国家调整经济冲击时的相对效率。他认为答案依赖于政府的政策规则、面对国内过度需求或需求不足时本国价格水平调整的速度，以及资本流动的程度。

1963年，蒙代尔发表了《资本流动与固定汇率及浮动汇率下的稳定政策》的经典论文，宣告了蒙代尔—弗莱明模型的诞生。根据蒙代尔—弗莱明模型的假定，分析对象是资本完全流动的小国开放经济。在模型之中，BB曲线是一条水平的直线。资本流动极为迅速而且不存在交易成本，利率微小的变动，将引起国际资本巨大的流动，国际资本具有完全利率弹性。在资本完全流动和价格水平固定的假设下，初始的蒙代尔—弗莱明模型利用开放的 IS–LM 模型，对固定汇率和浮动汇率的货币政策（以及财政政策[②]）进行了分析。

模型的基本结论是：在实行固定汇率、资本完全流动的条件下，货币政策无效；在实行浮动汇率、资本完全流动的条件下，货币政策有效。从货币政策和汇率政策冲突（或协调）的角度进行引申，在资本完全流动的蒙代尔—弗莱明模型中，货币政策目标和汇率目标是无法同时实现的，即存在内在冲突。这种冲突的根源在于，在一个由 n 个变量组成的均衡体系之中，只有一个自由度。如何使用自由度就规定了体系的特征。一个国家的稳定目标包括以下几种可能的选择：价格水平、货币供应量、汇率、黄金价格或者工资率。换句话说，一个国家可以选择商品本位制、货币本位制、外汇本位制、金本位制或者

[①] 当然早期的学者，包括凯恩斯（1930，P.309），也承认固定汇率制和资本流动对于一国货币政策的限制。

[②] 由于在本书中主要研究货币政策与汇率政策，因此对于模型中关于财政政策的分析略去。

工资本位制。一个变量固定,其余几个变量浮动,在一个稳定体系的框架内,没有多余的自由度。当然,货币当局也可以不固定某个特别变量,而是固定全部变量的某种加权平均值,例如钉住货币状况指数的制度安排就是此类。当然即便如此,也没有多余的自由度。

当适合于国内目标的货币政策和适合汇率目标的(汇率)政策出现冲突时,是否进行外汇市场冲销干预就成为一个核心的问题。如果冲销干预改变了私人投资组合中外国和本国债券的相对供给,但保持基础货币不变,就可以影响汇率,那么货币当局会有第二个可以同时实现内部和外部目标的工具。在一个有 N 个国家的世界上,有 N 种国内政策目标和 N 个国内政策工具,只有在偶然的情况下,才可达到 $N-1$ 个汇率政策目标。冲销干预在理论上可以提供 $N-1$ 种附加政策工具,以满足解决内外部均衡冲突的需要。正是由于这个原因,在检验冲销干预操作的理论和实践的有效性方面,人们进行了大量的研究。

在标准的模型中,冲销干预操作的有效性取决于两个附加的假设条件,即本国和外国债券属于外部资产,并且是不完全替代的。在货币当局比市场拥有相关基础情况更多的信息且能传递此类信息时,冲销干预也可以影响汇率。

只要通过干预政策传递的信息是相关的和可信的,就能潜在地影响汇率。然而,如果披露的信息涉及中央银行自己未来的政策意图,那么,冲销干预就不应当作为中央银行附加的独立政策工具。干预业务或许可以改变货币或财政政策影响汇率的时间或幅度,但其有效性并不能独立于这些政策。

在布雷顿森林体系崩溃之后,许多经济学家预言,中央银行的干预将会迅速消失。然而,有证据表明,当汇率允许浮动时,官方外汇干预操作的使用实际上更加频繁了(弗兰克尔,1978),而且单边和协作的干预业务在 20 世纪 80 年代中期达到了前所未有的水平。……然而,几乎没有中央银行公布自己的官方干预业务日常资料,从而排除了研究人员在中央银行之外针对干预政策的直接研究。从近期干预政策经验得出的经验和教训可以看出,冲销干预业务的确给政府提供了一个潜在的附加工具,以达到货币政策目标和汇率政策目标。

2.2.2 多恩布什超调模型

(一)多恩布什的汇率超调模型及其政策内涵

20 世纪 70 年代史密森体系的彻底解体,让汇率变动十分频繁,这一点在发达经济体之间尤为突出,并一直延续至今。这意味着战后以布雷顿森林体系成立为标志的固定汇率时代终结,全球主要的工业国纷纷放弃固定汇率制,浮动汇率成为全球国际货币金融体系的主流。多恩布什(1976)继承了蒙代尔—弗莱明模型中关于价格不变的假定,并将它融入到国际收支货币模型的短期分析之中,从而通过名义汇率和实际汇率之间的超调现象,解释浮动汇率制下的汇率高度波动的特点,并因此形成了蒙代尔—弗莱明—多恩布什汇率超调模型。该模型证明蒙代尔强调不同部门调整速度的差异将决定一个经济体动态行为的观点具有巨大的影响力。

从理论上看,虽然弹性价格货币模型开创了汇率理论的货币分析法,但是该方法的基本假设决定了其无法有效地解释汇率的易变性,特别是短期大幅波动的现象。多恩布什通过引入价格渐近调整的动态过程和资产市场上的理性预期,对蒙代尔—弗莱明模型进行了拓展研究。1976年多恩布什在《预期与汇率动态》一文之中首先提出了汇率超调思想,其后弗兰克尔、布伊特和米勒等人的研究使该思想有了进一步发展。《预期与汇率动态》中指出:"该文是在资本自由流动、商品市场调整慢于金融市场以及一致性预期的条件下,研究汇率的变动问题。"同样,该模型是一个小国模型,它在世界资本市场中相对规模很小,因此面对的是给定的利率。

多恩布什模型可以分为两类:固定产出模型和内生产出模型。正如多恩布什所说:"货币政策对利率和汇率的影响受到实际产出水平的显著影响。如果实际产出不变,扩张的货币会在当前使利率下降的同时,带来汇率相对长期贬值位置的超调(Overshooting)。反之,如果产出对总需求作出反应,对汇率和利率的冲击就会得到缓解。虽然本币依然会贬值,但超调不会发生,而实际利率则可能上升。"其中,在固定产出(产出处于充分就业状态)模型中,扩张性货币政策的效应是价格和汇率成比例的上升。但是在短期之中,货币扩张的确发挥了对利率、贸易条件和总需求的实际影响作用,而调整的具体过程受到经济结构的影响。在内生产出模型中,调整过程可以出现,或者不出现汇率超调现象。总之,后者意味着汇率波动比固定产出模型更小。在调整阶段,当货币扩张后利率不下降时,商品需求增加只能通过汇率上升(也就是通过贸易条件的变化)来实现。因此,在这里起作用的依旧是蒙代尔—弗莱明机制,而非利率机制。多恩布什将固定产出情况等同于"短期",过度调整就出现在这个时间;将内生产出情况等同于"中期",汇率变化相对不大,甚至不会发生超调。

多恩布什内生产出模型的货币政策含义是:即使在弹性汇率和资本流动的情况下,在一定期间内,中央银行依然可以通过货币政策对总需求和产出水平产生影响。更重要的是汇率提供了货币政策向总需求和产出水平传导的渠道。然而,和蒙代尔—弗莱明模型不同,扩展的长期分析表明货币扩张的作用只能是暂时的,由于产出扩张引起的通胀水平降低了实际均衡,进而使利率、相对价格水平和真实收入回归到初始水平。也就是说,货币政策在长期中是中性的。

多恩布什的超调模型也存在几个方法论上的缺陷,最基本的缺陷是缺乏明显的理论选择基础,特别是没有总供给这样的微观基础。所以,在价格事先确定和市场没有出清的情况下,模型不能预测怎么解决总需求和产量之间的初始缺口,因为它没有考虑私人或者政府支出的效应,也许最基本的是模型缺少微观基础,导致其不能通过任何自然的福利标准量来评估可供选择的宏观经济政策。[1]

(二) 多恩布什汇率超调模型的应用——汇率制度选择

多恩布什汇率超调模型尽管只有有限的预测和解释力,但是对大量政策问题的思考具有重要启示,该模型的一个重要的应用是汇率制度的选择。

多恩布什超调模型的一个中心观点是在黏性价格和浮动汇率的条件下,纯的货币冲击可能导致溢出效应,从而对实际经济产生影响,导致价格和产出的大幅变动和调整时间的延长。这种预期是该模型的核心,它认为当货币需求的冲击是干扰经济的主要根源时,固定汇率优于浮动汇率。为了理解固定汇率情况的这种逻辑推理过程,需要将货币需求的冲击考虑在内扩展我们的模型。假设将货币需求的冲击纳入货币需求方程,则可得到

$$m_t - p_t = -\eta i_{t+1} + \phi y_t + \varepsilon_t \tag{2.1}$$

在式(2.1)中,ε_t 是货币需求非预测的变动,可以认为货币需求的冲击是由于交易技术、货币乘数或者资产组合的变化引发的。其中,用 $m_t - \varepsilon_t$ 替换 m_t,对于对数线性化的多恩布什模型随机结构修正所有的公式,并没有本质上的变化。货币需求的冲击和货币供给的冲击有相等的效应,但方向相反。

固定汇率完全和自动地消除了货币需求冲击产生的任何实际效应,为什么? 因为固定汇率意味着在其他条件一样的情况下,确定货币供给以使 $m_t - \varepsilon_t$ 保持不变。因此,固定汇率需要货币当局通过非冲销外汇干预,瞬时满足所有货币需求的变化。尽管当涉及不同货币供给注入时政策效果会有微妙的差别,用当期的货币供给使国内的名义利率钉住外国的名义利率是完全等效的政策。

---

[1] 莫瑞斯·奥博斯特弗尔德、若戈夫. 高级国际金融学教程 [M]. 北京:中国金融出版社,2002: 506.

再者，倘若货币需求的干扰是对经济的唯一冲击，货币当局固定 i 时，它们就自动固定了 $m_t - \varepsilon_t$。

当冲击是实际冲击时（即来源于产品市场），保持货币供给不变的政策经常优于企图固定汇率的政策。在对多恩布什模型中长期均衡汇率 $\bar{q}$ 下降进行分析的过程之中（国内实际升值），将看到这样的情形：在浮动汇率制下，经济迅速调整到新的充分就业均衡。重要的是，调整到新的均衡只需要名义汇率的升值，而不需要名义价格水平的变动。但是，如果货币当局实行固定汇率政策，国内产品的价格水平将承受向下调整的全部负担。但是由于价格是黏性的，在经历了一段时间的失业之后，经济才逐渐地达到新的长期均衡。

以上只讨论了纯的固定汇率和纯的浮动汇率（外生货币）的情况。如果凯恩斯主义的稳定问题是唯一问题，则通常最佳的汇率政策并不要求固定汇率或者固定货币供给的任何一个单独政策，相反，最佳的政策采取的是一种反馈规则的形式，即

$$m_t - \bar{m} = -\phi(e_t - \bar{e}) \tag{2.2}$$

式（2.2）中，ϕ 的最佳选择依赖于模型的参数和两种经济冲击的相对方差。伴随着实际冲击的方差和货币冲击的方差比率趋向于零，最佳的汇率制度将趋近于固定汇率制，意味着 $\phi \to \infty$。

多恩布什模型，和之前的蒙代尔—弗莱明模型一样，都缺乏必要的、对福利分析有意义的微观基础。此外，当对固定汇率的投机冲击存在普遍的可能性时，对大多数国家而言，可信的固定汇率制度可能不是一个有远见的长期选择。最后，采取固定汇率的许多国家更加关心反通胀可信度的效果，而非短期政策制度的稳定。[1]

从货币政策与汇率政策协调的视角引申，可以发现多恩布什超调模型具有以下启示：首先，相较于蒙代尔—弗莱明的框架，多恩布什超调模型很好地解释了浮动汇率制下的汇率短期大幅波动，这一点对于理解发达经济体汇率政策具有重要意义；其次，对浮动汇率制和资本高速流动的发达经济体而言，汇率目标的实现可以通过货币政策的操作自动激发，在货币政策的影响下，利率水平的变动将直接影响汇率水平，这也是目前发达经济体货币政策和汇率政策操作的主要形式；最后，正是由于货币政策与汇率水平之间的紧密联系，因此，发达国家开展的外汇市场干预，往往与货币政策协调一致时，干预业务才对汇

---

[1] 莫瑞斯·奥博斯特弗尔德、肯尼斯·若戈夫. 高级国际金融学教程［M］. 北京：中国金融出版社，2002.

率有重大的影响。

2.2.3 新开放宏观经济学

新开放经济宏观经济学（New Open Economy Macroeconomics，NOEM）。NOEM作为开放经济下的宏观经济学的最新发展，起始于20世纪90年代，Obstfeld和Rogoff（1995）是其标志性文献。它旨在为开放经济条件下宏观经济问题的研究和政策分析提供一个全新的框架，是对传统蒙代尔—弗莱明—多恩布什框架（Mundell，1963；Fleming，1962；Dornbusch，1976）的继承和发展。Obstfeld和Rogoff的主要目标是建立一个开放经济的宏观经济学分析的新的工作母机模型（Workhorse Model）。相对于MFD模型（蒙代尔—弗莱明—多恩布什分析框架的主要特征，是它的简单分析结构以及明确的政策含义），由于融入了微观经济基础，新的开放经济的宏观经济学模型能够用于福利分析，即在市场不完全性和名义价格刚性的情况下，能够对政策进行评估。由于新的开放经济学模型的分析与特定的微观基础相联系，所以，政策评估和福利分析依赖于特定的偏好函数和名义价格刚性。[①]

（一）Obstfeld和Rogoff两国模型

在Obstfeld和Rogoff（1995）的微观基础的两国动态一般均衡模型中，他们假设：名义刚性、不完全竞争以及厂商是生产者和消费者的统一体。此外，该模型还假定：在一体化的世界资本市场中，两国能够自由借贷；在国际资本市场上，可交易的唯一金融资产是无风险的实际债券（该债券利用消费品标价）。在预算约束下，厂商追求自己一生效用的最大化。

Obstfeld和Rogoff（1995）模型的主要核心是货币冲击对于实际货币余额和产量的影响。在完全弹性的价格条件下，永久的冲击不会存在影响，所以世界经济仍然处于稳定状态，即货币供给上升不可能弥补产量水平的下降，货币是中性的。然而，在短期之中，由于存在价格刚性，货币政策可能有实际效果。由于价格不变，货币供给增加，名义利率下降，因此汇率贬值。外国产品相对于国内产品更加昂贵，对国内产品的短期需求上升，导致产量上升。因为垄断的生产者总是在边际成本之上定价，所以在固定价格下，满足非预期的需求总是有利可图的。所以，货币冲击对经济有实际效果。在这个模型之中，汇率上升的幅度小于货币供给增长幅度。货币贬值将导致对国内产品的需求上升

[①] 莫瑞斯·奥博斯特弗尔德、肯尼斯·若戈夫. 高级国际金融学教程 [M]. 北京：中国金融出版社，2002.

以及国内收入短期增加。本国居民可能将增加的部分收入用于消费。但是，由于他们打算保持平滑的消费倾向，收入增加的另一部分将用于储蓄。因此，尽管长期经常项目平衡，但是短期本国经常项目顺差。由于长期财富增加，本国居民偏向闲暇，本国产量下降。不过由于本国厂商长期的实际收入和消费增加，汇率未必贬值。这一模型显示了在黏性价格的条件下，并没有出现多恩布什模型中的超调特征。在垄断的均衡之中，由于价格超过边际成本，全球产量较低，非预期的货币增加提高了总需求，产出增加，改善了社会福利。因此，即使从长期来看，货币也是非中性的。

目前，这种分析方法已经越来越多地被用于国际金融领域的许多具体问题的研究之中，并逐渐成为国际金融学的一种全新的主流分析方法。

（二）开放经济小国模型

NOEM 的基准模型以及大多数关于 NOEM 的研究主要基于两国分析框架，但是在小国开放经济而非两国的假设下，可以获得更为简单的模型。当一国经济能够影响他国经济时，在考察政策相互作用时，两国模型提供了一个有用的框架。但是对许多国家而言，国内的变化对其他国家几乎没有什么影响，或者非常小。此时的政策决策，可以将国外利率、产出水平和通货膨胀看成是外生的变量，相对于世界上其他国家来说，该国经济太小了。当一国的利率不大可能影响其他国家时，小国开放经济就是一个有用的分析框架了。Lucio Sarno（2001）认为对于除了美国之外的大多数国家而言，小国开放经济假设是合理的。

在小国模型下，应用于政策协调的模型可以简化为[①]

$$y_t = -b_1\rho_t + b_2(p_t - E_{t-1}p_t) + e_t \quad (2.3)$$

$$y_t = a_1\rho_t - a_2 r_t + u_t \quad (2.4)$$

$$\rho_t = r_t^* - r_t + E_t\rho_{t+1} \quad (2.5)$$

实际汇率 ρ 等于 $s + p^* - p$，该式中，s 为名义汇率；p^* 与 p 分别为表示外国产出和本国产出价格水平。总供给函数没有表示为意外通货膨胀率的函数，而是意外价格水平的函数。而产出和意外价格水平的关系产生于名义工资和价格刚性的存在。由于外国的收入和消费是外生的，可以将世界消费对国内经济的影响看成是使干扰变量 u_t 变大的因素。

国内的消费价格为

---

① 卡尔·E. 瓦什. 货币理论与政策 [M]. 北京：中国人民大学出版社，2001.

$$q_t = hp_t + (1-h)(s_t + p_t^*) \tag{2.6}$$

这里 h 为国内产出在消费价格指数中的份额，而费雪等式揭示了式（2.4）和式（2.5）中出现的实际利率和名义利率之间的关系：

$$r_t = i_t - E_t p_{t+1} + p_t \tag{2.7}$$

无抛补利率平价反映了名义利率之间的联系。由于对小国开放经济来讲，i_t^* 是一个外生变量，我们可以将式（2.5）写成

$$i_t = E_t s_{t+1} - s_t + i^* \tag{2.8}$$

式（2.8）中，$i_t^* = r_t^* - E_t p_{t+1}^* + p_t^*$。最后，实际货币需求设为

$$m_t - q_t = y_t - ci_t + v_t \tag{2.9}$$

注意这个模型的基本结构，其和建立在工资和价格刚性基础上的封闭经济模型一样，表现了工资灵活条件下实际部门和货币部门之间的古典二分法。这就是说，如果名义工资的调整能够使劳动需求和供给相等的话，式（2.3）中的意外价格变动项就消失了。这样，式（2.3）至式（2.5）就构成了一个关于实际产出、实际利率和实际汇率的方程组。用利率平价条件消除总需求函数中的 r_t，得到产出的表达式，令其总是等于总供给，可以得到下式，它表现了弹性工资和价格条件下的均衡实际汇率：

$$(a_1 + a_2 + b_1)\rho_t = a_2[r_t^* + E_t \rho_{t+1}] + e_t - u_t \tag{2.10}$$

利用该式解 ρ_t：

$$\rho_t = \sum_{i=0}^{\infty} d^i E_t \left[\frac{a_2 r_{t+i}^* + e_{t+i} - u_{t+i}}{a_1 + a_2 + b_1} \right] = d \sum_{i=0}^{\infty} d^i E_t r_{t+i}^* + \frac{e_t - u_t}{a_1 + a_2 + b_1} \tag{2.11}$$

式（2.11）中，$d \equiv a_2 / (a_1 + a_2 + b_1) < 1$，第二个等号后面的列式是根据 e 和 u 的序列不相关的假定得到。如果国内产出存在过度供给，实际汇率就要进行调整；若 $e_t - u_t > 0$，实际汇率的贬值提高了总需求，也降低了总供给，从而使商品市场恢复了均衡。

式（2.6）、式（2.7）和式（2.9），再加上名义汇率的规定性 $s_t = \rho_t - p_t^* + p_t$，组成了货币部分的各个关系。在灵活工资和价格下，上述各个关系式决定了名义汇率、名义利率以及两个价格水平 p（国内产出价格）和 q（消费价格指数）。根据费雪等式、货币需求函数和 q_t 的定义，有

$$m_t - p_t = y_t + (1-h)\rho_t - c(r_t + E_t p_{t+1} - p_t) + v_t \tag{2.12}$$

在灵活价格条件下，对货币部分来说实际变量都是外生的，因此可以用上述方程解得均衡的 p 值：

$$p_t = \frac{1}{1+c} \sum_{i=0}^{\infty} \left(\frac{c}{1-c} \right)^i E_t [m_{t+i} - z_{t+i} - v_{t+i}] \tag{2.13}$$

式 (2.13) 中，$z_{t+i} \equiv y_{t+i} + (1-h)\rho_{t+i} - cr_{t+i}$。

均衡的价格不仅取决于当前的货币供给，而且与 m 的预期有关。根据式 (2.6)，$p_t = q_t - (1-h)\rho_t$，有了 p 和 ρ 的值后，就可以得到国内消费价格指数 q 的值。

当事先确定名义工资的情况发生时，古典二分法就不再成立了。由于 $p_t - E_{t-1}p_t$ 会影响实际工资、就业和产出，货币部分的任何意外的干扰都会对产出、实际利率和实际汇率产生影响。这个模型并没有融入任何能够产生持续效应的机制，这些影响也就只能维持一个时期。

名义工资刚性存在时，货币政策通过利率效应和汇率效应影响实际总需求。从式 (2.4) 可以看出，这两个变量是以 $a_1\rho_t - a_2r_t$ 的形式同时出现的。从式 (2.4) 可以看出，这两个变量总是结合在一起构成一个货币状况指数；在当前这个模型里，这一指数等于 $r_t - a_1\rho_t/a_2$。如果实际利率和实际汇率发生变化而这一线性化的指数不变，它们对总需求的影响就是中性的，因为高实际利率引起的总需求下降被实际汇率贬值带来的需求增长完全抵消了。

在总产出和总需求相等时，国内消费价格指数的意外变动（即意外的通货膨胀）同样受到货币政策利率效应和汇率效应的影响。结合式 (2.3) 和式 (2.4) 可以看出，这两个变量是以 $\dfrac{(a_1+b_1)\rho_t}{b_2} - \dfrac{a_2r_t}{b_2}$ 的形式同时出现，它们结合在一起构成了一个货币状况指数；在当前这个模型中，这一指数等于 $r_t - (a_1+b_1)\rho_t/a_2$。如果实际利率和实际汇率发生变化而这一线性化的指数不变，它们对意外通货膨货膨胀的影响就是中性的，因为高实际利率引起的意外通货膨胀下降被实际汇率贬值带来的意外通货膨胀的提高完全抵消了。

事实上，上述两个指数的出现，为小国开放经济模型之中货币政策与汇率政策的协调奠定了基础。将两个指数进行加权平均，可以构造一个新的货币状况指数，即 $r_t - [\alpha(a_1+b_1)/a_2 - (1-\alpha)a_2/b_2]\rho_t$，这个货币状况指数可以兼顾国内总需求和一般物价水平两个主要的货币政策目标。

（三）浮动汇率

现假定名义工资是事先确定的，但是经济干扰发生时名义汇率能够自由调整，货币政策工具是控制名义货币供给。式 (2.3) 至式 (2.9) 构成的模型就可以简化为包括关于价格水平、名义汇率和名义货币供给的两个方程。均衡取决于对 $t-1$ 期名义汇率的预期，而经济对当前政策行为的反应结果将可能取决于这些预期受到了什么样的影响。

为了考察汇率和价格水平面对货币干扰如何进行调整，我们将给名义货币

供给提供一个较为详细的路径。为了能够区分暂时性和持久性的货币干扰,假设:

$$m_t = \mu + m_{t+1} + \phi_t - \gamma_{t-1}, \quad 0 \leq \gamma \leq 1 \tag{2.14}$$

式中,ϕ 为一个序列不相关的白噪声序列。如果 $\gamma = 0$,由于 μ 漂移不定,m_t 也是一个随机游走变量;而 ϕ_t 的变动将持久地影响 m_t 的水平。如果 $\gamma = 1$,货币供给就是固定趋势附近的一个白噪声。如果 $0 < \gamma < 1$,其中 $(1-\gamma)$ 的部分将持久影响货币供给水平。

为了分析外国价格变动对本国的影响,令

$$p_t^* = \pi^* + p_{t-1}^* + \phi_t \tag{2.15}$$

式中,ϕ 为一个随机的白噪声干扰变量。在这个方程中,由于 ϕ 使价格轨迹发生了持久的变化,而平均通货膨胀率 π^* 是一个常数。

利用待定系数法,得出退出理性预期下的 p 和 s 的下述结果,该结果与式(2.3)至式(2.9)是一致的。

$$p_t = k_0 + m_{t-1} + \frac{B_2[1 + c(1-\gamma)]}{K}\phi_t - \gamma\phi_{t-1} +$$

$$\frac{[(A_2 - B_2)u_t - A_2 e_t - B_2 v_t]}{K} \tag{2.16}$$

$$s_t = d_0 + m_{t-1} - p_{t-1}^* - \phi_t - \frac{B_1[1 + c(1-\gamma)]}{K}\phi_t -$$

$$\gamma\phi_{t-1} + \frac{[(B_1 - A_1)u_t - A_1 e_t - B_1 v_t]}{K} \tag{2.17}$$

式中,$A_1 = h - a_1 - a_2$,$A_2 = 1 + c - A_1 > 0$,$B_1 = -(a_1 + a_2 + b_1 + b_2) < 0$,$B_2 = a_1 + a_2 + b_1 > 0$,此外:

$$K = -[(1+c)B_1 + b_2 A_1] \tag{2.18}$$

而常数 k_0 和 d_0 的值为

$$k_0 = (1-c)\mu + \left[c - \frac{a_2(1-h-b_1)}{a_1 + b_2}\right]r^* \tag{2.19}$$

$$d_0 = (1+c)\mu + \left[c - \frac{a_2(1-h-b_1)}{a_1 + b_2}\right]r^* - \pi^* \tag{2.20}$$

必须注意,浮动汇率使国内经济免于受到外国价格干扰 ϕ 的冲击。在浮动汇率制度下,不论是 p_{t-1}^* 还是 ϕ_t,都不会影响国内价格水平[见式(2.16)]。相反,式(2.17)表明,名义汇率的调整使外国商品的本币价格 $s + p^*$ 保持不变。使实际汇率和国内产出不会受到外国价格水平波动的影响。

由 $\dfrac{B_2\left[1+c\left(1-\gamma\right)\right]}{K}>0$ 以及 $-\dfrac{B_1\left[1+c\left(1-\gamma\right)\right]}{K}>0$，一次正向的货币干扰会提高均衡的价格和名义汇率水平。即由于正向的货币干扰将发生本币的贬值，如果 $\gamma>0$，到了下一期，这一效应就会部分地被抵消掉。

多恩布什的超调及 Obstfeld 和 Rogoff 模型中的结论是相反的，根据后者，名义货币供给的持久性变动不会导致汇率的超调。相反，名义汇率会迅速地调整到它新的长期值。这一区别实际上来源于这个模型中总需求的单调性。在 Obstfeld 和 Rogoff 模型之中，消费是从代表性经济人的选择问题推导出来的。消费的欧拉条件将期与期之间的消费选择联系起来。平稳消费的愿望意味着消费将迅速地调整到其新的均衡水平。于是，在 Obstfeld 和 Rogoff 模型中，汇率超调将完全消失。

汇率超调假说的一个含义是货币冲击发生后，汇率的调整过程是可以预测或推断出来的。货币正向的干扰使汇率迅速地贬值，接着再升值。调整的过程取决于该国名义刚性的程度，因为刚性的程度将影响经济对冲击的调整速度。这一可预测的过程在实际数据中表现得并不是那么明显。事实上，短期内名义汇率近似于随机游走的态势（米斯和罗戈夫，1983）。用以 VAR 为基础的方法考察美国的货币冲击，艾肯鲍姆和埃文斯（1995）并没有找到有超调的迹象，但他们确实发现了这样的事实，即伴随着货币政策冲击汇率，往往会持续、可预测地调整。一次货币紧缩一开始会导致汇率小幅升值，随着影响的扩展，美元不时出现了升值的情形。但是，在一些以政策变动等更直接的衡量方法为基础的研究中，邦瑟尼尔（Bonser - Neal）、洛立（Roly）和塞伦（Sellon）（1997）发现一些支持超调假说的证据。他们并没有使用实际的联邦基金利率，而选择了联储联邦基金率目标的变动来衡量政策的变动，并把考察的期间严格限制在联储把基金利率当作政策工具的时期内。

（四）固定汇率

在固定汇率制度下，货币当局必须运用其政策工具来保持一个不变的名义汇率。这一职责要求货币当局随时准备买入或卖出外汇来维持固定汇率。当需要卖出外汇的时候，如果该国中央银行的外汇储备不足，这一政策就难以保障了。如果人们预期会发生这样的情况，对其货币的投机冲击立即会接踵而至。不过在这里的分析中，只考虑固定汇率可以维持的情况。为了能够与浮动汇率制度进行更清晰的比较，假定汇率是钉住的。实际上，大多数固定汇率制度的国家都允许汇率窄幅波动。

通常而言，各个时期汇率的名义值 $s_t=0$，实际汇率等于 $p_t^*-p_t$。假定外国价格水平服从式（2.15），基本的模型就变成了：

$$y_t = -b_1(p_t^* - p_t) + b_2(p_t - E_{t-1}p_t) + e_t \qquad (2.21)$$

$$y_t = a_1(p_t^* - p_t) - a_2 r_t + u_t \qquad (2.22)$$

$$r_t = r^* + \pi^* - (E_t p_{t+1} - p_t) \qquad (2.23)$$

由于利率平价条件和固定汇率的假定，有 $i = r^* + \pi^*$，于是公式里名义利率一项就被消除了。解这三个式子就可以得到价格水平、产出和国内实际利率。而为了维持固定汇率，m 只能被动地随之调整，于是货币需求函数也没有什么意义了。

解 p_t 的值，

$$p_t = \frac{(a_1 + b_1)p_t^* - a_2(r^* + \pi^*) + a_2 E_t p_{t+1} + b_2 E_{t-1} p_t + u_t - e_t}{a_1 + a_2 + b_1 + b_2} \qquad (2.24)$$

用待定系数法可以得到

$$p_t = p_t^* - \frac{a_2 r^*}{a_1 + b_1} + \frac{u_t - e_t - b_2 \phi_t}{a_1 + a_2 + b_1 + b_2} \qquad (2.25)$$

将式（2.25）与式（2.16）相比较，可以发现固定汇率与浮动汇率制之间的一些区别。在固定汇率制度下，本国的平均通货膨胀率必须等于国外的通货膨胀率：$E(p_{t+1} - p_t) = E(p_{t+1}^* - p_t^*) = \pi^*$。外国的价格水平和价格冲击（$\phi$）会影响本国的产出和价格水平。国内对货币需求和货币供给的冲击（ϕ 和 v）对产出和价格水平反而没有影响。这种情况与浮动汇率制的情况刚好相反，这也是高通货膨胀的国家总是将它的货币钉住低通货膨胀率的国家的原因之一。但当世界通货膨胀率很高时，一国就必须允许汇率浮动，才有可能维持较低的通货膨胀率。

此外，总供给和总需求冲击对产出的影响也取决于汇率制度。在浮动汇率制下，一次正向的需求冲击提高了价格和实际产出。必须让实际利率升高同时汇率实际贬值，才能保证商品市场的均衡。当正的 u 出现之后，汇率的调整起到了稳定需求的作用，从而有助于恢复商品市场的均衡，部分地抵消了总需求的上升。于是，在浮动汇率制度下，u 对 y 的影响要小于固定汇率制度的情形。

汇率制度的选择影响了经济干扰小国开放经济的方式。不过这里考察的模型并没有提供一个判断国内福利的标准（比如代表性经济人的效用），它常常作为关于产出和通货膨胀稳定性的损失函数的补充，来评判不同的汇率制度。在这个评判标准基础上，一个汇率制度的选择取决于不同干扰的相对重要性。

如果外国价格的波动性受到人们关注,就可能选择浮动汇率制度来防止国内经济受到实际汇率波动的影响,否则,外国价格波动就会影响国内的产出和价格;如果国内货币的不稳定是经济波动的根源,就有可能选择固定汇率制度来提供一种自动货币政策,抵消不稳定的因素。①。

因此,货币政策和汇率政策协调问题的研究离不开构造一个具有微观基础的福利损失函数,以及对于不同时期,不同干扰源相对重要性的识别和评价。这也是本书研究的一个重要问题。

2.3 新常态下货币政策与汇率政策协调的概念界定

古典范式在第一次世界大战之前在国际宏观经济学占据主导地位,它描述了一个自我控制的全球经济。古典理论描绘的世界是一个稳定的动态的系统,在这个系统中,不同国家价格水平的调整以及铸币的自由流动可以迅速实现充分就业和不同国家国际收支的平衡(即大卫·休谟的价格—现金流动机制)。在金本位制时期,世界黄金存量曾为世界的平均物价水平提供了较长时期的依据。尽管世界经济依然存在康德拉基耶夫式的价格变化长周期,但是温和的通货膨胀和温和的通货紧缩交替出现,所以,从长期看,黄金高度稳定。

伴随着在两次世界大战时期,极端的经济混乱让第一次世界大战前的宏观经济条件看起来过分理想化了。以浮动汇率进行法定信用货币交易、优惠贸易安排、国家直接贸易、外债违约、汇率管制等在内的严重降低全球化进程的混乱,让古典的经济理论无法对经济的激变作出解释。在动荡的环境中,经济思想也开始突变。凯恩斯在1922年出版《货币改革论》(Tract on Monetary Reform),明确区分了内部稳定和外部稳定,前者是稳定的价格水平,后者是稳定的汇率水平。纽约联储主席本杰明·斯特朗则一手组建了公开市场委员会,集中进行美联储短期货币市场操作,从而启动了货币政策的一场革命。随着货币当局宣布政策目标转向内部稳定,人类社会自主管理货币的时代开始了。但是在斯特朗去世之后,美联储没有继续执行1923年确立的货币政策,它的目标不再是维持价格水平的稳定,相反,它赋予金本位制压倒一切的重要性,结果将世界拖入有史以来最严重的经济大萧条。在一个通货紧缩的世界

---

① 卡尔·E. 瓦什. 货币理论与政策 [M]. 北京:中国人民大学出版社,2001.

里，汇率不再是政策目标，它被提升到了政策工具①，让我们记住琼·罗宾逊夫人关于"以邻为壑"的经济政策的著名文章。汇率贬值成为抢夺市场、改善贸易收支和增加就业的有力武器。从某种意义上看，20世纪30年代的大危机正是欧美工业国在第一次世界大战之后在恢复金本位制思潮下错误的货币政策和汇率政策协调方式（或者组合方式）造成的，它成为第二次世界大战的经济导火索。汇率政策不仅能够促进贸易收支，还会影响货币和资本的流动，进而影响本国的货币存量。这种货币政策和汇率政策协调的思想蕴藏于鼎鼎大名的格雷欣法则之中，例如在金银复本位下，如果一个国家调整了本国的金和银的比价，并使之与外部世界的金银价格之比不同，则非均衡就会永远存在，并导致黄金和白银的跨国流动，进而使本国出现通货膨胀或紧缩。至此，大致简单描述了货币政策和汇率政策及其二者协调的渊源。下面将就货币政策、汇率政策及两个政策的协调的概念进行界定。

2.3.1 货币政策相关概念

（一）货币政策

货币政策一词，指的是中央银行采取的，影响货币和其他金融条件的，用以寻求实现持久的真实产出增长、高就业和物价稳定等广泛目标的行动。若干世纪以来，人们一直将流通中货币存量的平均增长率看成是总物价水平长期趋势的决定性因素。有时，与货币的创造或消灭相关联的一般金融条件，包括利率的变化，也被看成是经济周期的重要因素。

在现代的发达经济中，大量的货币由银行存款，而不由黄金、白银或政府发行的钞票和铸币构成。因此，政府如今授权中央银行使用那些能够控制存款创造和影响一般金融条件的工具去引导货币的动向。中央银行的行动着意于影响国民经济的活动，而不以普通的商业考虑例如赚取利润为基础。中央银行在实施货币政策过程中所应依据的准则和自主行事的程度，仍然是有争议的问题，货币政策同财政政策和国外政策的协调也都是问题。

（二）货币政策框架

货币政策框架（Monetary Policy Framework）是以稳定物价为长短期目标的

---

① 本书认为历史上著名的格雷欣法则，即蕴含着汇率政策的思想，在金银复本位下，如果一个国家调整了本国的金和银的比价，并使之与外部世界的金银价格之比不同，则非均衡就会永远存在，并导致黄金和白银的跨国流动。如果该国采取了金价高估，则该国会变成金本位制；如果该国采取了金价低估，则该国会成为一个银本位制。调整金银兑换率，直接导致了资本的跨国流动。

货币政策在实际操作运行中的具体形式或战略。它特别强调货币政策是利用何种名义锚（稳定器）来达到物价稳定的。按照稳定物价名义锚的不同，IMF将货币政策框架分为以下类别：

一是汇率锚。货币当局随时准备以给定的报价买入或卖出外汇，使汇率保持在预定水平或范围内（汇率作为名义锚或货币政策的中间目标）。这些制度涵盖的汇率制度没有独立的法定货币，货币发行局制度为固定钉住（存在或不存在区间）和爬行钉住（存在或不存在区间）。

二是货币总量目标。货币当局使用它的政策工具达到货币总量（基础货币、M_1、M_2等）的特定的增长率目标，而且目标总量成为货币政策的名义锚和中介目标。

三是通货膨胀目标框架。通货膨胀目标框架涉及向公众公布中期通货膨胀的数值目标，并由货币当局对这些目标进行制度性承诺，以实现这些目标。其他主要功能包括与公众和市场就货币政策制定者的计划和目标进行更多沟通，并且加强对于中央银行通货膨胀目标的问责制。货币政策通过未来通胀预测与已公布的通胀目标之间的偏差加以决定，其中通货膨胀（显式或隐式）的预测行为将作为货币政策的中介目标。

四是其他。国家没有明确指出名义锚，而是通过监控多种指标指导货币政策。当然，其他部分也适用于那些没有这方面信息的国家。

（三）货币政策规则

第一，政策规则与相机行事。关于相机抉择，对这种政策观点的某些批评较为着重为宏观经济提供名义支柱长期考虑。它们也把在预测经济发展和政策行动的影响时所遇到的困难，了解为这说明了中央银行不应试图通过相机抉择的政策行动在短期内去稳定经济。鉴于存在着时滞和不确定性，它们相信，这种政策的灵活性可能弊大于利，尽管主观愿望很好。理性预期学派给政策规则的主张添加了一些新的东西。他们相信，相机抉择使得货币政策具有通货膨胀倾向，因为中央银行老是面对着一个不可抵抗的诱惑，在追求短期的生产和就业目标时，将已宣布的保持价格稳定的长期计划置于脑后。根据那些倡导者的说法，制定一项取信于民的反通货膨胀政策，遵循一个不变的政策规则，则可防止出现上述问题。公众于是只会预计到与价格稳定相一致的政策行动。这个学派建议采取一个按货币增长或价格水平规定的固定目标的规则。

第二，货币政策规则。从理论上看，货币政策规则是一个指明工具设定以及目标变量和路径选择的公式。从历史演进过程来看，货币政策规则有多种，但目前较为流行的是泰勒规则和通胀目标制。

表 2 - 1 货币政策规则的种类

时间	货币政策规则的名称
1875	金铸币流通规则（Gold - specie Flow Rule）（Viner, 1955）
1920	费雪的补偿美元计划（Compensated Dollar Proposal）（Fisher, 1920）
1933	狭义银行：100% 储备（Fisher, 1945）
1945	费雪—西蒙斯价格水平规则（Fisher, 1945）
1960	固定货币增长率规则（Friedman, 1960）
1983	名义 GDP 规则（Taylor, 1985）
1988	麦克勒姆—梅茨勒基础货币规则（McCallum, 1988）
1993	泰勒规则（Taylor, 1993）
1996	通胀目标制（Svensson, 2002）①

资料来源：范从来. 开放经济货币政策研究［M］. 北京：商务印书馆，2011.

（四）货币政策目标

中央银行货币政策如今的职能远远超出了中央银行最初看到的那些，即保证银行体系的稳定及存款的可兑换性，特别是金融危机时期。直至今日，中央银行的主要任务还是保持金融体系的安全和健全，纵然在 21 世纪中，这一任务中又添加了保持宏观经济稳定的职责。宏观经济的稳定要求有一个健全的金融体系；一个不健全的金融体系没有能力去抵御外部冲击或本应是适当的限制性政策行动对经济的影响。货币政策一直对物价水平有着决定性的影响，这就使长期物价稳定在中央银行的宏观经济目标中一向被提高到显著的地位上。在现代，中央银行被赋予了在寻找长期物价稳定目标方面实行自律的任务。同时，货币政策对经济活动和就业的短期影响被人们所广泛认识，它也已使人们更多地强调反周期的目标。

中国货币政策最终目标为"保持货币币值的稳定，并以此促进经济的增长"。币值稳定包括货币对内币值稳定和对外币值稳定两个方面。货币对内币值稳定是指国内物价的稳定，对外币值的稳定是指汇率的稳定。为了实现货币政策最终目标，还要经过一个传导机制，并有一个时间过程，一般是：中央银行运用货币政策工具—操作目标—中介目标—最终目标。

（五）货币政策指标

在经济因货币政策行动而调整的过程中，大量的金融和非金融的量值都受

---

① 通胀目标制的具体实践一般认为是由新西兰 1990 年 11 月实行的新的货币政策框架开始的，理论上明确提出"通胀目标制"大致是 1996 年，这也是一个理论滞后于实践的例子。

到了影响；但是，何种变量是最好的衡量政策动态的指标？即能最可信地指示出货币政策对经济的未来影响的变量为何？这一问题仍然存在。此外，由于决策有滞后效应，而且决策者必然不能确知经济的联系环节及经济的趋势，这一指标大抵还应作为货币政策行动的中介指标，用以防止决策者的判断陷入迷津。所谓中介指标，指的是中央银行能尝试使之与预先确定的目标协调一致，从而应能为中央银行合理控制的变量。中央银行对中介指标的调整，或许不会像摆布政策工具那样频繁。中央银行过去曾重点不同地使用过若干基本政策指标。在历史上，黄金或某些其他金属兑换国内通货的价格曾起到过指标作用。此后，市场利率和汇率作为政策指标受到了较多的强调。近几十年来，多数工业国采用了货币和债务总量指标。人们还提议采用其他一些指标，包括货币基础、商品价格指数即一般物价水平、名义国民生产总值和实际利率，等等。

（六）货币政策工具

中央银行可以使用的工具依各国的制度结构、政治制度以及发展阶段的不同而不同。在大多数发达的资本主义经济中，中央银行基本上都使用三种主要工具中的一种或一种以上的工具去控制存款创造和影响金融条件。

根据《中华人民共和国中国人民银行法》（以下简称《中国人民银行法》）的规定，中国人民银行运用的货币政策工具主要有存款准备金制度、基准利率制度、再贴现政策、再贷款制度、公开市场业务制度、其他货币政策。

2.3.2 汇率政策相关概念

（一）汇率政策

汇率政策是指一国政府利用本国货币汇率的升降来控制进出口及资本流动，以达到国际收支均衡之目的。汇率政策中最主要的是汇率制度的选择。

目前在国内，汇率政策是由货币当局制定的。国家外汇管理局的职责之一，包括管理外汇市场的运作，并向中国人民银行提供制定汇率政策的建议。由于汇率政策影响内外整体比价关系，从某种意义上讲，其政策地位不应低于一般的产业政策（胡晓炼，2010）。

（二）汇率制度

汇率制度是指一国（或经济体）货币当局对本国汇率水平的确定、汇率变动方式等问题所作的一系列安排或规定。按 IMF 2009 年分类法[①]，汇率制度包括四个大类 10 小类，具体如下：

---

① 各类汇率制度的定义，来自 IMF 官方网站。

第一大类：硬钉住。

(1) 没有独立法定货币的汇率安排（Exchange Arrangements with No Separate Legal Tender）。划入该分类需要确认一国货币当局的法定汇率安排。该安排是指以另一个国家的货币作为本国唯一的法定货币（正式的美元化）。采用这种汇率安排意味着货币当局彻底放弃对于本国货币政策的独立控制。

(2) 货币局安排（Currency Board Arrangements）。划入该分类需要确认一国货币当局的法定汇率安排。该安排是指基于明确的立法承诺实现本地货币与特定外国货币按照固定的汇率兑换，并且确保货币发行机关履行其法律义务的一种货币制度。这意味着本地货币的发行必须基于外汇（外国资产）的支持，它消除了传统中央银行货币控制和最后贷款人的职能，几乎没有给相机抉择的货币政策留下太多空间。在这种货币制度下，可能仍然留有一定的灵活性，但是这取决于货币当局安排的银行规则的严格程度。

第二大类：软钉住。

(3) 传统的钉住汇率安排（Conventional Fixed Peg Arrangements）。一个国家正式的（法定的）将其货币以一个固定的汇率钉住另一种货币或一篮子货币。其中货币篮子是由主要的贸易和金融合作伙伴的货币，而且各种货币的权重取决于贸易、服务以及资本流动的地理分布。锚货币或货币篮子权重是公开的或需要通知 IMF。货币当局随时准备通过直接干预（例如通过在市场上出售/购买外汇）或间接的干预（例如通过积极利用利率政策，实施外汇管理规定，行使旨在限制外汇活动的道德劝告，或通过其他公共机构的干预）来维护固定的平价。这种制度没有承诺会保持这种平价不被撤销，但正式的安排必须被实证证实。汇率将在中心汇率周围小于±1%的窄区间内波动，或者即期外汇市场汇率的最大值和最小值保持在一个2%的窄区间内，至少保持6个月。

(4) 稳定化安排（Stabilized Arrangement）。该安排需要即期外汇市场汇率在6个月或更长时间保持在一个2%的窄区间内（除了一定数量的异常值或步长调整），而且它不是浮动的。该安排要求的稳定区间可以对应着一种货币或一篮子货币，其中的锚货币或锚货币篮是由统计技术确定或确认的。稳定化安排要求统计标准得到满足，而且汇率始终稳定被认为是官方行动（包括结构性市场刚性）的结果。该安排并不意味着一国货币当局的政策承诺。

(5) 水平带钉住汇率（Pegged Exchange Rates within Horizontal Bands）。划入该分类需要确认一国货币当局的法定汇率安排。货币价值被维持在一个边界内，该边界围绕着固定的中心汇率的±1%或者汇率最大值和最小值之间相距超过中心汇率的2%。这包括被1999年1月1日ERMⅡ所取代的欧洲货币体系（EMS）中采取汇率机制（ERM）的国家所采取的安排，因为那些国家的汇率波动区间大于±1%。中心汇率和水平带的宽度是公开的或需要通知IMF。

（6）爬行钉住（Crawling Peg）。划入该分类需要确认一国货币当局的法定汇率安排。货币汇率按照固定的变化率或针对有选择的量化指标的变动进行较小幅度的周期性调整，这些指标，例如过去与主要贸易伙伴的通胀差异、主要贸易伙伴的通胀目标和预期通货膨胀率的差距等。爬行速度可以被设定为通货膨胀因素调整后的汇率变化（后顾型），或者被设定为预先宣布的特定速率和（或）低于预期的通货膨胀差异（前瞻型）。这种汇率安排的规则和参数是公开的或需要通知IMF。

（7）类似爬行安排（Crawl–like Arrangement）。划入该分类，汇率需要在6个月或更长时间内相对于一个统计上识别的趋势，保持在一个2%的窄区间内（除了一定数量的异常值）。而且这种汇率安排不能被视为浮动汇率。通常，该安排下最小的汇率变化率也比稳定化（如类似钉住）安排的汇率变化率要大。如果一种汇率安排的年变化率至少达到1%，汇率以一种单调、连续方式升值或贬值，则该种安排被认为是类似爬行安排。

第三大类：浮动安排。

（8）浮动（Floating）。浮动汇率主要是由市场决定的，汇率没有一个确定的或预设的路径。一个汇率如果满足类似钉住安排或类似爬行安排的统计标准，则该汇率就会被划入上述类别，除非清楚地表明汇率的稳定不是官方行动的结果。外汇市场干预可能是直接的或间接的，将缓和汇率变化率，阻止汇率过度波动，但是政策如果钉住一个特定水平的汇率则是与浮动汇率不兼容的。用于管理汇率的指标可以大致加以判断（例如，国际收支头寸、国际储备、平行市场的发展）。浮动安排可能表现出或多或少的汇率波动，而这取决于影响经济的冲击大小。

（9）自由浮动（Free Floating）。如果干预只是极偶尔发生的，旨在处理无序的市场状况，并且如果货币当局提供信息或数据确认在以前的6个月内最多仅有3例干预，且每次干预不超过3个工作日，则该种浮动汇率被划为自由浮动汇率安排。如果这些被要求的信息或数据不能提供给IMF的工作人员，则这种安排被视为浮动安排。

第四大类：剩余类别

（10）其他的有管理安排。这个分类是剩余类，当汇率不满足其余的类别时则归于此类。例如那些具有频繁转变政策的汇率安排属于这一类。

（三）汇率制度选择

在外汇市场上，国家面临广泛的不同种类的政策选择。在这些选择方案中，一个国家可以将其汇率钉住单一货币、钉住一篮子货币，让汇率蠕动，实行管理浮动，将外汇市场分成双重或多重市场，或实行自由浮动汇率。汇率安排的多样化对应于国家情况的多样性。对于单个国家或整个世界而言，汇率制度的选择被认为依赖于政策目标、随机的环境的性质、国家的结构性特征和政策制定者的信誉。单个的发展中国家除面对所有上述问题外，还发现，国际收支约束的存在和防备外来竞争的需要使制度的选择复杂化了。

（四）汇率政策目标

汇率政策关系到物价稳定、经济增长、充分就业和国际收支平衡四大宏观经济目标。还涉及国际竞争力、国际经贸关系以及优化资源配置实现等，这些都属于汇率政策的目标。在实际操作中，一国汇率制度目标的确定往往受到很多因素的制约，也可能会根据实际情况而进行调整，但无论如何，在某一阶段，一个经济体的汇率政策目标是相对比较稳定的。

（五）汇率政策工具

汇率政策工具包括外汇储备、货币市场工具和利率等。第一，外汇储备是中央银行持有的能够随时用来干预外汇市场的外资资产，它是中央银行对外汇市场进行干预的最直接的工具。当市场汇率波动超过中央银行所期望的区间时，中央就会在外汇市场上买入或卖出外汇储备，以阻止币值的大幅变动。第二，鉴于单独使用外汇储备干预外汇市场存在的问题，中央银行一般在干预外汇市场的同时，会进行国内货币市场的反向操作，以冲销国内货币供应量的改变。当然，除了冲销干预外，外汇市场开放程度较高的发达经济体，货币当局可以通过货币政策的改变，直接实现汇率政策的意图。从发达经济体汇率政策的执行效果看，外汇干预业务与货币政策协调一致时，对汇率有重大的影响。第三，利率。在国际资本流动过程中，利率杠杆发挥着重要的调节作用，尤其对于短期资本而言更是如此。货币当局可以利用调控利率的方式来影响资本流动的收益或成本，进而达到汇率政策的目的。

（六）外汇市场干预

广义上说，外汇市场干预是指政府通过官方机构采取的任何意欲影响一国汇率的交易行为或公告。在大多数国家，干预行为由货币当局来执行，不过也常常由财政部或财政部部长作出干预决定，这取决于各国的具体情况。

在实践中，中央银行干预更加狭义的定义为：在外汇市场上任何官方抛售或购买与本国资产相对的外国资产的行为。中间的干预定义为既包括所谓的防守性交易，也包括中央银行与本来要进入私人外汇市场的客户的交易，IMF提款权的转换交易和国际储备利息收入的积累交易。干预操作通常使用外汇储备、掉期协议或者官方借款提供的资金来进行。

非冲销干预，涉及国内基础货币的变动，这些交易除了购买或抛售的对象是外国资产而不是本国资产外，其他方面与公开市场业务很相似。冲销业务涉及恢复国内市场货币基础原来规模的抵消性的本国资产交易。

一般而言，坚持货币目标的国家被认为应主要实行冲销干预业务。美国一直对其外汇干预行为采取迅速的冲销行动，虽然这并不排除美国货币当局为实现汇率目标而调整货币政策的可能性。

实践显示，在固定汇率制和浮动汇率制下，中央银行都经常运用干预政策。20世纪80年代关于此类干预功能的实证研究表明，通过投资组合和信息渠道，干预在统计上对汇率均有重大的影响。不过，实证材料并未标明冲销性干预是作为一个独立的政策工具来运用的。只有与货币政策协调一致时，干预业务才对汇率有重大的影响。

（七）外汇管制

比较狭义地说，外汇管制系指货币机构（政府、中央银行或专门机构）对国际交易或对本国货币与外国货币的兑换实行的严格限定的限制。因此，外汇管制是介于自由汇兑与完全禁止汇兑之间的一个中间状态，它在很多发展中国家中实行着。

无论在何种情况下，外汇管制措施的目的都在于维护国内政策的独立自主性，使之免受贸易赤字、外债或本国生产资本控制权转移的威胁。无论何时，外汇管制及禁止兑换某些货币的主要目的是维护国家的独立自主，使之不受外国的干预。

2.3.3 政策协调相关概念

（一）经济政策协调

第一，协调的内涵。协调，意思为配合得适当，即各方面通过适当的合作完成共同的任务。从这个解释来看，协调具有三个要素：一是多个主体（至少两个以上）；二是适当的合作，任何一个主体不是按照一己之见行事，而是要考虑到其他主体的看法或行动；三是共同的任务。

第二，经济政策协调。面对复杂的宏观经济调控任务，经济政策协调早已不是一个陌生的概念，它是指经济政策配合得适当。根据国别的不同，经济政策协调可以分为国内经济政策协调和国家经济政策协调。国内经济政策协调包括货币政策、财政政策、汇率政策等之间的协调（其中如果根据实施经济政策主体的不同，国内经济政策协调还可以划分为不同经济政策制定部门之间的政策协调，或是同一个部门所制定的不同经济政策之间的协调）。国家经济政策协调是国际合作的一种高级形式。它是指因认识国际经济相互依赖性而对本国政策作出调整，这种调整通常以明确的国际协议作为支撑。这些协议限制或决定了某些政策工具。协调超出了各国之间系统地交换——国际组织通常作为中介——关于政策行动和目标的信息这一范围，尽管这种交换是协调的先决条件，且本身就是导致国家政策制定和执行的改变。

在这里本书引述了美联储前主席保罗·沃尔克关于国家经济政策协调的一段话，笔者认为这段文字很好地揭示了经济政策协调的精髓和内涵，尽管它所指的对象不属于国内某个部门制定的不同政策之间的协调。特别是最后关于外界对于政策影响力加大的观点，对于货币政策和汇率政策协调内涵的理解很有益处。美联储前主席保罗·沃尔克曾在《时运变迁》一书中表述了对于"协调"的理解：简单说，协调就是一个政策制定者要在多边磋商的基础上采取行动，而不是按照一己之见行事，要考虑到其他政策可能作出的决定。而决定的时间、程度和实质，会受到其他政策实施的影响，反之亦然。基本原理在于，如果不同政策的行动相互补充，最终所有政策所指向的目标相对而言更容易达到。① 举例而言，如果为了执行旨在维护本国汇率稳定的汇率政策，那么需要采取与国际金融市场状况，特别是一些大国货币政策取向相适应的（狭义的）货币政策，这时国内的货币政策不能按照自己的意愿单独去提高或降低利率水平，汇率政策所采取的行动就可以减少将会出现的或已经存在的与本国货币政策，乃至国内总需求的矛盾。反之，如果为了执行旨在维护本国国内物价稳定的货币政策，那么同样需要采取一些与外部某个大国的汇率政策安排相适应的汇率政策，此时本国的汇率政策不能按照自己的意愿单独去提高或降低汇率水平，货币政策所采取的行动就可以减少将会出现的或已经存在的其与本国汇率政策乃至国内总需求的矛盾。这只是一个很简单的例子。对于一个政策制定者而言，所有这些都意味着某种程度的决策权力的丧失。从某种意义上看，参与开放的全球经济本身则意味着一部分自主权的丧失，而且，伴随着国

---

① 例如，如果为维护美元的稳定，各国采取相互协调的货币政策，那么美国也不能违背其他国家的意愿单独去提高或降低贴现率。其他国家采取的行动就可以减少将会出现的或已经存在的与国内需求的矛盾。这只是个很简单的例子，当涉及更为广泛的问题时，例如在不同的增长速度下努力协调经济政策，或者如何影响税务和能源政策，协调会更复杂。

际上贸易和金融的增长,外界对于国内政策的影响力也越来越大。国内政策协调者彼此失去的一部分决策能力,正是在这种全球化背景下必须作出的调整。众所周知,在一个资本流动的世界里,固定汇率意味着货币政策缺乏自主权。由于不同程度的灵活性被引入汇率体系,这种束缚在很大程度上有了潜在的放松。然而,决心稳定汇率终将要求有关国家积极使用货币政策,以期达到目标。在一种合理的汇率灵活程度的情况下,这种要求不至于与纯货币政策格格不入。另外,在充分使用了政府政策的其他工具的情况下,从理论上讲,人们认为货币政策与其他目标之间存在的冲突就可以减轻甚至消除。但是问题就出在这里。没有几个政府拥有灵活操纵经济政策组合所必需的有效的政策手段。政策协调所决定的第二个问题,把上述困难更是复杂化了:它们牵扯到的不止是一个方面的问题,它不可避免地引发一个争论不休的局面,即哪个部门承担首先采取恰当政策变化的"负担"。答案总是不明确的,它的决断需要敏感的政策判断和复杂的经济判断。无论是哪些客观指数起了作用,客观因素、不同国家的倾向都会导致拖延以及微弱的反应。[①]

(二) 货币政策与国内外政策协调

国内的财政政策以及国外的财政政策和货币政策,各自都对国内宏观经济的成果产生影响。这些影响的存在,提出了它们同国内货币政策相互协调的问题。例如在国内方面,包括增加政府支出或减税在内的较具扩张性的财政政策可能需要采取抵消性行动,让货币政策稍紧一些。即便调整政策组合使总就业、生产和价格保持不变,市场利率以及汇率的名义值和实际值都会发生变化,以实际消费、投资以及净出口来衡量的总产出的构成也会发生变化。实践证明,财政政策作为一种宏观经济工具,并不如货币政策来得灵活……这种情况将货币政策推向追求宏观经济稳定目标的前沿。……让货币政策承受反周期政策限制的过多压力,这种情况应当避免;部分是因为中央银行可能在实践上不能承受这种政治压力。

国际政策协调,为的是谋求彼此联系着的各国利益。从原则上说,密切的协调能为外汇市场提供较有力的稳定手段,同时保持浮动汇率的某些特征,而缓冲国际扰动,弱化那些在固定汇率制下以国际储备自动流动表现出的政策上的限制。但是,主权国家的利益及其环境时常发生变化。由于对各种最终目标强调的重点不同,或者由于各国所处的经济周期的阶段不同,上述情况就可能

[①] 保罗·沃尔克、行天丰雄. 时运变迁——国际货币及对美国领导地位的挑战 [M]. 北京:中国金融出版社,1996:149.

发生。在这种状况下，国际上找出一个宏观经济政策的适当格局，协议一致的范围可能是有限的。

（三）货币政策与汇率政策协调

货币政策与汇率政策的协调是指货币政策与汇率政策配合得适当。根据此前关于协调概念三个要素的阐述，本书认为货币政策和汇率政策协调具有以下内涵：

其一，多个主体。理论上，货币政策和汇率政策都归货币当局（中央银行）一家制定，似乎不涉及多个主体的问题。但是货币政策和汇率政策各自追求的目标、实现这些目标采取的政策工具等会成为不同的主体，因此货币政策和汇率政策在制定和实施过程中存在多个主体。当然，较之于隶属于不同部门的经济政策（例如中央银行的货币政策和财政部的财政政策），同归货币当局管辖的货币政策和汇率政策之间出现冲突的可能性被最小化了，但是依然会冲突或不协调。

其二，适当的合作。仿照 IMF 实际汇率分类方法，可以将汇率制度大致分为三大类：第一类，严格钉住制度（包括货币局、美元化、货币联盟）；第二类，中间汇率制度加上有管理的浮动汇率制度；第三类，自由浮动汇率制度。在第二大类中，由于货币当局包含货币政策目标和汇率政策目标，考虑到政策目标间的潜在冲突以及政策工具数量和范围有限，货币当局需要协调两个政策。从逻辑上看，第一大类放弃了货币政策独立性（货币政策目标），拥有汇率政策目标；第三大类放弃了汇率目标（并未真的放弃），拥有货币政策目标；因此不需要协调货币政策和汇率政策。但是实践表明并非如此。一方面，对于实行自由浮动汇率的经济体而言，Stanley Fischer（2001）认为除了美国之外，其他的 G7 经济体（加拿大、法国、德国、意大利、日本、英国）和大多数新兴市场经济体一样，都十分关注在货币政策中对汇率进行干预，只是这种干预的频率比在采取钉住汇率的情况下要少。例如，加拿大直到最近仍然在使用以汇率和利率的变动为基础的货币状况指数来指导货币政策。但是，1985年至1986年，美国也曾联合其他四个主要工业国使用汇率政策改变美元对日元、马克及英镑的相对价格，以解决美国国内的高利率与高失业问题（Salvatore, 1995）。另一方面，对于实行严格钉住的经济体而言，历史上，阿根廷为了治愈国内严重的通胀，曾采取了和美元固定比价的货币局制度。但是在2000年美元的升值给阿根廷带来了类似于亚洲金融危机前东亚国家出口的困难，最后阿根廷放弃了这种汇率安排。此外，为应对国内经济萧条和政治压力，1992年9月13日，英国终于宣布英镑"暂时"退出欧洲货币体系的汇率机制，酿成欧洲货币体系历史上的"九月危机"。①

其三，共同的任务。货币政策和汇率政策协调的根本目的在于降低政策目标不协调的程度，最终更好地实现宏观经济的主要目标。在开放经济体条件下，通过总需求管理来解决宏观经济问题的政策手段包括所谓支出变化政策、支出转换政策和直接控制政策。② 支出变化政策是指货币政策与财政政策。支出转换政策则通过货币贬值（或升值）来调整国内外产品的相对价格，从而改变需求方向，提高（或降低）对国内产品的境内外需求，减少收支逆差，扩大生产及减少失业（或降低通胀威胁）。因此，货币政策和汇率政策同属于总需求管理的宏观经济政策。值得指出的是，外汇管制这一直接控制政策，为货币政策和汇率政策的协调创造了条件。伴随着外汇管制的逐步放松，货币政策和汇率政策协调过程中的干预会更加频繁，无疑加大了政策目标兼顾的难度，这对政策目标的排序提出了明确的要求，个别目标的逐步弱化（成为一种弱化或隐性的锚）将成为趋势。

（四）国际货币政策

与货币政策和汇率政策协调相关的概念是国际货币政策。第二次世界大战之后，美国（和其他工业化国家）流行的观点是：中央银行的主要任务在于维持国内价格的稳定。这种观点来源于古典经济学家的著作，它或明或暗地为各主要工业化国家制定货币政策提供了一个框架。这种观点和这种政策态度在国际范围内的传播，形成了一种固定汇率制度。最大的国家美国成功地稳定了它的物价水平。其他国家与美元维持固定的汇率，从而也就取得了国内物价的稳定。在这个时期里（大体上一直延续到20世纪60年代中期），世界经历了稳定的汇率和没有通货膨胀的时期。

伴随着关于中央银行职责观点的改变，这种状况开始发生变化，中央银行越来越被看作是负责稳定经济活动的机构。这就导致稳定价格水平成了问题，从而削弱了固定汇率制度的基础。毫无疑问，当一个国家（美国）利用货币政策稳定产出时，（其他）工业国不得不放弃固定汇率，从而20世纪70年代初以来让其汇率实行浮动。

20世纪60年代，随着主要国家放松了维持固定汇率制度所需要的货币纪律，国内稳定是汇率稳定的前提条件的观点受到了尊重。20世纪70年代初，

---

① 在这次"九月危机"中，除英镑宣布暂时退出该体系外，意大利里拉同时选择退出欧洲货币体系。
② 直接控制政策包括进口关税、配额限制、外汇管制、冻结工资与物价等行政控制手段。

这种观点在大学经济学家中间已经居于支配地位。现在，在经历了许多年的汇率变动不定的过程之后，以往的观点，即强调稳定汇率是取得国内稳定所必需的第一步的观点，再次得到尊重。

本书认为，正是伴随着国际货币政策的不完善，才使得很多新兴市场经济体需要利用本国的货币政策和汇率政策协调，来维护内部稳定和外部稳定两个目标。

2.3.4 新常态的相关概念

（一）经济旧常态与新常态

习近平（2016）指出，"十三五"时期，中国经济发展的显著特征就是进入"新常态"，"要把适应新常态、把握新常态、引领新常态作为贯穿发展全局和全过程的大逻辑"。

界定经济发展"新常态"，首先要对经济"常态"有一个清晰的界定。彭兴韵、费兆奇（2015）认为所谓经济"常态"是指在经济发展的某个特定阶段，由经济规律所主导的经济活动相对稳定特征的动态过程。在经济发展过程中，一个国家在不同发展时期、不同历史阶段的"常态"表现具有显著差异，需对经济"常态"进行划分，如"新常态"与"旧常态"。

彭兴韵、费兆奇（2015）认为中国正从中等收入水平国家向中高收入国家迈进，"旧常态"不平衡、不协调、不可持续的粗放式增长不可为继。促使中国经济转向"新常态"的因素包括以下方面：从内部看，中国的潜在增长率开始下降。一般而言，决定潜在增长率的因素主要有技术与生产率、资本增长率、人口结构与劳动力供给、体制性因素。中国潜在增长率下降，首先是因为中国人口结构发生了明显变化，人口结构的变化导致国民储蓄率趋于下降，使得依靠投资主导的增长模式难以获得有效的资本供给。同时，技术进步又是非常缓慢的过程；在投资率本已处于畸高水平且资本存量已大幅增长的背景下，资本增长率趋于下降是必然结果。此外，多年积累的结构性、体制性、素质性问题制约经济发展方式向创新驱动、内生增长转变。除潜在增长率下降外，中国政府的政策取向也发生了变化，主动使总需求适应潜在增长率的变化，下决心在推进经济结构性改革方面做更大努力，使供给体系更适应需求结构的变化。从外部看，发达国家引领的第三次工业革命为这些国家的制造业回归和全球经济再平衡做了技术上的准备，这将影响全球贸易和资本流动的格局。

彭兴韵、费兆奇（2015）将中国经济发展"新常态"定义为：在增长速度换挡、结构改革阵痛的时期，集中体现为与潜在增长率相协调、与过去一段时期高增长相较而言，现实相对较低增长率的经济形态。这一定义侧重于对新常态下经济增长速度特征的刻画。

（二）供给侧结构性改革

习近平（2016）指出，推进供给侧结构性改革是适应和引领经济发展新常态的重大创新，是适应国际金融危机发生后综合国力竞争新形势的主动选择。供给侧结构性改革的重点，是解放和发展社会生产力，用改革的方法推进结构调整，减少无效和低端供给，扩大有效和中高端供给，增强供给结构对需求变化的适应性和灵活性，提高全要素生产率。

尹艳林（2016）指出"供给侧结构性改革"从汉语语法上看是一个偏正短语，"供给侧结构性"是定语，"改革"是中心语，改革的对象是体制机制，"供给侧结构性改革"将改变中国供给侧妨碍供给结构适应需求变化的旧体制。"去产能、去库存、去杠杆、降成本、补短板"是"供给侧结构性改革"的任务或目标，而不是改革或改革的对象。"供给侧改革"不能忽略"结构性"。结构性改革一词源于西方，强调通过改革解决产生结构性矛盾的体制问题，包括对政府和社会、政府和市场、政府和企业关系进行改革，例如欧洲的劳动力市场和福利制度改革。在经济新常态下，中国的结构性矛盾也十分突出，尤其是结构性产能过剩问题。

3

新世纪至新常态货币政策与汇率政策协调经验

中央银行应该选取单目标还是多目标？国际金融危机前，主要经济体央行关注的重点是价格稳定，并实行通胀目标制；金融危机后，许多中央银行将金融监管、名义 GDP 增长纳入政策目标范畴。对于新兴市场经济体而言，货币政策往往受到国际收支和资本流动的影响，因此关注国际收支平衡和汇率基本稳定。当一个中央银行实行多目标货币政策时，将很难超脱政治现实的影响，需要就多个政策目标进行协调、沟通。周小川（2016）基于转型的中国经济视角，阐述了中国实行多目标货币政策的特点和原因。本章对新世纪至新常态以来，中国货币政策与汇率政策协调进行了经验分析，明确了新常态下政策协调的环境和特征，阐述了现阶段中国货币政策和汇率政策协调的重点问题。

3.1 多目标的货币政策框架和有管理的浮动汇率制度

本节首先介绍了国际货币基金组织对全球主要经济体货币政策框架和汇率制度的分类，为认识中国货币政策框架和汇率制度提供一个参照系；其次介绍了中国多目标货币政策框架和管理浮动汇率制度，以及货币政策和汇率政策的关系；最后立足中国多目标货币政策框架，提出优先排序是化解中国多个政策目标冲突、实现政策协调的关键。

3.1.1 主要经济体的货币政策框架和汇率制度

国际货币基金组织（IMF）对其成员的货币政策框架和汇率制度进行了分

类,这为研究货币政策、汇率政策及两个政策的协调提供了事实依据和参考系。这个分类系统是基于IMF工作人员所确定的成员实际的、事实上的安排,这些安排可能与成员国官方宣称的安排不一样。除了没有独立的法定货币的安排,它通过区分不同形式的汇率安排来评估汇率安排选择对于货币政策独立性的影响。该系统将IMF成员的汇率制度对应上它的货币政策框架,以突出汇率政策在广泛的经济政策中的角色,并说明不同的汇率安排可以与相似的货币政策框架相容。

(一)IMF对于其成员货币政策框架和汇率制度的分类

本书按照时间由近及远的顺序给出IMF在2008年4月、2006年7月和2003年6月对其成员的货币政策框架和汇率制度的分类(见表3-1至表3-3)。①表3-1至表3-3的横向反映了IMF成员国实行的货币政策框架,纵向反映了其成员采取的汇率制度,每一种框架或制度名称边上的括号中的数字,反映了采取这种安排的经济体的个数。注意,按照货币政策框架类型统计的经济体的总数和按照汇率制度统计的经济体的总数是不同的,这主要是由于一个经济体可能同时采取两种货币政策框架,例如表3-2中的斯洛伐克、匈牙利。

表3-1 货币政策框架与汇率制度种类及分布(2008年4月30日)

汇率安排(国家或地区个数)	货币政策框架(国家或地区个数)						
	汇率锚(115)				货币总量目标	通货膨胀目标框架	其他
	美元(66)	欧元(27)	混合(15)	其他(7)	(22)	(44)	(11)
没有独立法定货币的汇率制度(10)							
货币局制度(13)	中国香港						
其他传统的钉住汇率制度(68)				俄罗斯			
规定波动幅度的钉住汇率制度(3)		斯洛伐克					
爬行钉住制度(8)	中国						
规定波动幅度的爬行钉住制度(2)							

---

① 在上一章概念界定部分中,已经介绍了IMF货币政策框架和汇率制度的分类以及每一类的具体的内涵。

续表

汇率安排（国家或地区个数）	货币政策框架（国家或地区个数）						
	汇率锚（115）				货币总量目标	通货膨胀目标框架	其他
	美元（66）	欧元（27）	混合（15）	其他（7）	（22）	（44）	（11）
没有预定路径的有管理的浮动汇率制度（44）			新加坡				印度；巴基斯坦
自由浮动制度（40）						德国；法国；意大利；英国；加拿大；澳大利亚；新西兰；韩国；巴西；南非；匈牙利	美国；日本

注：括号内的数字代表实行此类货币政策框架或汇率制度的经济体的个数。
资料来源：国际货币基金组织官方网站，后经作者自行整理。

表3-2　货币政策框架与汇率制度种类及分布（2006年7月31日）

汇率安排（国家或地区个数）	货币政策框架（国家或地区个数）						
	汇率锚（99）				货币总量目标	通货膨胀目标框架	其他
	美元	欧元	混合	其他	（30）	（25）	（35）
没有独立法定货币的汇率制度（41）							德国；法国；意大利
货币局制度（7）	中国香港						
其他传统的钉住汇率制度（52）	中国*；巴基斯坦				中国*		巴基斯坦*
规定波动幅度的钉住汇率制度（6）	斯洛伐克*		匈牙利			匈牙利*；斯洛伐克*	
爬行钉住制度（5）							
规定波动幅度的爬行钉住制度（2006年未列入统计）							

续表

汇率安排（国家或地区个数）	货币政策框架（国家或地区个数）						
	汇率锚（99）				货币总量目标	通货膨胀目标框架	其他
	美元	欧元	混合	其他	(30)	(25)	(35)
没有预定路径的有管理的浮动汇率制度（51）							新加坡；印度；俄罗斯
自由浮动制度（25）						英国；加拿大；澳大利亚；韩国；巴西；新西兰；南非	美国；日本

注：*表示一个国家在执行货币政策时采取多于一种的名义锚（但是，IMF 没有能够区分哪一个名义锚在货币政策操作中发挥更加重要的作用）；括号内的数字代表实行此类货币政策框架或汇率制度的经济体的个数。

资料来源：国际货币基金组织官方网站，后经作者自行整理。

表3-3　货币政策框架与汇率制度种类及分布（2003年6月30日）

汇率安排（国家或地区个数）	货币政策框架（国家或地区个数）						
	汇率锚（93）				货币总量目标	通货膨胀目标框架	其他
	美元	欧元	混合	其他	(19)	(21)	(37+22)①
没有独立法定货币的汇率制度（41）							德国；法国；意大利（欧元区12）
货币局制度（7）	中国香港						
其他传统的钉住汇率安排（43）	中国				中国		
规定波动幅度的钉住汇率制度（4）							
爬行钉住制度（5）							

① 其他之中的 22 个经济体中央银行采用了基金支持或其他货币计划，在这种货币制度安排之中，货币政策和汇率政策在一个联合了以一定的国际储备作为底线和一定的中央银行净国内资产作为上线的框架中执行。基础货币的指示性目标将附加到这个体系中。维持名义锚、汇率锚、货币锚或通货膨胀目标框架的国家按照相应的量规进行分类。考虑到此后 IMF 忽略了这个统计类目，本部分没有专门列出。

续表

汇率安排 （国家或地区个数）	货币政策框架（国家或地区个数）						
	汇率锚（93）				货币总量目标	通货膨胀目标框架	其他
	美元	欧元	混合	其他	（19）	（21）	（37+22）①
规定波动幅度的爬行钉住制度（5）							
没有预定路径的有管理的浮动汇率制度（47）							新加坡；印度；俄罗斯
自由浮动制度（35）						英国；加拿大；澳大利亚；韩国；巴西；新西兰；南非	美国；日本

注：括号内的数字代表实行此类货币政策框架或汇率制度的经济体的个数。

资料来源：国际货币基金组织官方网站，后经作者自行整理。

本书共选取了中国、美国、日本、英国、德国、法国、意大利、加拿大、澳大利亚、新西兰、韩国、新加坡、中国香港、印度、俄罗斯、巴西、南非、巴基斯坦、匈牙利、斯洛伐克20个样本经济体，这些经济体中既有成熟的工业国，也有东亚新兴市场经济体（亚洲四小龙中的3个），还有金砖五国（BRICS）和巴基斯坦、匈牙利、斯洛伐克等转型经济体。通过比较这些经济体在表格中的分布，将会对中国的货币政策框架和汇率制度选择有更加全面的认识。此外，本书中还比较和分析了IMF全体成员在货币政策框架和汇率制度选择上的变动趋势。

（二）样本经济体的货币政策框架和汇率制度分类

第一，样本经济体在IMF2008年4月分类中的分布情况。在IMF2008年的分类中，按照汇率浮动程度的顺序排序可以获得：（1）美国、日本采取自由浮动汇率制度加上通过监控多种指标指导货币政策（多个隐性的名义锚）的政策框架；（2）德国、法国、意大利、英国、加拿大、澳大利亚、新西兰、韩国、巴西、南非、匈牙利采取自由浮动汇率制度加上通货膨胀目标框架（一个明确的名义锚：通胀目标）；（3）印度；巴基斯坦采取管理浮动汇率制度加上通过监控多种指标指导货币政策（多个隐性的名义锚）的政策框架；（4）新加坡采取管理浮动汇率制度加上混合汇率锚的货币政策框架（一个隐性的名义锚：混合汇率锚）；（5）中国采取爬行钉住制度加上美元汇率锚的货币政策框架（一个明确的名义锚：美元汇率锚）；（6）斯洛伐克采取规定波动幅度的钉住汇率制度加上欧元汇率锚的货币政策框架（一个明确的名义锚：欧元汇率锚）；（7）俄罗斯采取其他传统的钉住汇率制度加上其他汇率锚的货币政策框架（一个隐性的名义锚：其他汇率锚）；（8）中国香港采取货币局制度加上美元汇率锚的货币政策框架（一个明确的名义锚：美元汇率锚）。

其中，采取多个隐性名义锚的经济体包括美国、日本、印度、巴基斯坦；采取一个隐性名义（汇率）锚的经济体包括新加坡、俄罗斯；采取一个明确名义锚（通胀目标）的经济体包括德国、法国、意大利、英国、加拿大、澳大利亚、新西兰、韩国、巴西、南非、匈牙利；采取一个明确名义（汇率）锚的经济体包括中国、中国香港、斯洛伐克。

第二，样本经济体在 IMF2006 年 7 月分类中的分布情况。在 IMF2006 年的分类中，按照汇率浮动程度的顺序排序可以获得：（1）美国、日本采取自由浮动汇率制度加上通过监控多种指标指导货币政策（多个隐性的名义锚）的政策框架；（2）英国、加拿大、澳大利亚、韩国、巴西、新西兰、南非采取的是自由浮动汇率制度加上通货膨胀目标框架（一个明确的名义锚：通胀目标）；（3）新加坡、印度、俄罗斯采取管理浮动汇率制度加上通过监控多种指标指导货币政策（多个隐性的名义锚）的政策框架；（4）匈牙利采取规定波动幅度的钉住汇率制度加上其他汇率锚及通胀目标的双名义锚的货币政策框架（一个隐性的名义锚：其他汇率锚；一个明确的名义锚，通胀目标）；（5）斯洛伐克采取规定波动幅度的钉住汇率制度加上欧元汇率锚及通胀目标的双名义锚的货币政策框架（两个明确的名义锚，欧元汇率锚，通胀目标）；（6）巴基斯坦采取其他传统的钉住汇率制度加上通过监控多种指标指导货币政策的政策框架（一个明确的名义锚：美元汇率锚，多个隐性的名义锚）；（7）中国采取其他传统的钉住汇率制度加上美元汇率锚和货币总量目标两个名义锚的货币政策框架（两个明确的名义锚：美元汇率锚、货币总量目标）；（8）中国香港采取货币局制度加上美元汇率锚的货币政策框架（一个明确的名义锚：美元汇率锚）；（9）德国、法国、意大利采取没有独立法定货币的汇率制度加上通过监控多种指标指导货币政策（多个隐性的名义锚）的政策框架。

其中，采取多个隐性名义锚的经济体包括美国、日本、新加坡、印度、俄罗斯、巴基斯坦、德国、法国、意大利；采取两个名义锚的经济体包括中国、斯洛伐克、匈牙利；采取一个明确名义锚（通胀目标）的经济体包括英国、加拿大、澳大利亚、新西兰、韩国、巴西、南非；采取一个明确名义锚（美元汇率锚）的经济体为中国香港。在不考虑匈牙利、斯洛伐克、巴基斯坦的情况下，其他经济体在2003年6月的分布情况与以上分布是一致的。

第三，样本经济体两个时间点分布状况的比较。较之于2006年的分布情况，2008年的表格中出现了以下变化：其一，俄罗斯、新加坡、匈牙利、斯洛伐克、巴基斯坦、中国的汇率制度和货币政策框架发生了改变。其中，(1) 俄罗斯由管理浮动汇率制度加上通过监控多种指标指导货币政策（多个隐性的名义锚）的政策框架转变为其他传统的钉住汇率制度加上其他汇率锚的货币政策框架（一个隐性的名义锚：其他汇率锚）；(2) 新加坡由管理浮动汇率制度加上通过监控多种指标指导货币政策（多个隐性的名义锚）的政策框架转变为管理浮动汇率制度加上混合汇率锚的货币政策框架（一个隐性的名义锚：混合汇率锚）；(3) 匈牙利由规定波动幅度的钉住汇率制度加上其他汇率锚及通胀目标的双名义锚的货币政策框架（一个隐性的名义锚：其他汇率锚；一个明确的名义锚，通胀目标）转变为自由浮动汇率制度加上通货膨胀目标框架（一个明确的名义锚：通胀目标）；(4) 斯洛伐克规定波动幅度的钉住汇率制度加上欧元汇率锚及通胀目标的双名义锚的货币政策框架（两个明确的名义锚：欧元汇率锚，通胀目标）转变为规定波动幅度的钉住汇率制度加上欧元汇率锚的货币政策框架（一个明确的名义锚：欧元汇率锚）；(5) 巴基斯坦由其他传统的钉住汇率制度加上通过监控多种指标指导货币政策的政策框架（一个明确的名义锚：美元汇率锚；多个隐性的名义锚）转变为管理浮动汇率制度加上通过监控多种指标指导货币政策（多个隐性的名义锚）的政策框架；(6) 中国由其他传统的钉住汇率制度加上美元汇率锚和货币总量目标两个名义锚的货币政策框架（两个明确的名义锚：美元汇率锚、货币总量目标）转变为采取爬行钉住制度加上美元汇率锚的货币政策框架（一个明确的名义锚：美元汇率锚）。通过比较，发现匈牙利（名义上）放弃了汇率锚的作用，采取了通胀目标制度；巴基斯坦放松了汇率锚的作用，采取了有管理的浮动汇率制度；相反，斯洛伐克、俄罗斯、新加坡、中国[①]强化了汇率锚的作用，这或许与2008年4月正值美国次贷危机向国际金融危机转化有关。以中国为例，图3-1反映了人民币对美元汇率在国际金融危机阶段波

---

① 从IMF的分类看，中国在汇率制度上采取了更加有弹性的汇率制度，但是在2008年4月，中国将货币政策框架由2个名义锚，转变为美元汇率锚一个单一的名义锚，因此间接地强化了汇率锚的作用。

动幅度降低,汇率锚在货币政策框架中作用更突出。相反,由于采取扩张性的货币政策,可能导致了货币总量目标的阶段性放松。进入后危机时代以来,中国可能已经回归到金融危机前的两个名义锚的状态,且汇率浮动程度有逐渐加大的趋势。

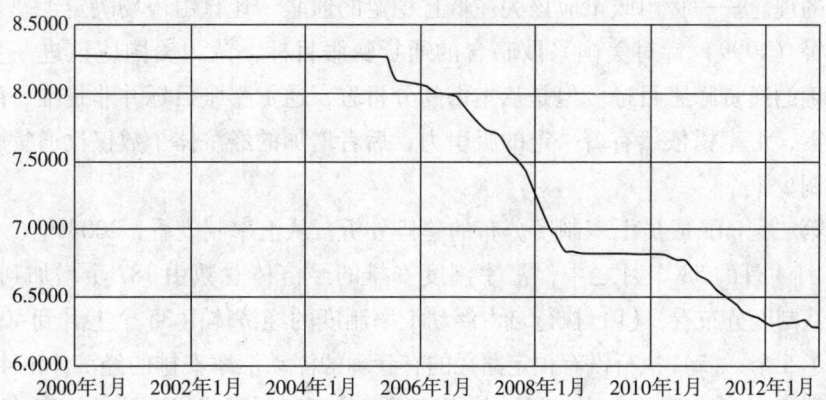

资料来源:www.oanda.com。

图3-1 2000年1月1日至2012年1月10日人民币对美元汇率变动情况

(三)IMF成员货币政策框架和汇率制度安排的趋势变动

第一,IMF成员货币政策框架分布的趋势分析。从货币政策框架看,2003年6月至2008年4月的58个月中,(1)执行通货膨胀目标框架的经济体由21个上升到44个[①],增加了23个(其中12个为欧元区国家);(2)执行货币总量目标货币政策框架的经济体由19个上升到22个,增加3个;(3)执行汇率锚货币政策框架的经济体由93个上升到115个,增加22个;(4)执行没有明确指出名义锚,而是通过监控多种指标指导货币政策(以及没有这方面信息)的"其他类"货币政策框架的经济体由37个减少到11个,减少了26个。(5)由于统计口径的变化,导致2003年统计表格中"基金支持或其他货币计划"的22个经济体已经分散到现有的货币政策框架之中,因此这个被取消类别下减少了22个。

从货币政策框架看,在过去的58个月中,采取没有明确货币政策名义锚的经济体个数大幅下降,通胀目标和汇率锚的经济体在显著增加,除了美国、日本这样的全球大型发达经济体外,越来越多的经济体希望采取具有名义锚的

---

① 截至2008年4月末,亚美尼亚、塞尔维亚两个国家的中央银行已经采取了钉住通货膨胀目标的初步措施,并为过渡到全面的通胀目标制而做着准备。

货币政策框架。伯南克（2007）认为，根据国际货币基金组织2004年的报告，实行通胀目标制的国家变得越来越多，实行固定汇率制度的国家越来越少①，与这种观察相一致，在过去40年中，工业化国家和发展中国家通胀率都接近它们的最低水平，这反映了政策的新重点。全世界的政客和决策者们正在皈依这样的理念——货币政策应该关注低且稳定的通胀，让自由市场决定汇率。伯南克等（1999）针对美国采取暗含的通货膨胀目标，认为美国应该进一步采取明确的通货膨胀目标。但是从本书的分析看，通货膨胀目标并非是唯一的备选方案，汇率锚依然有着一定的吸引力，后者增加的经济体个数仅比通货膨胀目标制少1个。

第二，IMF成员汇率制度分布的趋势分析。从汇率制度看，2003年6月至2008月4月的58个月之中，汇率制度安排的经济体总数由187个增加到188个。从制度分布看，（1）执行自由浮动汇率制度的经济体由35个上升到40个，增加了5个；（2）执行没有预定路径的有管理的浮动汇率安排的经济体由47个下降到45个，下降了2个；（3）执行爬行钉住汇率制度或规定波动幅度的爬行钉住制度的经济体个数没有变化（10个）；（4）执行规定波动幅度的钉住汇率制度的经济体由4个降低到3个，下降了1个；（5）执行其他传统的钉住汇率制度的经济体由43个提高到68个，增加了25个；（6）执行货币局制度的经济体由7个增加到13个，增加了6个；执行没有独立法定货币的汇率制度的经济体由41个降低到10个，减少了31个②。

从汇率制度的变动趋势看，尽管表面上采取自由浮动汇率制度的经济体，增加了5个，但是考虑到2003年的表格中有12个欧元区成员国（主要是工业国）由"没有独立法定货币的汇率制度"转移到"自由浮动汇率制度"，则实际上实行自由浮动汇率制度的经济体并没有增加。相反，实行货币局和执行其他传统的钉住汇率制度的经济体显著地增加了，反映出浮动汇率制度并没有在最近的58个月中表现出更大的吸引力。当然，这或许和国际金融危机前夕很多经济体强化汇率锚有某种关系。

（四）货币政策框架和汇率制度的关系

在上述分析和比较之后，再来分析一下表3-1和表3-2所反映的货币政

---

① 瑞恩哈特和罗哥夫在2002年的辩论中，推导出钉住汇率制度在实际政策操作中并不如在官方的分类中那么突出。他们的观点是重要的。然而，他们并没有说对汇率制度变化的总体方向；并且，因为他们的分析对比了1991—2001年时期与更早的阶段，他们错误地忽视了近期向浮动汇率和通胀目标制货币政策加速转变的状况。

② 资料来源：IMF官方网站，后经过作者分析整理。

策框架和汇率制度的关系。

第一,在货币政策框架分类中,包括汇率锚、货币总量目标、通货膨胀目标框架和"其他类"框架四类,除了"其他类"框架不明确指出名义锚(或没有这方面信息)之外,凡是明确采取汇率锚货币政策框架的经济体,其汇率政策所选取的汇率制度一般不会是自由浮动汇率制度,这反映出货币政策框架下的汇率锚与自由浮动汇率制度之外其他汇率制度之间的联系。

第二,汇率锚框架和汇率制度是两个既有交集,但又不同的概念。一方面,汇率锚框架属于货币政策框架中的一种,强调可以利用汇率锚作为稳定器(之一)来实现货币政策目标。因此,它是从属于货币政策的。汇率制度是通过汇率政策制定的对本国汇率水平的确定、汇率变动方式等问题所作的一系列安排或规定,因此它是从属于汇率政策的。另一方面,从汇率制度选择到特定汇率制度下汇率水平的调整,一般与货币当局对于货币政策框架的设计和实施(特别是对于政策框架中汇率锚的理解和安排)有着关联。正因如此,货币政策和汇率政策的协调,不仅涉及货币政策框架和(或)汇率制度的选择,还涉及在特定的货币政策框架和汇率制度下,货币政策工具和汇率政策工具在操作层面上的协调。本书认为货币政策框架和(或)汇率制度的选择居于主要地位,而引导货币政策框架和汇率制度发生转变的一个直接原因在于一个经济体新的内外部环境、经济发展阶段(乃至政策哲学)下,货币政策和汇率政策最终目标(内涵或相对地位)的改变。这也是本书的立意所在。

第三,在货币政策框架分类中,一个经济体可以采取汇率锚框架加上另外三种框架中任意一种的复合式的货币政策框架。这间接意味着非自由浮动汇率制度和货币总量目标框架、通货膨胀目标框架和"其他类"框架(当然还包括汇率锚框架)是兼容的,可以并存在一个经济体内。相反,自由浮动汇率制度与汇率锚货币政策框架一般是不能并存的。但是值得指出的是,汇率锚和其他(明确或隐性)名义锚可能存在冲突,最终表现为货币政策和汇率政策的冲突。

3.1.2 中国多目标制的货币政策框架和汇率制度

(一)中国多目标制的货币政策框架

1993年11月中国共产党十四届三中全会通过的《中共中央关于建立社会主义市场经济体制若干问题的决定》中提出要建立以间接手段为主的完善的宏观调控体系。从货币政策看,银行间同业拆借市场、债券市场、外汇市场、股票市场等逐步建立,市场配置金融资源的作用日益增强,为从直接调控向间接调控转变奠定了基础。① 进入 21 世纪以后，在调控方式上逐步形成了以公开市场操作、存款准备金率、再贷款、再贴现和利率等构成的货币政策工具组合，确立了以间接手段为主的调控模式（周小川，2013）。

作为一个处于经济转型期的发展中国家，中国既有一个改革和完善机制的过程，也有一个在改革过程中保持经济和就业稳定增长的任务，两者相辅相成。由于中国在市场化程度、货币政策运作和传导机制上不同于发达国家，也不同于一些市场化程度较高的新兴市场国家，因此单一目标制并不符合中国国情。中国的货币政策具有多重目标：一是维护低通胀；二是推动经济合理增长；三是保持较为充分的就业，维持相对较低的失业率；四是维护国际收支平衡。

多目标制与从计划经济向市场经济的体制转轨有关。在转轨过程中，中国最主要的任务之一就是消除价格扭曲，转向市场化的价格体系②，与国际价格体系接轨，同时优化资源配置。如果中央银行过多强调低通胀目标，可能就会阻碍政府进行价格改革。换言之，货币政策需要对这些有助于优化资源配置的改革引起的物价改革留出一定空间。中国当前未采纳单一目标制，这是其中的一个原因。再有，中国长期面临国际收支大额双顺差格局，流动性被动投放较多，对货币供应量和通胀有重要影响，这使得中央银行必须去关注国际收支平衡问题。这是当前中国货币政策框架的现状。此外，金融机构是否稳健、金融生态的好坏都是货币政策能否有效传导的关键，这就要求不断深化金融改革，解决妨碍金融稳定的体制性问题，更好地疏通货币政策传导机制，这也意味着货币政策在必要时需要为改革和稳定提供一定支持，中长期看这也有利于实现价格稳定的目标（周小川，2013）。

因此，中国的货币政策在关注价格稳定的同时，历来十分关注金融稳定和金融改革，注意对发展、改革提供配合与支持，统筹协调好物价、国际收支以及就业、增长等目标之间的关系。特别是国际金融危机爆发以来，以 CPI 稳定为单一目标的主流货币政策框架的确出现了问题，货币稳定并不等同于金融稳定，各方面的反思进一步加深了对此现象的关注和思考。即使全球经济逐步回归常态，中国还是会用多重目标制，不过，低通胀的权重将更加高于其他三个目标（周小川，2013）。按照诺贝尔经济学奖获得者米尔顿·弗里德曼的说

---

① 1998 年中国人民银行取消了信贷限额管理。
② 例如，1999 年之前工人、教师、政府公务员的住房都是由政府计划分配的，工资不覆盖这部分支出，1999 年之后住房逐步转向市场化，这意味着工资和价格同时上涨。

法，通货膨胀是一种疾病，一种危险的有时甚至会致命的疾病，如不及时制止，会摧毁整个社会。从国内情况看，受通货膨胀损害最大的是低收入群体，尤其是中国 4 000 多万名的城镇低收入群体和近亿人的农民工，处理不当容易对社会公平和稳定造成影响。

从全球范围看，中央银行普遍都以维护物价稳定和金融稳定为主要目标，而货币政策则更加直接地关注于物价水平稳定。不过，与其他经济体相比，由于中国经济具有"转轨"特征，需要更加关注经济过热和通货膨胀问题，并始终把防范通货膨胀风险放在突出的位置上。① 在过去十多年的绝大部分时间里，中国经济都表现出了易热不易冷的不对称特征，通货膨胀是主要的宏观经济风险。正是基于这样的判断，中国始终把货币政策作为维护价格总水平基本稳定的主要防线，金融宏观调控的前瞻性和有效性得到明显提升（周小川，2012）。

（二）有管理的浮动汇率制度

1993 年 11 月党的十四届三中全会通过的《中共中央关于建立社会主义市场经济体制若干问题的决定》中明确要求"建立以市场供求为基础，有管理的浮动汇率制度和统一规范的外汇市场"。1994 年 1 月 1 日，人民币官方汇率与调剂汇率并轨，正式开始实行以市场供求为基础，单一的、有管理的浮动汇率制度。

亚洲金融危机之后，特别是中国加入世界贸易组织后，经济持续平稳较快增长，劳动生产率快速提高，国际收支不平衡以及汇率灵活性不足的矛盾也逐渐显现，中国一直在考虑恢复和进一步完善有管理的浮动汇率制度。

汇率机制改革需要一定的条件和合适的时机。按照中央和国务院的部署，2002 年人民银行着手统筹研究包括汇率改革在内的多项金融改革，对改革顺序逐渐形成了大致的共识，即在汇率改革之前应先进行银行部门改革、减少外汇管制、发展外汇市场等方面的改革，在改革时机上需要国内外宏观经济金融环境相对平稳（胡晓炼，2010）。

到 2005 年上半年，中国宏观调控取得明显成效，投资过热得到抑制，对

---

① 前国务院总理温家宝曾表示，只有腐败和通货膨胀两个因素可能动摇政府时，反映出政府对于通货膨胀的关切以及治理（严重的）通货膨胀的执政决心。李稻葵（2012）进一步认为，尽管中国人民银行在国务院的领导之下，但是中国的领导人通常在任时间长达 10 年，他们会像长期任职的中央银行行长（如艾伦·格林斯潘）一般重视自己的政策遗产。与单纯的独立模式相比，中国中央银行与经济机关之间的紧密合作能够更强有力地抵御地方政府、股票投资者和房地产开发商对于实行宽松的货币政策的要求。以上内容，可以反映通货膨胀目标在中国多重货币政策目标中的突出地位。

外贸易持续增长,利率水平总体下行,同时美联储连续加息,本外币利差因素较为有利,美元汇率也比较稳定。在此有利条件下,2005年7月,启动了人民币汇率形成机制改革,开始实行以市场供求为基础、参考一篮子货币进行调节、有管理的浮动汇率制度(胡晓炼,2010)。

由于企业、居民、金融机构对浮动汇率制度需要有一个认识和适应的过程,汇率灵活性的增强采取了可控、渐进的方式。起初保留了人民币汇率自1994年开始的上下0.3%的浮动区间。2007年5月,将人民币汇率浮动区间由0.3%扩大至0.5%。在2008年国际金融危机最严重时,为防止竞争性贬值,中国又主动收窄了人民币汇率的实际浮动幅度。2010年6月,中国进一步推进人民币汇率形成机制改革,重在坚持以市场供求为基础,参考一篮子货币进行调节,增强汇率弹性。随着外汇市场的快速发展以及汇率弹性的不断增强,人民币汇率需要更大的波幅区间。2012年4月,将汇率浮动区间由0.5%进一步扩大至1%,同时大幅减少了外汇干预,让市场供求在汇率形成中发挥更大的作用。[①]为增强人民币兑美元汇率中间价的市场化程度和基准性,中国人民银行决定完善人民币兑美元汇率中间价报价。自2015年8月11日起,做市商在每日银行间外汇市场开盘前,参考上日银行间外汇市场收盘汇率,综合考虑外汇供求情况以及国际主要货币汇率变化向中国外汇交易中心提供中间价报价。

表3-4　　　　　　　人民币汇率制度沿革和政策目标的变化

时间	汇率政策目标	汇率制度	汇率水平和波幅
1949—1952年	奖励出口,兼顾进口,照顾侨汇	以购买力平价为依据,爬行钉住内外物价之比	高频率调整
1953—1972年	人民币汇率稳定	钉住美元	基本稳定
1973—1980年	维护人民币汇率稳定,便利贸易	钉住篮子货币	稳中有升,汇率高估
1981—1984年	奖出限入,增加出口创汇	钉住篮子货币,实行双重汇率制度	持续下跌
1985—1993年	平衡国际收支	管理浮动	持续下跌
1994—2005年	维持汇率稳定	事实上的钉住美元	稳中有升(0.3%)
2005年7月21日—2007年5月	保持人民币汇率在合理、均衡水平上的基本稳定,促进国际收支基本平衡,维护宏观经济和金融市场的稳定	以市场供求为基础,参考一篮子货币进行调节,有管理的浮动汇率制	稳中有升,更具弹性(0.3%)

---

① 资料来源:2009—2012年人民银行各个季度的货币政策执行报告,后经过作者整理。

续表

时间	汇率政策目标	汇率制度	汇率水平和波幅
2007年5月—2008年6月	保持人民币汇率在合理、均衡水平上的基本稳定,促进国际收支基本平衡,维护宏观经济和金融市场的稳定	以市场供求为基础,参考一篮子货币进行调节,有管理的浮动汇率制	稳中有升,更具弹性;将汇率浮动区间由0.3%扩大至0.5%
2008年7月—2010年6月19日	稳定外需,抵御冲击,加快经济企稳复苏	以市场供求为基础,参考一篮子货币进行调节,有管理的浮动汇率制	基本稳定
2010年6月20日—2012年4月	保持人民币汇率在合理、均衡水平上的基本稳定,促进国际收支基本平衡,维护宏观经济和金融市场的稳定	以市场供求为基础,参考一篮子货币进行调节,有管理的浮动汇率制	稳中有升,更具弹性(0.5%)
2012年4月	保持人民币汇率在合理、均衡水平上的基本稳定,促进国际收支基本平衡,维护宏观经济和金融市场的稳定	以市场供求为基础,参考一篮子货币进行调节,有管理的浮动汇率制	稳中有升,更具弹性;将汇率浮动区间由0.5%进一步扩大至1%,同时大幅减少了外汇干预,让市场供求在汇率形成中发挥更大的作用
2015年8月	保持人民币汇率在合理、均衡水平上的基本稳定,促进国际收支基本平衡,维护宏观经济和金融市场的稳定	以市场供求为基础,参考一篮子货币进行调节,有管理的浮动汇率制	完善人民币兑美元汇率中间价报价。自2015年8月11日起,做市商在每日银行间外汇市场开盘前,参考上日银行间外汇市场收盘汇率,综合考虑外汇供求情况以及国际主要货币汇率变化向中国外汇交易中心提供中间价报价

资料来源:范从来.开放经济货币政策研究[M].北京:商务印书馆,2011;同时结合2005—2015年各季度《中国货币政策执行报告》,后经作者自行整理。

(三)中国货币政策与汇率政策之间的关系

第一,货币政策对汇率的影响。作为宏观经济调控的重要手段,中国的货币政策通过金融体系传导实现对整体经济的调控。从影响范围看,货币政策不局限于调控单一领域或行业,而是作用于宏观经济的各个领域,影响到各个微观主体的经济行为。因此,相对于汇率政策而言,货币政策有着更为全局性的影响和系统性的重要意义。在实施货币政策时需要考虑汇率政策目标。即使在实行自由浮动汇率制度的经济体，货币政策也可能在一定程度上对汇率的变动作出反应。除了美国在执行货币政策中几乎完全忽视其汇率变动外，其他 G7 国家（加拿大、法国、德国、意大利、日本、英国）和大多数新兴市场国家都十分关注在货币政策中对汇率进行干预。例如，加拿大直到最近仍然在使用以汇率和利率的变动为基础的货币状况指数来指导货币政策。大多数国家的中央银行家十分关心名义汇率和实际汇率的行为已经不足为奇（Stanley Fischer, 2001）。

第二，汇率政策对货币政策的影响。汇率政策的实施不仅关系到通胀、就业、经济增长、国际收支等宏观经济目标（这在一定程度上与货币政策的目标有所重叠），还在涉及国际竞争力、国际经贸关系以及优化资源配置实现的领域发挥着其独特的作用，而这些作用的发挥，又反过来对货币政策效果产生影响。一是根据开放经济不可能三角理论，汇率的灵活性增强，有利于增强货币政策的主动性和有效性。二是汇率的灵活性还有助于改善货币政策传导机制。2005 年 7 月汇改以来，金融体系的深化发展，夯实了货币政策传导的微观基础和市场基础，理顺了货币政策传导机制。三是汇率政策将影响内外整体比价关系，汇率政策与其他结构性政策相互配合[①]，可更好地发挥理顺价格形成机制的作用，化解储蓄率过高、内需不足等结构性问题引起的内外部失衡问题，从根本上化解流动性过剩引发的通胀及其预期。四是汇率政策还与解除进口管制、放松外汇管制和加快走出去等政策相结合，缓解国际收支不平衡，减少基础货币被动投放，减少通胀压力。以进口为例，如果人民币汇率在市场供求作用下有所升值，将直接降低进口商品的本币价格，缓解通胀压力。[②] 五是切实缓和了对外经贸关系，有助于遏制贸易保护主义，维护国家自由开放的贸易环境，使经济长时间处于高增长、低通胀的良好运行状态。

第三，货币政策和汇率政策在机制改革中的相互配合。货币政策和汇率政策除了在宏观经济调控存在联系之外，两种政策还在微观经营机制改革等领域之中相互配合，这反映了目前货币政策和汇率政策调控依然带有自身体制的特点。例如货币政策与汇率政策在生产要素价格调整中的作用。[③] 生产要素价格

---

① 2005 年汇改以来的实践证明，一揽子结构性政策为发挥汇率在影响内外资源配置方面的基础性作用创造了条件。

② 可以参见本书第 7 章中计量模型实证的结果，即汇率政策对于通胀水平的影响。

③ 广义生产要素价格调整是中国经济体制改革的重要内容，包括调整国民收入分配格局，提高居民收入在国民收入中的比重；推行油、气、水、电等资源性产品价格改革，理顺基础性产品价格体系；深化环保收费改革，适当提高排污费、污水和垃圾处理费收费标准；等等。除直接调整价格外，还积极采取加强对环境保护的执法检查、整顿市场秩序、禁止拖欠农民工工资、制定最长工作时间要求等措施，这些都会导致广义生产要素价格上升。

随经济发展而调整是客观要求，劳动力价格、资源能源价格和环境代价的变化总体呈现上升趋势。生产要素价格上调，将直接增加通货膨胀压力。为了顺应和配合生产要素价格调整，货币政策在设定通货膨胀（目标）区间时为要素价格调整预留了空间。与此同时，汇率政策利用有管理的浮动汇率，可以根据经济形势和国际收支状况灵活动态变化的特点，缓解刚性的生产要素价格[①]对于通货膨胀方面的影响，为生产要素价格调整创造条件。

3.1.3 多目标框架下货币政策与汇率政策冲突

（一）中国货币当局关注的多重宏观经济目标

结合此前中国货币政策框架、汇率制度以及货币政策、汇率政策之间关系的分析，对于中国货币当局广义货币政策框架的多目标性有了更加明确的认识。从实践上看，多目标制货币政策框架延续已久。早在1997年中国进入通货紧缩状态后，不仅理论上"单一目标"与"多重目标"之争仍在继续，而且政府和社会各界都要求货币政策"发挥更积极的作用"。此时，中国广义的货币政策框架实质上面临多目标的约束，这些目标包括：物价稳定、促进就业、确保经济增长、支持国有企业改革、配合积极的财政政策扩大内需、确保外汇储备规模，保持人民币汇率稳定。多重目标来自中央政府，这可以从每年一度的中央经济工作会议文件和中央银行分行行长会议主报告中看出（谢平，2000）。表3-5中为笔者收集和整理的1993—2016年中央政府工作报告和中央银行年度报告中，关于GDP增速、M_2增速、居民消费价格指数、城镇登记失业率、新增就业人数、进出口贸易总额、外汇储备的预测值的情况，不仅可以反映出中国货币当局关注多重目标，而且反映出不同时期政策目标的相对重要性的变化，特别是在中央银行的季度报告中，可以通过措辞的变化，了解货币当局关注政策的重点目标在哪里。[②]

---

① 生产要素价格具有一定刚性。能源资源一般越来越稀缺，其价格将不断上扬；环保费用会一直征收，很少半途而废；减少二氧化碳等温室气体排放，约束会越来越强。劳动工资也有刚性，除危机、重大技术突破等导致阶段性下降外，其长期调整趋势是单方向的。

② 类似的经验同样可以在美国中央银行找到，杰格迪什·汉达（2005）认为美国联邦公开市场委员会向其纽约联邦储备银行工商部经理发出的指示是发现美联储政策目标相对重要性的重要依据。这些指示表明，FOMC在20世纪60年代前半期主要关注增长和国际收支，在20世纪60年代后半期和70年代，重点转向了通货膨胀率和增长。20世纪90年代，强调的主要目标是通货膨胀，在一定程度上还有国际收支。

表 3-5 中央政府政府工作报告及人民银行年度报告中的经济变量预测值

单位：%

年份	GDP增速E("十二五"7%)	GDP增速("十一五"11.2%)	M_2增速E	M_2增速	居民消费价格指数E	居民消费价格指数	城镇登记失业率E	城镇登记失业率	新增就业人数E(万人；"十二五"4 500万人)	新增就业人数("十一五"5 771万人)	进出口总额增速E	进出口总额增速("十一五"15.9%)	外汇储备E	外汇储备(亿美元)
2016	6.5~7	6.7	13	11.30	3	2	4.50	4.02	1 000	1 314	回稳向好	逐步回稳	—	—
2015	7	6.9	12	13.30	3	1.4	4.50	4.05	1 000	1 312	6	—	—	—
2014	7.5	7.4	13	12.20	3.5	2.00	4.60	4.1	1 000	1 322	7.5	—	—	—
2013	7.5	7.7	13	13.6	3.5	2.60	4.60	4.1	900	1310	10	—	—	—
2012	7.50	7.80	14	13.80	4.00	2.60	4.60	4.10	900	1 188	10	22.5	—	—
2011	8	9.30	16	13.61	4.00	5.40	4.60	4.10	900	1 221	—	—	—	—
2010	8	10.40	17	19.73	3.00	3.30	4.60	4.10	900	1 168	—	降幅收窄	—	—
2009	8	9.20	17	27.68	4.00	-0.70	4.60	4.20	900	1 102	—	17.8	—	—
2008	8	9.60	从紧	17.82	4.80	5.90	4.50	4.00	1 000	1 113	—	23.8	—	15 200
2007	8	14.20	稳健	16.74	3.00	4.80	4.60	4.10	900	1 184	—	23.2	—	8 189
2006	8	12.70	16	16.95	3.00	1.50	4.60	4.20	900	970	—	35.70	—	4 033
2005	8	11.30	15	17.57	4.00	1.80	4.60	4.20	900	980	—	37.10	—	2 864
2004	—	10.10	17	14.67	—	3.90	—	4.30	900	859	7	21.80	—	2 122
2003	7	10.00	16	19.58	1.00	1	4.50	4	—	—	—	—	—	1 656
2002	9	8.30	13	16.80	—	-0.80	—	3.60	—	—	—	基本平衡	—	1 547
2001	8.30	8.40	17.60	17.60	0.70	0.70	3.10	3.10	—	—	—	—	增加	1 399
2000	8~9	7.60	12.30	12.30	0.40	0.40	3.10	3.10	—	—	—	—	—	—
1999	7	7.80	14.70	14.70	-1.40	-1.40	3.10	3.10	—	—	—	—	—	—
1998	8	9.30	14.80	14.80	3*	-0.80	—	—	—	—	—	—	—	—
1997	—	10	17.30	17.30	比上年低些	2.80	—	—	700多	700多	—	—	保持稳定	1 000
1996	8#	9.70	25.30	25.30	10*	8.30	—	3	—	—	—	3.2(基本平衡)	—	730
1995	8~9	10.90	29.50	29.50	15*	17.10	—	2.90	—	—	—	20.9	—	516
1994	9	13.10	34.50	34.50	10*	24.10	—	2.80	—	—	—	18.2	—	—
1993	—	14.00	—	37.31	—	14.70	—	2.60	—	—	—	—	—	—

注：名称后面加E的表示预测值，不加E的为实际值。其中空格部分表示当年没有出现相关信息；GDP增速E栏目下加#的数值为"九五"期间均值预测；居民消费价格指数E栏目下加*的数值，为商品零售价格指数；预测值中的一部分来自中国人民银行年度报告，实际值中的一部分来自中国国家统计局。"—"表示数据缺失。

资料来源：中央政府历年政府工作报告，中国人民银行年度报告以及中国国家统计局网站，后经过作者自行整理。

(二) 多目标制下的货币政策和汇率政策目标之间的不协调

货币政策是否能够实现多重目标呢？从国际经验来看，这样做存在一定的困难，因为多重目标之间有时是一致的，有时是冲突的。当不同目标存在冲突时，就要对目标的优先次序进行排序，甚至放弃某个目标。通常而言，在一般均衡体系中，只有一个自由度。怎么使用这个自由度，就决定了这个经济体的广义货币政策框架的特征。一个经济体的稳定目标包括如下几种可能：价格水平、货币供应量、汇率、黄金价格、工资率或者几个变量的某种加权平均值。换句话说，一个经济体可以选择商品本位制、货币本位制、外汇本位制、金本位制、工资本位制。在20世纪60年代的国际货币体系中，黄金价格由美国固定，美元价格由外国固定。进入浮动汇率制（对美国而言，还有黄金价格的浮动），把稳定政策的重担转移给货币本位制（弗里德曼式）或商品本位制（托马斯·阿特伍德或费雪或弗兰克·格雷姆式）或者工资本位制。下面列举了四种主要的可能性（见表3-6）。

表3-6　　　　　　　各种本位制下的固定目标和变量

各种本位制	固定的目标	变量	变量	变量
商品	价格水平	汇率	货币供应量	金价
货币	货币供应量	汇率	价格水平	金价
外汇	汇率	货币供应量	价格水平	金价
黄金	金价	货币供应量	汇率	价格水平

资料来源：蒙代尔著，向松祚译.蒙代尔经济学文集（第五卷）：汇率与最优货币区［M］.北京：中国金融出版社，2003：43.

以上这种方式清楚地表达出：一个变量固定，三个变量浮动，在一个稳定体系的框架中，没有多余的自由度。当然，货币当局也可以不固定某个特别的变量，而是固定几个变量的某种加权平均值。① 即使这样，依然没有多余的自由度。单纯从货币政策的目标来看，在封闭经济之中，其最终目标是维持经济的稳定进而促进经济发展，一国单纯运用调节社会总需求这一封闭经济下的政策工具就足以同时实现均衡目标（因为封闭经济不存在外部均衡问题）。但是在开放经济条件下，新的政策目标出现了，一个经济体不仅要实现内部均衡的目标，还要兼顾外部均衡的目标。这种外部均衡目标通常表现为国际收支的基

---

① 新西兰和加拿大两国中央银行采用货币条件指数作为货币政策短期操作目标，挪威、瑞典、日本也广泛运用货币条件指数作为度量货币政策状态的指标，其原因在于货币条件指数在利率规则的基础上引入了汇率变化对指数产生的影响。

本平衡或汇率的基本稳定。

在政策目标上，由于经济的开放性，像中国这样的发展中国家和转型经济体，一方面希望维护较低的通货膨胀，另一方面希望利用基本稳定的汇率来促进国际经贸发展。前者可称之为价格稳定目标，后者可称之为汇率稳定目标。二者共同构成了开放经济条件下币值稳定的货币政策最终目标的内涵。根据《中国人民银行法》第一章第三条的规定："货币政策目标是保持货币币值的稳定，并以此促进经济增长。"这个币值稳定目标为中国广义货币政策框架同时指定了两个可能存在冲突的（隐含）名义锚，即货币总量锚和汇率锚（王晓天、张淑娟，2007）。特别是考虑到汇率形成机制改革以来中国汇率政策的目标："保持人民币汇率在合理、均衡水平上的基本稳定"，这就反映出汇率基本稳定的目标和货币政策的首要目标（即维护低通货的目标）将在相当长的一段时间内同时存在，因为汇率的基本稳定和经济的合理增长以及低失业率之间具有非常紧密的关系，因此符合目前中国广义货币政策框架多目标制的特征。如果两个目标之间是一致的，那么经济的开放性就不会给一国的币值稳定目标带来什么问题。但是问题在于，在开放经济条件下，币值稳定目标本身可能存在内在的冲突。自20世纪90年代中期开始，中国货币当局在进行货币政策与汇率政策协调时就出现了一些冲突。事实上，这是特定阶段货币政策目标和汇率政策目标之间的冲突。①

（三）基于消费选择理论的政策目标优先排序

考虑中国实行的是多目标制的货币政策框架，因此不可能利用将某些目标彻底放弃的方法来解决政策目标冲突的问题，因此需要在多目标的条件下，通过政策目标优先排序的方法，化解货币政策和汇率政策的不协调。

就目标的本身水平而言，理想的目标水平或它们之间的替换存在着潜在的冲突。如果假设将货币政策指派给物价水平，将汇率政策指派给就业，当经济中出现高通货膨胀和高失业率时，两个政策之间冲突的可能性比较大；当经济中这两个比率都比较低（或比较理想）时，两个政策冲突的可能性较小。当两个政策目标存在明显的冲突时，减弱它们彼此冲突的一个可行的办法，是将一个政策目标置于另一个政策目标之下，即对两个政策目标进行优先排序。为了从理论上对这一方法进行分析，本书假设中央银行在每一个层次上都具有多元化的目标。即使只关注基本目标，但能用来实现多元目标的工具数量和范围是有限的，因此，无法通过货币政策和汇率政策实现所有的目标。所以，中央

---

① 具体内容见本书第4章中有关政策协调回顾部分的内容。

银行必须在多个理想目标或它们的组合中做出选择。

假定目标可以量化，微观经济学中的消费品选择理论就可以应用到中央银行对其目标变量的选择上。假定它对这些目标选择是一致的和可传递的，并且其对目标变量的偏好可以用序数效用函数加以表述，为了图形分析的方便，这些变量中任意两个变量的无差异曲线都能够从这一效用函数中推导出来。

第一，在货币政策目标和汇率政策目标之间进行选择。为了进行比较说明，假定货币政策目标对应着通货膨胀，汇率政策目标对应着失业率（隐含在经济增长中）。每个变量较低的数值都有比较高的数值可取，因此，中央银行对这些变量的偏好可以包括在一个偏好或效用函数中：

$$U = U(\pi, u) \tag{3.1}$$

式中，π 是通货膨胀率，u 是失业率，$U_\pi < 0$，$U_u < 0$。因此，(π, u) 空间中无差异曲线的斜率是负的。此外，有理由假定，在其他条件相同的情况下，两者产生的不满足（负的效用）会随着水平的升高而增加，所以 $U_{\pi\pi} < 0$，$U_{uu} < 0$。所以，当通货膨胀上升时，中央银行宁可接受更高的失业率边际上升，以便阻止通货膨胀的进一步上升；或者，当失业率上升时，中央银行宁愿接受更高的通货膨胀边际上升，以便阻止失业状况的进一步恶化。换句话说，通货膨胀率对失业率边际上升的替代率呈递增趋势。两种比率间的无差异曲线或替换曲线一般具有凸向原点的形状。这样的曲线有很多，象限中的每一点都有一条曲线穿过。注意，由于处于较低的曲线比处于较高的曲线更可取，中央银行将努力处于可获得的最低无差异曲线上。

第二，经济中存在替换时目标选择的一般性分析。这一分析可以推广到有 n 个变量的情况，例如在效用理论中一样，基本结论是不变的。这种一般情况的正式分析，假设中央银行最大化效用函数：

$$U = U(x_1, x_2, \cdots, x_n) \tag{3.2}$$

满足约束条件：

$$f(x_1, x_2, \cdots, x_n; z, \Psi) = 0 \tag{3.3}$$

式中，x_i 表示第 i 种目标变量；z 表示中央银行可用的工具向量；Ψ 表示外生变量向量。

$U(\cdot)$ 代表中央银行对其目标的偏好。这取决于中央银行的组织结构，决策者对社会目标、经济发展阶段、经济结构和可能实现经济结构、政治压力的看法，以及它们彼此之间的相互影响等。式 (3.3) 描述的约束如同决策者观察到的一样：用他们对于经济结构、政治环境和社会环境的看法进行描述。

如前所述，由于有关经济的信息不完全，这种观察到的约束不一定是或者甚至往往都不是经济中存在的现实约束。① 货币当局在满足式（3.3）的条件下使式（3.2）最大化，以便在各目标之间确定其最优的选择。

对使用偏好函数的基本反对意见是，它在作选择时要求一致性和传递性。中央银行的决定是由许多人作出的，并且它的主要选择，如果有意为之的话，要通过集体决策产生。在民主制度下，这样的集体决策不一定具有一致性和传递性，甚至在某个时点上也是如此，更别说在长期中了。此外，中央银行的决策者随时间而变化，它的偏好也伴随着决策者的变化而变动。所以，在静态效用函数及其暗含的无差异关系集中对中央银行的目标选择进行解释时，需要慎重。

尽管存在这些反对意见，上述分析还是有助于看清目标选择和排序的问题。利用20世纪80年代以前的数据进行的经验性研究和描述性研究，表明这种分析是有效的，并且显示出中央银行经常有规律地使用基础货币②、利率等政策工具，以实现其选定的目标水平。（杰格迪什·汉达，2005）

第三，政策目标之间的排序与协调。效用方法还可以应用于几个（或至少两个）决策者对同一组目标变量的选择上。不同的政策可能对应着不同的偏好函数，因此任何两个变量之间的无差异曲线是不同的。所以，对政策A和政策B的正式优化分析为

（1）对于政策A（例如货币政策）：

最大化
$$U^A = U^A(x_1, x_2, \cdots, x_n) \tag{3.4}$$

满足A的可观察的约束：

$$f^A(x_1, x_2, \cdots, x_n; z, \Psi) = 0 \tag{3.5}$$

（2）对于政策B（例如汇率政策）：

最大化
$$U^B = U^B(x_1, x_2, \cdots, x_n) \tag{3.6}$$

满足B的可观察的约束：

$$f^B(x_1, x_2, \cdots, x_n; z, \Psi) = 0 \tag{3.7}$$

式中，上标A和B代表决策者。由于效用函数和可观察约束都不一样，x_1^A，…，x_n^A 的最佳目标值不同于 x_1^B，…，x_n^B 的最佳目标值，因而对于不同的经济政策来说，政策目标的不一致是常见现象。这种可能性取决于效用函数的不同，并被政

---

① 政府官员、经济学家、企业家和公众等对任何一组给定的政策能够产生什么样的效果这一问题产生不同意见。

② 基础货币操作的最主要部分通常具有防范性质，目的在于消除不合意的基础货币变动。

策关注的重点不同所加强。在大多数情况下，货币当局对于不同政策所期望的目标之间的取舍上的冲突，一般是较为温和的。但是，不同的政策目标可能在经济条件发生变化时，成为较为突出的矛盾。

货币政策和汇率政策是开放经济条件下调控经济的两个政策工具。它们同被货币当局控制。但是通常而言，两者在政策趋向和目标上是存在差异的。货币政策更关注内部稳定目标（如通货膨胀水平），而汇率政策更加关注外部稳定（如汇率和国际收支平衡），由于汇率涉及内外比价，对于一国经济的国际竞争力和就业具有重要的影响。因此，即使是采取自由浮动汇率的很多发达经济体，也会针对名义汇率的剧烈波动进行干预，防止汇率过度升值或贬值。从中国国内的情况看，在推进人民币渐进升值的过程中，中央银行往往定期公布外向型部门对于更加具有弹性的汇率政策的承受能力，反映出货币当局关注就业和经济增长的意图。如果以上分析成立，则可以获得两种政策的边际替代率的正规说法是，$(\pi/u)^{MP} > (\pi/u)^{EP}$，其中 MP 代表货币政策，EP 代表汇率政策，表现在图 3-2 中就是货币政策的无差异曲线比汇率政策的无差异曲线更平缓。这意味着对于给定的约束 $f(\pi, u) = 0$，货币政策比汇率政策希望得到更低的通货膨胀，而这种行为可能导致就业水平的波动，相反，汇率政策可能更加关注就业和经济增长，而这对于物价水平可能造成冲击。如图 3-2 所示，货币政策对应着的无差异曲线为 T^{MP}，汇率政策对应着的无差异曲线为 T^{EP}，经济的一般约束条件为 PC（即在现有经济条件下无法达到更优的水平）。货币政策的最优选择是 (π^{*MP}, u^{*MP})；汇率政策的最优选择是 (π^{*EP}, u^{*EP})，表明汇率政策比货币政策更加关注就业水平（和经济增长）。因此，在特定的情况下，货币政策目标和汇率政策目标之间就理想的通货膨胀率和失业率问题存在着冲突。如果两个政策都试图运用自身能够控制的工具来实现自己的目标，那么哪个目标都无法实现。

随着时间的推移，货币当局的决策程序会产生一个狭窄的"一致同意区间"，在此区间内，货币当局的两个政策的理想目标的分歧不是很大，能够比较容易地达成共识和妥协。[①] 如果这个"一致同意区间"和货币政策的最优选择完全重合，则货币政策目标是绝对优先的，当政策目标存在冲突时，将完全放弃汇率政策目标；反之则相反。如果"一致同意区间"更加接近于货币政

---

① 在具体的政策协调及其方式的转变过程中，可能引出所谓的策略问题，对于这种互动的关系的恰当理论分析，属于博弈论的范畴。考虑到货币政策和汇率政策同属于中国货币当局制定和实行，因此，不引入博弈论的分析。

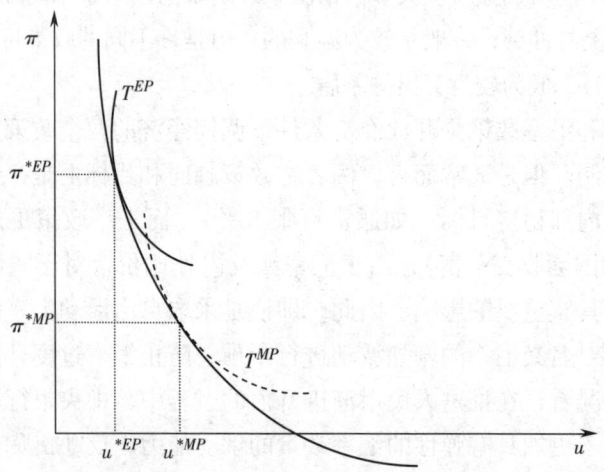

图 3-2 货币政策和汇率政策的无差异曲线

策的最优选择,则货币政策目标将优先于汇率政策目标,政策协调的方式将是在更加关注货币政策目标的同时,只能兼顾汇率政策的目标。从实践来看,中国货币当局采取了渐进移动或收敛"一致同意区间"的方式,利用渐进式汇率改革,实现由名义汇率稳定向有效汇率基本稳定转化,与此同时,更加突出通货膨胀目标的重要性。当然,如果经济出现剧烈波动(或者货币当局对于某个政策的目标函数发生巨大变化),可能导致再次高度倾向于汇率政策目标(例如亚洲金融危机和国际金融危机之时对于汇率超稳定的目标的维护)。但是从趋势上看,这只是一种临时的安排。

3.2 新常态下货币政策与汇率政策协调的经验分析

3.2.1 2005年7月前货币政策与汇率政策协调

(一) 2005年7月前中国货币政策与汇率政策协调回顾

分析1994年至2005年7月之间的货币政策和汇率政策的协调,需要从当时中国经济发展的阶段和方式中去寻找答案。20世纪80年代末,中国逐步采取了政府主导的市场经济模式——东亚模式。① 1994年中国外汇制度改革标志着中国开始转向出口导向政策,此后中国的宏观经济政策调控方式与这种发展模式关系深远。②

1994年1月1日,人民币官方汇率与调剂汇率并轨(并轨时的汇率是8.7元/美元的调剂汇率价格),尽管至1997年亚洲金融危机深化时人民币对美元名义汇率较并轨时累计升值近5%(达到8.3元/美元),但是自1997年6月中国收窄汇率浮动区间后,货币当局即将汇率稳定在8.28元/美元的水平,并一直延续了8年的时间。总体上看,在2005年7月汇率形成机制改革之前,中国长期实行的是汇率稳定为导向的政策目标(范从来,2010)。

1993—1996年,中国经历了较为严重的通货膨胀,居民消费价格指数分别达到了14.70%、24.10%、17.10%和8.30%。如此高的通胀率在此后的近20年中,是十分罕见的。与国内通胀高企相伴的是货币投放过多。1993—1996年,中国的M_2增速分别达到37.31%、34.50%、29.50%和25.3%。从基础货币投放看,1994年中国经常和资本金融项下双顺差的格局初步形成,1994—1997年中国的外汇储备分别增加了304.21亿美元、214亿美元、270亿美元、399亿美元。在强制结售汇体制下,国际收支的大额顺差引发银行间外汇市场上的超额外汇供给。面对刚刚好转的国际收支,中央银行选择入市干预保持汇率稳定,并引发中央银行资产负债表结构和基础货币投放渠道的变化,外汇占款增加额约占当年基础货币增加额的75%。为了保持基础货币投放额的稳定,在外汇占款大幅上升的同时,中央银行采取了中和操作,主要通过收回对商业银行的贷款进行。截至1996年底,对存款货币银行债权占中央银行资产的比重由1993年末的70.3%下降至1996年的约55%(谢平,1999)。

虽然这一阶段,中央银行采取了中和(或对冲)措施,但是从事后来看,这些中和措施是不充分的。同时,在金融工具和金融机构增加的情况下,货币乘数放大了(谢多,1996),进一步加剧了货币量扩张,并引起了通货膨胀。外汇储备和货币供应量之间的冲突,实质上是货币政策和汇率政策的冲突,因为储备的大幅波动源于汇率稳定目标(谢平,1999)。尽管汇率稳定目标引发了货币政策和汇率政策的矛盾,但是这一阶段严重的通货膨胀的形成原因是复

---

① 历史上,日本和此后的东亚四小龙采用出口导向型发展战略,从原来落后的农业经济沿着产业阶梯进行了迅速的产业升级,到了20世纪80年代,无论在经济结构还是收入水平上都已经接近于发达的工业化国家,这种发展方式被称为东亚模式。

② 东亚模式不仅调动了中国闲置的要素,提高了生产效率,而且使得本国产业沿着全球产业链条缓慢地向上爬行。

杂的,还可能与1992年价格市场化程度的大幅提升①,以控制货币供应量和信贷规模为主要手段的货币政策体系尚不够成熟,金融体系的变化和发展,以及经济总体上尚处于供给短缺、需要调动生产积极性的特定阶段②有很大的关联。

1997年东亚金融危机爆发后,中国经济陷入阶段性通货紧缩,1998年、1999年和2002年居民消费价格指数分别为-0.8%、-1.4%和-0.80%。1998年,中国外汇储备仅增加50亿美元,这在1994年外汇体制改革以来是非常罕见的(谢平,1999)。外汇占款的急剧减少以及货币政策调整速度的略微滞后,加剧了通货紧缩。从逻辑上看,如果当时启动了人民币汇率贬值,将在一定程度上缓解货币政策和汇率政策之间的矛盾。但是当时中国的货币当局权衡利弊,没有采取贬值或放大人民币汇率弹性的做法。

1998年,国际上纷纷看空中国,甚至认为中国的大型金融机构处于技术性破产的边缘,人民币即将贬值的声音不绝于耳。当时黑市上人民币对美元的汇率达到1美元兑换9元人民币。如果人民币即将贬值,那么从日本企业的角度看,一定希望能够等到人民币贬值之后再来投资。③ 这也在一定程度上解释了1998年为何成为自1993年以来第一次出现资本金融项目逆差的年份(达到63.21亿美元)。如果当时人民币启动贬值,那么投入中国的外资将在危机深化的阶段逐渐枯竭,对人民币的投机预言也将自我实现。与此同时,当时美国对中国存在着巨额贸易逆差,如果人民币贬值,将可能引发美国的报复。此外,作为中国国内重要的储蓄渠道④,一旦货币贬值,人们对这个储蓄渠道的信心就会丧失,储蓄存款就会从银行逃出,进入家庭钱柜或农村地下储蓄机构,并引发金融体系的恐慌和银行挤兑(蒙代尔,2003)。与此同时,必须看到当时中国的国有企业改革向深入推进,国内的就业压力比较大,如果对外贸

---

① 1992年商品零售环节市场调节比例由1991年的68.8%提高到93.0%;农产品收购环节由57.8%提高到81.8%;生产资料出厂环节由1991年的45.7%提高到73.8%,市场化进程速度为历年提高之最。

② 1995年的政府工作报告中指出,(为实现降低通货膨胀目标)要抑制消费基金过快增长。中国是一个发展中国家,只能实行适度消费,不能提倡高消费。

③ 事实上,亚洲金融危机之后,由于一些遭遇货币危机的小国汇率发生了贬值,这些小国吸引的FDI规模有所增加。

④ 蒙代尔(2003)提出,中国的货币状况有许多特别之处,中国的货币M_2与国内生产总值之比出奇的高,而且该比例增长迅速。必须牢记中国的情况,中国人不能把土地作为自己的财富,中国人拥有的不是土地所有权而是土地租用权,所以必须为储蓄另谋出路,股票市场可以吸纳储蓄,但股票市场不适合广大的小储户涉足,他们缺乏管理证券投资账户的必要知识,因此货币成为普通人最重要的储蓄方式。

易和利用外资,以及国内的金融体系出现动荡,将恶化国内的经济和就业形势。因此,中国货币当局采取严厉打击走私和骗汇、逃汇、套汇的措施,稳定了汇率,确保了外汇储备的适度增加。

亚洲金融危机后,中国一直在考虑适时恢复和进一步完善有管理的浮动汇率制度。由于面对中国加入世界贸易组织、美国遭受"9·11"事件后世界经济疲软等新的形势和因素,为减少不确定性,保持人民币汇率政策的连续性,汇率波幅收窄了较长一段时间(胡晓炼,2010)。伴随着2001年中国正式加入世界贸易组织,中国逐步走出通货紧缩的阴影,参与全球贸易和利用外资的水平不断提升,经常和资本金融项下双顺差规模更加庞大。外汇大量流入导致流动性被动投放较多,中国逐步进入了国内物价上涨压力和人民币对美元双边汇率升值压力并存的时代。以对冲(或中和或冻结)为核心思想的货币政策和汇率政策协调方式在实践中不断改善,成为此后应对更大规模双顺差的主要方式。

(二)2005年7月前中国货币政策与汇率政策协调分析

在这一部分,本书借鉴杰格迪什·汉达(2005)的模型中以名义收入作为货币政策目标的 AD – AS 分析方法,为 AD – AS 模型设定了通胀目标线和汇率目标线。

初始总需求曲线为 AD,总供给曲线为 AS,初始一般均衡点在 d 点,即 (p_0, q_0)。假定中央银行希望通过货币政策将价格水平 P 稳定在 p_0,则可以获得一条穿过均衡点 d 的平行于产出轴的通胀目标(通胀锚)线。假定中央银行希望通过汇率政策将名义汇率水平 e 维持在 e_0。注意,名义汇率水平不在任何轴上,也没有在图 3 – 3 中明确出现。图 3 – 3 中,将一条穿过均衡点 d 的垂直于产出轴的虚线,用来表示名义汇率水平等于 e_0 的所有点的轨迹。这种假设,主要考虑了汇率稳定在维护产出水平中的重要作用。这与中国利用相对稳定的名义汇率,实现出口导向战略、吸引 FDI、(初期)积累外汇,促进就业上升、资本积累和全要素生产率的提升,进而促进产出水平增长的考虑具有内在的一致性。如果该假设成立,则这条穿过均衡点 d 的垂直于产出轴的虚线表示汇率目标(汇率锚)线,即中央银行希望通过汇率政策,将汇率维持在 e_0 上(维护产出和就业目标)。

图 3 – 3 反映的是 2005 年汇改之前,当出现总需求冲击时,以汇率稳定为主要目标,兼顾通胀目标的货币政策与汇率政策协调分析。值得注意的是,此时模型反映的中国是一个开放程度相对较低、经济总量相对较小、货币政策体系不成熟的转型经济体的情况。

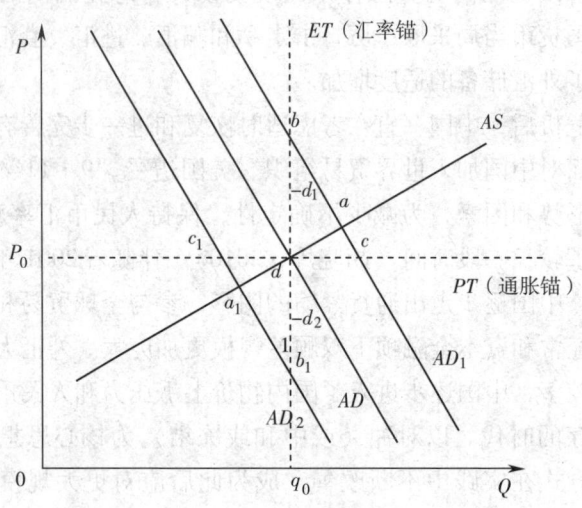

图 3-3　以汇率稳定为目标，兼顾通胀的货币政策与汇率政策协调分析

当总需求受到一个正向冲击时，AD 将向右移动到 AD_1（类似于 1994 年左右的经济过热和国际收支双顺差时的情况），此时新的均衡点 a 将意味着更高的物价水平（通胀）和本币汇率升值（压力）。当货币当局考虑到本币汇率升值及其波动将不利于积累外汇和促进出口以及吸引外国直接投资时，总需求被旨在维护汇率稳定的入市干预行为稳定在 ET 上的点 b，但是外汇占款的增加使得点 b 相对于初始均衡点 d 面临着很大的通货膨胀压力。因此，货币当局希望通过冲销干预的方法，但是冲销干预不充分，最终货币政策和汇率政策协调后不太合意的均衡点处于 d_1，相对于初始均衡点 d，有着过高的通货膨胀。但是两个政策不协调结果的直接原因在于货币市场冲销干预的不充分（以及对于当时货币乘数变化的估计不准），反映出当时国内货币政策框架还不够成熟或货币纪律不够充分。正因为考虑到了货币政策框架自身的不足，所以更加突出汇率锚 ET 线的作用，而非通胀锚 PT。假设当时为了应对国内通胀，放开钉住汇率，可能出现以下问题：首先，放弃了一个简单明确的汇率锚，国内无法采用一个明确的通胀锚，只能换取一个不太精确的锚，货币总量锚。后者是否可以较好地实现理想的通胀目标是不确定性的。其次，即使通胀目标可以达到，从国外经验看，在逼近通胀目标时，很可能引发本币汇率高估，进而引发货币投机攻击，引发货币危机，这不符合当时中国积累外汇、扩大对外贸易和吸引外国直接投资的出口导向型发展方式，进而不利于产出水平的增加，因此，货币当局没有通过货币政策和汇率政策协调谋求实现点 c 的新均衡。

当总需求受到一个负向冲击时，AD 将向左移动到 AD_2（类似于 1998 年左右亚洲金融危机和中国外汇储备快速下降时的情况），此时新的均衡点在 a_1，该点意味着更低的物价水平（通货紧缩）和本币贬值（压力）。尽管从逻辑上看，当时如果中国的货币当局采取贬值的方式有助于促进出口，但是这种对策没有考虑到东亚其他经济体的竞争性贬值以及由于贬值带来的悲观预期。所以中国货币当局决定不利用贬值来应对危机，汇率稳定成为 1998 年和 1999 年这一特殊时期中国经济政策的最重要的目标之一。总需求被旨在维护汇率稳定的入市干预行为稳定在 ET 上的点 b_1，但是外汇占款的快速减少使得点 b_1 相对于初始均衡点 d 面临着很大的通货紧缩压力。尽管货币当局力图增加基础货币投放，但是政策调整速度滞后了一个多季度。最终货币政策和汇率政策协调后的一个不太合意的均衡点处于点 d_2，相对于初始均衡点 d，由于外汇占款的急剧减少导致基础货币数量增加得不够，在一定程度上加剧了通货紧缩，1998 年和 1999 年中国的 CPI 为 -0.8% 和 -1.4%（谢平，1999）。总体上看，以稳定信心为任务的汇率政策实现了预期的效果，稳定了经济增长，逐步恢复了外汇储备的积累，只是由于货币政策体系不成熟，致使随后中国经济较长时间处于通货紧缩或较低的通货膨胀阶段。假设当时中国货币当局采取了国际货币基金组织的建议，放宽人民币汇率波动幅度，则人民币汇率会出现大幅贬值，而随后外汇流入的枯竭，将非常有可能引发货币危机预期的自我实现。"钉住汇率并辅之以资本管制"这一清晰、特定的政策安排（以及必要的外汇储备和较低的外债规模），使中国避免了金融危机（或货币危机）的爆发（蒙代尔，2003）。

（三）2005 年 7 月前中国货币政策与汇率政策协调评价

回首 1994 年至 2005 年 7 月前中国货币政策和汇率政策的协调实践，虽然期间经历了数次政策冲突[1]，但是汇率锚和货币总量目标组成的两个名义锚[2]（IMF，2003）为中国那段时间经济的高速增长创造了必要的条件。尽管 IMF（2003）没有指出中国两个名义锚的相对重要性，但是从锚定的稳定程度看，中国的汇率锚的稳定程度远远大于货币总量目标，即汇率锚是一个主要锚，货

---

[1] 大致包括三次冲突，其中 1998—1999 年汇率稳定和本外币利率倒挂之间的冲突本书没有详细叙述，可参见谢平、张晓朴（1999）。

[2] 根据 IMF（2003）的实际汇率分类方法，认为当时中国的货币政策框架包含两个名义锚：一个是货币总量目标；另一个是钉住美元的汇率锚。

币总量目标是一个次要锚。

从货币总量目标方面看，对于一个货币政策体系调控手段和货币政策纪律逐步走向成熟的转型经济体而言，货币总量目标在最初时是一个比较适合的锚，尽管它比起通胀目标而言不太精确。通过关注和控制广义货币供应量（M_2）和新增贷款规模，可以在基准利率体系发育尚不完善的条件下，方便、可操作地实现国内通胀（及预期）管理，维护内部稳定目标。与此同时，货币总量目标在应对（类似 1994 年前后的）恶性通胀时，可能比价格型调控更加有效和迅速（保罗·沃尔森，1996）。事实上，即便是货币政策调控手段（特别是利率调控手段）十分成熟的发达经济体，也从不忽略货币总量中所蕴藏着的重要信息。

从汇率锚的作用看[1]，主要是有助于发挥国际贸易和投资的比较优势。因为在汇率变动达 20%~50% 的情况下，不同国家或地区的企业很难测算出长期的相对优势何在（保罗·沃尔克，1999）。尽管很多发达经济体的营运性产业的工业通过投资转向为当地或地区性市场生产产品。但是这种策略不适于当时初步参与全球分工的中国企业。在经历了 1981—1993 年的持续贬值后，所形成的相对稳定的人民币兑美元的汇率，对于开展国际贸易和吸引 FDI 等长期外国资本投资提供了既稳定又有竞争力的比价，使中国企业更加容易地切入到全球产业链条的低端，利用"干中学"的模式，逐步提升本国的全要素生产率、就业水平和资本存量，提高了中国的总产出（这反映出本节模型中关于汇率稳定和产出水平之间关系假设的合理性）。外向型的劳动密集型产业，不仅积累了人力资本（包括企业家才能）、社会资本，还维护了社会的稳定，这对于其他转型经济体是十分难得的。[2]

在汇率锚的稳定作用下[3]，中国逐步实现出口大幅增长和利用外资规模的

---

[1] 当时的中国非常需要一个汇率锚，包括东亚一些开放型的小型经济体都通过将本国货币与美元汇率挂钩，促进了经济的最初起飞。蒙代尔（2003）认为，按照当时的汇率，美国的国内生产总值大约是日本的 2.5 倍、中国的 10 倍，美元是亚洲各国货币极好的"锚"。而日元则由于日本战后遗留问题没有得到妥善解决，不能成为亚洲的汇率锚。

[2] 王松奇（2010）认为社会稳定也是一个国家的核心竞争力。美国前贸易代表查琳·巴尔舍夫斯基（2011）认为中东地区不稳定的一个重要原因，是很多中东国家失业率达近 50%，当人们无事可做的时候，就总会出现麻烦。就业率下降的问题在发展中国家存在了很长时间，特别是第二次世界大战之后，对于那些低收入的人来说，他们非常容易受此影响，因为他们的受教育程度是最低的。

[3] 中国政府为了更好地利用外资，大力改善投资环境，一方面提升交通、通信设施等硬环境；另一方面努力完善法制，提高政策透明度，提供优质服务，改进软环境。笔者认为，稳定的汇率锚也可以作为提高政策透明度的一部分，进而稳定预期。

扩大，在改革开放初期进口大量国内急需的设备、技术和短缺原材料的环境下，逐步实现国际收支平衡，并积累了一定的外汇储备。在亚洲金融危机最为严重的时期，中国坚持人民币不贬值的汇率稳定政策，也为金融危机中汇率政策的制定提供了经验。在10年之后的国际金融危机中，可以清楚地看到中国乃至俄罗斯和新加坡等很多经济体都纷纷加大了汇率锚的作用。

在1994—2004年的11年中，中国GDP年均增速9.5%，经济增长十分强劲。[1]尽管中国人民银行在2003年启动了中央银行票据和存款准备金等灵活管理和深度冻结流动性的货币政策工具，但是通货膨胀经常不期而至。事实上，这反映了在名义汇率稳定条件下，快速增长的经济体通过国内通胀的方式来反映其实际汇率的稳步升值，这种情况在高度发展的香港地区也曾出现过。伴随着国内货币政策体系的逐步成熟和完善、国内金融体系不断健全，以及国际政治经济环境的变化，以2005年7月人民币汇率形成机制改革为标志的，大规模对冲和汇率渐进升值相结合的货币政策和汇率政策协调方式逐步走进人们的视野。

3.2.2 2005年7月至新常态货币汇率政策协调

（一）2005年7月后中国货币政策与汇率政策协调回顾

进入21世纪以来的绝大多数时间（国际金融危机时期例外），国际收支持续顺差和外汇储备大量积累是中国经济运行中的一个显著特征[2]，2000年中国外汇储备余额仅1 656亿美元，截至2012年末达到3.3万亿美元。[3] 2005年7月21日[4]，中国调整人民币汇率，人民币对美元升值了2.1%，并且宣布："实施以市场供求为基础的，参考一篮子货币进行调节，有管理的浮动汇率制度。""每日银行间外汇市场美元对人民币的交易价仍在人民银行公布的美元交易中间价上下千分之三的幅度内浮动，非美元货币对人民币的交易价在人民

---

[1] 资料来源：中国国家统计局官方网站。
[2] 2001年中国加入世界贸易组织以后，经常项目顺差显著扩大，成为国际收支顺差的主要来源。在汇率水平相对稳定的前提下，国际收支顺差的持续增长和外汇的不断流入直接导致人民银行以外汇占款的形式被动投放基础货币。
[3] 资料来源：中国国家统计局官网。
[4] 根据中央银行的报告，汇改选择这一时间点，主要考虑到2005年上半年中国宏观调控取得明显成效，投资过热得到抑制，对外贸易持续增长，利率水平总体下行，同时美联储连续加息，本外币利差因素较为有利，美元汇率也比较稳定。除了宏观经济环境外，伴随着中国国内银行体系改革，银行体系的财务稳健性得到明显加强。同时，逐步取消了一些对资本账户交易不必要的管制，外汇市场经过逐步发展，也有能力为企业提供一些必要的避险工具，为启动汇改创造了市场条件。

银行公布的该货币交易中间价上下一定幅度内浮动。""将根据市场发育状况和经济金融形势,适时调整汇率浮动区间",并且"保持人民币汇率在合理、均衡水平上的基本稳定,促进国际收支基本均衡,维护宏观经济和金融市场的稳定"。这标志着中国货币当局希望通过汇率有管理地浮动和逐步完善的货币政策调控,实现渐进式的内外部平衡。① 由于中国经济的不平衡问题涉及结构性、趋势性等长期问题,可能无法通过汇率的短期快速升值解决,这方面日本在 20 世纪 80 年代有过类似的教训;相反,汇率快速升值对经济增长和就业的剧烈冲击确是无疑的。此外,由于人民币合理升值幅度事前难以估计,也成为渐近式升值的一个论据(Obstfeld,2006)。

不平衡问题的解决需要一个过程,但在问题解决之前就已经对货币政策产生了重大影响,主要是会形成银行体系流动性过剩。应对银行体系流动性过剩、抑制货币信贷过度膨胀和随之而来的通货膨胀压力,成为这个时期中国货币政策的主要任务和挑战。中国人民银行运用公开市场操作和存款准备金率等工具,进行大规模的流动性对冲。

得益于灵活性和市场化强兼具的特点,公开市场操作成为人民银行最早选择的对冲工具。起初主要是开展正回购操作以及现券卖断,不过,这很快受到了中央银行持有债券资产规模的约束。为此,人民银行积极开展公开市场操作工具创新,从 2003 年 4 月起发行中央银行票据,年发行量从 2003 年的 7 200 亿元增长到 2008 年的 4.2 万亿元(周小川,2012)。公开市场操作从实践中总结经验,不断完善中央银行票据的期限品种和发行方式。

2004 年 12 月,为缓解短期中央银行票据滚动到期的压力,在原有 3 个月、6 个月和 1 年 3 个品种基础上增加了 3 年期中央银行票据品种,有效地提高了流动性冻结深度。2006 年和 2007 年,根据调控需要,还多次向贷款增长偏快、资金相对充裕的商业银行定向发行中央银行票据,以强化对冲效果。同时,中央银行票据具有无风险、期限短、流动性高等特点,弥补了中国债券市场短期工具不足的缺陷,为金融机构提供了较好的流动性管理工具和投资标的。定期发行中央银行票据还有助于形成连续的无风险收益率曲线,从而为推进利率市场化创造了条件(周小川,2012)。

另一项重要举措是发挥存款准备金工具深度冻结流动性的作用。在一般教科书中,作为三大货币政策工具之一的存款准备金率调整被视为货币调控的"利器",并不轻易使用。但在外汇储备大量积累、基础货币供应过剩的特殊

---

① 中国中央政府经常用不平衡、不协调和不可持续三个词汇来描述中国宏观经济中存在的问题。

情况下，需要把存款准备金率发展为常规的、与公开市场操作相互搭配的流动性管理工具。这主要是随着对冲规模的不断扩大，公开市场操作的有效性和可持续性在一定程度上受到了商业银行购买意愿、流动性冻结深度等因素的制约；而存款准备金工具具有主动性较强的特点，收缩流动性比较及时、快捷，能够长期、"深度"冻结流动性，更适合应对中期和严重的流动性过剩局面。2003年9月起至2011年6月，中国人民银行调整存款准备金率36次，其中上调32次（2008年下半年在应对国际金融危机冲击期间下调4次）。具体操作时，都是采取小幅调整且提前宣布，给金融机构调整资产负债结构提供缓冲的时间（周小川，2012）。

2008年，国际金融危机来势凶猛，在短期内难以预测危机影响深度和广度的条件下，中国货币当局按照"贝叶斯决策"，采取了爬行钉住美元（收窄人民币汇率实际波动幅度）的汇率政策和适度宽松的货币政策协调方式，有效遏制了通货紧缩和经济下滑相互强化的潜在风险，对促进经济企稳回升起到了关键性的作用。在国际金融危机最为严重的2008—2009年，由于国际金融市场避险情绪高涨，美元名义和实际有效汇率大幅提升，受此影响人民币名义和实际有效汇率升值速率大幅提升，加之危机致使外部需求降低和贸易保护主义抬头，2009年中国货物出口额下降了16%，东南沿海大量的外向型企业倒闭，高达2 000万名的农民工由于工厂倒闭而失业[1]，由于经济下滑而引发的失业和增长乏力成为危机之中最为突出的矛盾。与此同时，国内的CPI由2008年的5.9%下滑至-0.7%，经济陷入通货紧缩，物价下行压力加大。在此背景下，收紧人民币汇率波幅，既防止了竞争性贬值的出现[2]，又遏制了人民币对美元汇率上升引致的外需的进一步恶化。在货币政策方面，2009年实行了适度宽松的货币政策，当年M_2增速达到27.7%，2010年增速达到19.7%，年度增速分别位于2002—2012年11年间的前一、前二位。总体看当时采取的适度宽松货币政策传导顺畅，有力地支持了一揽子刺激计划。[3] 经过一系列刺激计划，中国经济率先与全球主要工业国经济走势脱钩，较快地实现

---

[1] 常红晓、陈锡文：《约2 000万农民工失业，须直面相关社会问题》，http：//www.caijing.com.cn/2009-02-02/110051988.html，2009-02-02/2013-01-01。

[2] 国际金融危机爆发后，新加坡、马来西亚、泰国和菲律宾等东亚经济体的本币对美元的双边汇率纷纷贬值。

[3] 林毅夫（2012）认为中国当前仍然要以投资为主而非以消费为主，并认为国际金融危机时期国家的"四万亿元"刺激计划总体上利大于弊。最大的益处在于保住了就业。后来出现了资产泡沫和通货膨胀，但并不能完全归咎于"四万亿元"计划，这与中国的信贷管理体制有着内在关联。

了经济复苏。2010年中国经济增速达到10.4%，超过2009年1.2个百分点；2010年CPI达到3.3%，尽快结束了通货紧缩。

考虑到中国经济易热不易冷的体制特征，以及宽松货币条件可能会产生副作用，随着形势好转，应适时调整政策取向。2010年，由危机中的货币政策和汇率政策协调方式，转变成为旨在维护物价稳定的稳健货币政策和汇率弹性加大的汇率政策，顺应了危机之前货币政策和汇率政策协调发展的方向。2010年6月，中国进一步推进人民币汇率形成机制改革，重在坚持以市场供求为基础，参考一篮子货币进行调节，增强汇率弹性。2010年秋，中国货币当局开始实施稳健的货币政策，这些措施有助于遏制物价涨势，保持经济平稳较快发展。2011年第二季度的货币政策执行报告中指出，"根据经济金融形势和外汇流动的变化情况，合理运用利率、汇率、公开市场操作、存款准备金率和宏观审慎管理等多种政策工具组合，保持合理的社会融资规模"。这是中国首次将汇率明确纳入政策工具组合之中。

进入2012年以来，国际国内政治经济形势极为复杂和严峻，欧洲主权债务问题尚未找到根本的解决之策，东亚地区不稳定因素频现，国内经济结构调整和扩大内需任务仍然艰巨。内需和外需增长趋缓，使国内通胀压力得到缓和，中国CPI由2011年的5.4%下降到2012年的2.6%，GDP增速由2011年的9.3%下降到2012年的7.8%①，这使得在短期内中国货币当局将稳增长放在更加重要的位置。② 货币政策继续以稳健为主。在保持流动性合理充裕的同时，发挥利率杠杆的调节作用，适度增强公开市场操作利率弹性。2012年6月和7月，中国人民银行两次下调金融机构存贷款基准利率，同时调整金融机构存贷款利率浮动区间。允许金融机构存款利率上浮，浮动区间的上限由基准利率调整为基准利率的1.1倍。放宽金融机构贷款利率浮动区间，2012年6月8日，贷款利率浮动区间下限由基准利率的0.9倍调整为0.8倍；2012年7月6日，贷款利率下限继续调整为0.7倍。

随着危机后外需逐步走弱、国内劳动年龄人口增长放缓、转变发展方式以及人民币汇率升值等新情况的出现，中国经济结构调整取得进展，国际收支更加均衡，经常项目顺差与GDP之比逐年下降，2011年经常项目顺差与GDP之比降至2.8%。外汇供求趋于平衡，汇率预期分化，人民币汇率比以往更加趋

---

① 资料来源：中国国家统计局官方网站。
② 当然考虑到中国经济总量已较为庞大，劳动年龄人口增长逐步放缓，资源环境约束渐趋增强，发展模式面临调整和转变，在保持经济平稳增长的同时，更加重视增长的质量和可持续性。

近均衡水平，进一步扩大人民币汇率浮动幅度的时机更加成熟。2012年4月16日，中央银行将银行间即期外汇市场人民币对美元交易价浮动幅度由5‰扩大至1%，将外汇指定银行为客户提供的人民币对美元现汇买卖差价幅度由1%扩大至2%。① 作为扩大汇率浮动幅度的配套安排，中央银行外汇操作方式也作出适应性调整，大幅减少了外汇干预，市场供求在汇率形成中发挥了主导作用。

（二）2005年7月后中国货币政策与汇率政策协调分析

图3-4反映的是2005年汇改后，当出现总需求冲击时，以人民币对美元汇率弹性逐步加大，更加关注通货膨胀目标的货币政策和汇率政策协调分析。初始总需求为AD，短期总供给曲线为AS，只是此时图3-4中的总供给线更加陡峭，反映出劳动年龄人口增长逐步放缓，在资源环境约束渐趋增强的背景下，中国的总供给曲线逐步进入古典区。除了上节中的汇率锚和通货膨胀锚之外，本模型中增加了一条包含汇率锚和通货膨胀目标的混合锚，即倾斜的虚线（EPT）。它用于反映货币当局在汇率政策目标（汇率锚）和货币政策目标（通货膨胀水平）之间的短期权衡。注意，此时汇率水平的变动，借用了产出轴（Q），本币升值后的汇率水平位于e_0的左侧，本币贬值后的汇率水平位于e_0的右方。初始一般均衡点处于点$d(p_0, q_0)$，且当时的汇率水平为e_0。值得注意的是，此时模型反映的中国是一个开放程度相对较高、经济总量较大、货币政策体系更加成熟的大型开放经济体的情况。

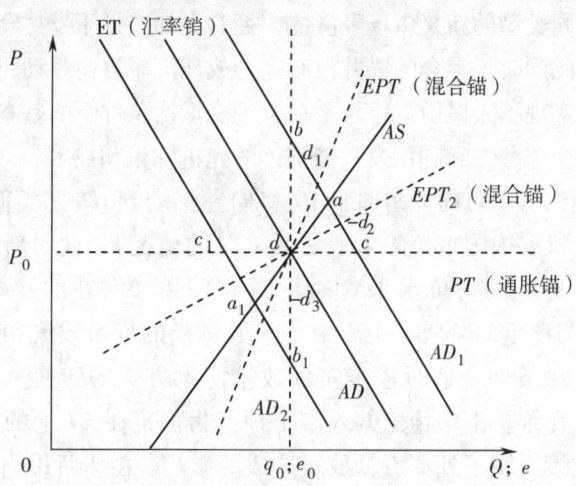

图3-4 放大名义汇率弹性，更加关注通胀的货币政策与汇率政策协调分析

---

① 资料来源：2010—2012年人民银行季度货币政策执行报告。

当总需求受到一个正向冲击时，AD 将向右移动到 AD_1（类似于 2005 年以后流动性过剩和国际收支双顺差时的情况，国际金融危机时期除外），此时新的均衡点 a，将意味着更高的物价水平（通胀）和本币汇率升值（压力）。由于货币当局考虑到国内通胀压力以及外部贸易摩擦的加剧，将逐步增加人民币汇率弹性，维护内外部稳定。因此，利用货币政策与汇率政策协调的混合锚，使新的均衡点稳定在 EPT 线上的点 d_1 上，可以看出点 d_1 的位置介于点 b（原来的单一汇率锚时）和点 a 之间，通胀水平和汇率波动水平都较为适中。随着混合锚的逐步变化（初期为具有一定灵活性的美元汇率锚和货币总量锚，此后可能逐步转向更为灵活的混合汇率锚和更加精确的通胀目标锚），图 3-4 中的斜线 EPT 将以点 d 为圆心，逐渐按着顺时针的方向向下转动，EPT 会变得更加平缓，反映出更大的汇率弹性和更低的通胀水平。例如点 d_2 落入了点 a 和点 c 之间，通货膨胀在多目标中地位更加突出的特点将得到凸显，这种政策目标排序方式与中国总供给曲线更加陡峭的背景下，总需求的单位冲击可能引发更大的通胀压力，与非产出增加的情况是相适应的。值得注意的是，点 d_2 相对于没有干预情况下的点 a 而言，拥有更加理想的通货膨胀水平，包括多种政策工具在内的货币政策调控方式的逐步改善有助于该目标的实现。从实践经验看，无论是 2005 年之前至国际金融危机爆发前，还是国际金融危机期间实施了适度宽松的货币政策之后，中国并没有出现 20 世纪 90 年代中期的恶性通胀（最高时为 2008 年的 5.9%[①]，当然不否认此后次贷危机冷却国内通胀的作用）；相反，较之于其他同类型的新兴市场经济体，拥有更加接近于发达经济体的平均通货膨胀水平。与此同时，混合的锚并没有完全放任汇率自由浮动；相反，在一定的资本管制下，实现了人民币汇率水平在合理、均衡条件下的基本稳定，这有助于促进中国参与全球分工和利用发达经济体的先进知识和技术。

当总需求受到一个负向冲击时，AD 将向左移动到 AD_2（类似于 2008 年左右的国际金融危机和中国短暂陷入通货紧缩时的情况），此时新的均衡点在点 a_1，该点意味着更低的物价水平（通货紧缩）和（潜在的）本币贬值（压力）。在危机最为严重的阶段，中央银行采取宽松的货币政策和低弹性汇率政策协调方式，并在条件合适时逐步实现政策协调方式的转换。在危机爆发初期，总需求被旨在维护汇率稳定的入市干预行为稳定在 ET 上的点 b_1，此后适度宽松的货币政策克服了外汇占款放缓造成的影响。由于货币当局增加了货币投放，最终货币政策和汇率政策协调后的一个较为合意的均衡点处于点 d_3，

[①] 资料来源：中国国家统计局官网。

相对于初始均衡点 d，只经历了较短暂的通货紧缩阶段。总体上看，以稳定信心为任务的货币政策和汇率政策协调实现了预期的效果，稳定了经济增长，使中国经济率先与低迷的全球经济脱钩，尽快走出了通货紧缩。当然，在扩张性政策逐步退出过程中也曾遇到不少阻力，追求高增长的热情和惯性很大，个别月份中国的 CPI 也曾超过 6%。此外，由于中长期风险的存在，也提示货币当局应重视防止发生系统性金融风险。总体上说，危机阶段的政策协调，实现了短期危机应对与长期发展的结合，维持了经济增长的势头。

（三）2005 年 7 月后中国货币政策与汇率政策协调评价

2005 年 7 月以来，中国的货币政策和汇率政策协调在维护经济平稳较快发展、保持国内物价稳定和货币篮汇率基本稳定中发挥了重要作用。2000 年至 2011 年，中国 GDP 年均增长 10.2%，分别比同期巴西、俄罗斯、印度、南非年均多增长 6.6%、5.0%、2.9% 和 6.7%；中国 CPI 年均上升 2.3%，较上述四国分别少上升 4.4%、10.5%、4.1% 和 3.6%。21 世纪以来，中国城镇新增就业接近 1.4 亿人，对外贸易总额从世界第七位上升到第二位。2012 年上半年中国经常项目占 GDP 比重已降至 2.1%，经济增长更趋均衡（周小川，2012）。更为重要的是，中国金融宏观调控的市场化程度逐步提高，货币政策传导机制不断完善，市场在金融资源配置中的作用提升。这表明，2005 年 7 月至今的以汇率有管理地浮动和冲销干预的货币政策协调方式总体上是有效的。

表 3-7　　　　　新兴市场经济体在 2010 年、2011 年 CPI 水平　　　　　单位：%

序号	经济体	2010 年	2011 年
1	巴西（Brazil）	5.0	6.6
2	中国（China）	3.3	5.5
3	印度（India）	12.0	8.9
4	印度尼西亚（Indonesia）	5.1	5.4
5	俄罗斯（Russian Federation）	6.9	8.8
6	南非（South Africa）	4.1	5.0

资料来源：OECD 官方网站的数据库。

与此同时，在经济环境出现剧烈变化时，货币政策和汇率政策协调方式在危机不同阶段的灵活转换，对于稳定公众预期和降低宏观经济风险发挥了作用。这种相机抉择的政策协调方式，和货币政策规则中所蕴含着的灵活性[①]具

---

① 货币总量规则和泰勒规则的倡导者弗里德曼、泰勒并不否认规则本身所具有的灵活性。

有内在的一致性。与此同时，必须看到，亚洲金融危机①和国际金融危机十年轮回之间，一些昔日的经验依然是保持一国金融秩序稳定的强大支柱：清晰和明确的货币政策框架②；充足的外汇储备③；对于国际债务④和国内资产价格的宏观审慎管理；以及对于资本账户完全开放的谨慎态度。如果没有这些支柱的支撑，是很难在动荡的国际金融危机中维护好内部和外部稳定的。

在渐进式地推动汇率形成机制改革的过程中，尽管以对冲流动性为主要形式的货币政策维护了内外部基本稳定，但这种政策协调方式也产生了一些问题。从某种意义上看，中国金融体系面临着一个"怪圈"，即美元大量流入→中央银行被迫购入投放基础货币→商业银行流动性过剩→中央银行利用央票和提升存款准备金率回收流动性。这个金融怪圈与经济怪圈（即政府和企业在国民收入分配中份额过大→地方政府和企业有足够的投资冲动和能力→产能过剩结构失衡加剧→随着经济高速成长→政府和企业拿走得更多）之间既存在差距，又存在某种联系（王松奇，2011）。在通货膨胀压力不断加大的情况下，单纯对冲外汇占款、回收银行体系流动性将给货币当局带来一系列挑战：货币供给的内生性加强，限制了利率工具的使用，广义价格水平有上涨，深度冻结流动性策略降低了金融体系运行效率，中央银行的对冲成本在逐渐加大等若干问题。本书利用下一整节，将对这些问题进行全面的阐述。

3.2.3 货币政策与汇率政策协调方式比较分析

（一）内部通胀压力和汇率升值压力并存的政策协调的比较

第一，货币政策与汇率政策协调的相同点。1993—1996年的货币政策与汇率政策协调与2001年以来（国际金融危机时期除外）的政策协调具有以下相同点：（1）两个阶段的政策协调，都是为了应对内部通胀压力和巨大国际

---

① 蒙代尔（2003）认为亚洲金融危机不是真正的亚洲危机，真正的危机局限于四个经济体：泰国、马来西亚、印度尼西亚和韩国。中国、中国香港特区、中国台湾地区、新加坡、日本没有真正的危机。当然，邻居难免遭受殃及池鱼的影响。

② 日本和中国台湾地区实行的商品篮子价格目标；中国是固定汇率制度并辅之以外汇管制；中国香港特区是货币局制度（当香港金管局打算偏离货币局制度所确定的规则，支持香港股市的时候，香港遇到了一点麻烦，此后及时纠正了错误）；新加坡是货币篮子目标（篮子里的货币没有特定的权重），其运行差不多和通货膨胀目标制相同。

③ 在国际金融危机期间，中国的外汇储备维护了本币的信心，在防止发达国家金融市场动荡方面做出了自己的贡献。

④ 一个国家不管是私人部门还是公共部门，都不能轻易借入外债，私人部门可能会出现泰国的货币错配问题，而公共部门则可能出现欧债危机的情况，事实上即使是国际货币发行国的美国，也可能面临危机时期美国国债遭到其他经济体投资者集体抛售的风险。

收支顺差并存的"米德冲突"①;(2)中央银行都采取了冲销干预,引发了基础货币投放结构的变化,外汇占款的比重都上升了;(3)内部通胀压力和名义汇率升值压力(即通常所说的人民币的内贬外升)并存的根源在于,中国实际汇率的升值是经济增长和劳动生产率快速提高的结果。20 世纪 80 年代,日本的实际汇率升值通过日元和美元的名义汇率升值反映出来,从 1 美元比 250 日元升值到 1 美元比 100 日元。中国香港地区在 1983 年实施与美元挂钩的货币局制度,由于名义汇率的固定,香港实际汇率升值的途径是通货膨胀(依照本地价格指数衡量)。当时中国香港相对美国有着更高的通胀率,但这不是港币汇率的高估,相反正好反映了香港本地的生产部门更加富裕了(理发价格、地价、房租都在上升),同样是实际汇率升值的表现(蒙代尔,2003)。2005 年 7 月以来人民币所经历的内贬外升,正是介于日本和中国香港地区的一种折中的表现。

第二,货币政策与汇率政策协调的不同点。1993—1996 年的货币政策和汇率政策协调与 2001 年以来(国际金融危机时期除外)的政策协调具有以下不同点:(1)伴随着中央银行货币政策调控手段更加成熟②,以及汇率弹性的加大,当面对更大规模的国际收支顺差时,没有出现过 1993—1996 年严重的通货膨胀,近期最高的通胀出现在 2008 年,达到了 5.9%。(2)外汇储备规模不同。1993—1996 年,外汇储备还是相对稀少的。国家为了积累外汇和鼓励出口,曾先后出台包括强制结售汇、出口退税、吸引外商直接投资等一揽子政策,扩大外汇储备规模。此后,东南亚金融危机之后,中国进一步认识到外汇储备的必要性,积累了大量的外汇储备。伴随着外汇储备规模的激增,中国取消了贸易项下的强制结售汇,鼓励"藏汇于民",取消或降低了部分出口退税,等等。但是由于存在本币升值压力,私人部门愿意持有人民币。此外,热钱会通过贸易项下或中国香港地区辗转进入中国内地,为跨境资本监管带来挑战。(3)中国的开放程度不同,一方面,中国的资本和金融项目的开放程度不断提高;另一方面,经常项目顺差占 GDP 的比重在经历了最初的上涨后,

---

① 米德(Meade)在 1951 年最早提出了固定汇率制度安排下的内外均衡冲突问题。他指出在汇率固定不变时,政府只能运用影响社会总需求的政策来调节内外均衡。

② 相对于经济环境自身的演化和突变,货币当局往往需要持续对货币政策调控进行学习。美国货币政策规则的变化历程表明,美联储通过各种途径学习如何传导货币政策决策。例如,美联储工作人员的研究,美联储以外货币经济学家的批评,对其他中央银行的观察,以及联邦公开市场委员会成员的个人经验等(Taylor,1998)。

逐步回落,这表明规模巨大的经济体反而相当封闭。① 一面开放和一面封闭,更加反映出中国的宏观经济政策需要对内部稳定给予更多的关注。

(二) 内部通货紧缩和汇率贬值压力并存的政策协调的比较

第一,货币政策与汇率政策协调的相同点。亚洲金融危机和国际金融危机期间货币政策和汇率政策协调的相同点:(1) 两个阶段的政策协调都是为了应对内部通货紧缩和国际收支逆差(或顺差快速下降)并存的"米德冲突";(2) 中央银行都启动了货币政策工具,对外汇占款降低引起的基础货币投放不足进行修复,外汇占款的比重有所下降;(3) 通货紧缩压力和国际收支恶化源自经济的衰退,而这与危机期间外需下降和国际资金受到避险情绪的影响而撤出有直接关系;(4) 在两次危机期间,中国货币当局都采取了稳定人民币对美元汇率的策略,没有参与竞争性贬值,树立了负责任大国的信誉,这一点非常难得。在美元本位制的今天,大国和小国的命运天壤之别,单边倾轧往往导致大国与小国、强国与弱国之间调节成本的不对等(蒙代尔,2003)。这种特殊的国际货币体系格局使得全球流动性的松紧基本操持在美联储手中。在世界主要中央银行中,货币政策的目标绝大多数是单一的,即物价稳定,而美联储仍实行多目标制,包括经济增长、充分就业和物价稳定等。从历史上看,经济增长具有内在的周期性特征,美联储货币政策也是周期性地放松和收紧,导致美元周期性地贬值和升值,而在每一轮美元升贬的周期中,总会伴随着或大或小的金融危机(葛华勇,2009)。蒙代尔(2003)认为,1995—1998年美元的大幅升值和日元的大幅贬值,是亚洲金融危机的主要原因。考虑到所有细微的原因,认为导致危机的冲击力不仅仅是日本经济竞争力的增长。每当日元贬值之时,来源于日本的投资就会立刻枯竭。1997年又是如此,这对于许多东南亚国家是巨大的冲击。沈联涛(2007)在他的《十年轮回》一书中写道,回顾过去,日元的升值与亚洲的繁荣相联系,贬值则意味着亚洲的衰退。② 亚洲金融危机的根源不在泰国,而在日本和美国。

第二,货币政策与汇率政策协调的不同点。亚洲金融危机和国际金融危机期间货币政策和汇率政策协调的不同点:(1) 国际金融危机时期,由于及时采取了扩张性的货币政策,宏观经济更快地走出了通货紧缩。(2) 人民币的

---

① 这一点可以从美国、欧盟和日本的数据看出,这也是为什么这些国际货币发行国在制定国内宏观经济政策时更多地从本国角度出发,而不顾及外部溢出效应的原因(蒙代尔,2003)。

② 在亚洲金融危机前,日本早已是亚洲最大的经济体,当时泰国55%的外债是日元,并且日本是泰国最大的外商投资来源国。日本投资的枯竭和泰国外债的过多,导致了货币危机的发生。

国际地位不同。在 1997 年、1998 年，国际上一度认为人民币币值存在高估。反映到人民币投机的黑市汇率上升到 1 美元等于 9 元人民币以上。如果当时中国接受了 IMF 放宽汇率波动幅度的建议，最后的结果就不可避免——人民币贬值。考虑到人民币资本账户不可兑换和中国的外汇管制，扩大汇率波动幅度将加剧汇率的不确定性，人们会怀疑中国对固定汇率评价的承诺，将波动幅度扩大看作是汇率贬值的前奏（蒙代尔，2003）。但到了国际金融危机时期，人民币的币值是比较稳定的，即使在 2012 年 4 月，中央银行进一步放大汇率波动区间后，人民币依然保持了币值的相对稳定，这反映出国际社会对于人民币的基本态度。[①]（3）在亚洲金融危机后，人民币对美元汇率的稳定又保持了较长时间；国际金融危机后，人民币很快与美元脱钩，并加大了双边汇率的弹性。

（三）中国货币政策与汇率政策协调的主要特征

在对不同时期和不同形式的货币政策与汇率政策协调方式进行比较分析后，本书认为中国货币政策和汇率政策协调具有以下特征：

第一，长期性。自 1994 年实行汇率并轨以来，中国长期实行货币政策和汇率政策的协调，这种政策协调的直接原因在于中国货币当局实行的是一种多目标制的货币政策框架，而根源在于一个大型的新兴市场经济体渴望通过政策协调的方式维护好内部稳定和外部稳定。这种诉求可以从很多新兴市场经济体的政策安排中看到。较之于当前很多经济体普遍重视的通胀目标，汇率在新兴市场经济体的作用比发达经济体更加突出。由于发达经济体的国内和海外交易大多使用本币结算，市场更为深化，私人部门有着更强的能力来吸收汇率的变化。[②] 新兴市场经济体由于不具备这些优势，所以即使不设定特定的汇率目标，也不希望汇率偏离一个明确的"适度范围"（至少不是突然、大幅偏离），这从包括中国在内的很多新兴市场经济体的货币政策和汇率政策的执行中可见一斑（Aizenmen et al.，2008）。这并不是说新兴市场就不应该增强经济对于汇率波动的适应性，但是结构性政策的实施需要时间，同时，中央银行需要关注剧烈的汇率波动和掠夺式的货币投机。

第二，周期性。中国货币政策和汇率政策的协调方式随着内外部失衡状况

[①] 2009 年，林毅夫在《国际金融危机与中国的对策》一文中提出"高筑墙，广积粮，缓称王"的观点，其中"广积粮"是指要继续保持较大的外汇储备，在发生危机时现金是王。人民币宁可要保持升值的预期，也不要出现贬值的压力。

[②] 伯南克（2008）认为汇率的短期波动很容易被对冲掉，所以任何案例中的这种短期波动不可能对贸易和资本流动产生重大的影响。

的不同，也发生过周期性的变化。例如内部通胀压力和本币升值压力并存时，可能采取名义汇率升值和冲销干预的方式，维护物价和汇率的基本稳定；当内部通货紧缩压力和本币贬值压力并存时，可能采取稳定名义汇率和加大货币投放的方式，防止通货紧缩和本币贬值的出现。货币政策和汇率政策协调方式的周期性，根源于本国乃至全球经济周期的变动，当经济增长、劳动生产率提高并引发实际汇率升值压力时，中央银行将通过权衡名义汇率升值和适度的通货膨胀，来完成实际汇率的升值过程。当外部发生经济危机（或金融危机），引发外需下降和汇率动荡时，中央银行将通过稳定名义汇率和扩张货币的方式来维护内部稳定和外部稳定。

第三，有效性。中国的货币政策和汇率政策是有效的吗？尽管货币政策和汇率政策偶尔出现过冲突或不协调，但是这种冲突不是"你死我活"式的冲突[①]，换言之，中国的货币政策和汇率政策的协调总体上看是有效的。伴随着中国货币政策框架的更为成熟，以及汇率形成机制改革的不断深入，中国至今没有出现过20世纪八九十年代经历的严重的通货膨胀，汇率有管理地浮动的目标也得到了维护。阿莱（1992）认为，自从第一次世界大战以来，没有一个国家可以不依靠各种不同的手段，同时控制住它的国内价格水平和汇率。克鲁格曼（2012）认为，"不可能三角并不意味着不存在中间状态"，在资本部分自由流动条件下，货币当局要同时维持利率和汇率稳定，就需要大量干预市场，并且干预的力度要大于在资本管制的条件下（盛松成等，2012）。从中国的情况看，一定的资本管制，使国内的外汇市场相对封闭因而规模有限[②]，中央银行通过在外汇市场上进行外汇干预，并在货币市场上进行冲销干预，维护了汇率锚和货币总量目标，实现了政策协调的总体有效。

第四，趋势性。中国在货币政策和汇率政策协调过程中将更加关注内部稳定（通货膨胀目标），但不会放弃外部稳定（有效汇率基本稳定目标）。前者主要与中国资本和金融项目更加开放趋势下中美双边名义汇率的稳定更加难以维护，以及中国外部不平衡逐步改善趋势下中国更加关注内部稳定两个方面有关；后者主要依据发达经济体和新兴市场经济体的汇率政策实践经验。从发达国家的经验看，面对美元在国际货币体系中的特权，欧洲各工业国在布雷顿森

---

① 历史上，1992年意大利里拉退出欧洲汇率形成机制后，里拉贬值导致了意大利通货膨胀的剧烈上升，反映出货币政策与汇率政策的严重失调。

② 根据BIS公布的数据，2010年4月，我国日均外汇交易额已达198亿美元，与2007年4月相比，增幅高达112.9%，占全球日均外汇交易额的0.4%。数据显示，2007年4月，我国日均外汇交易额为93亿美元，占全球日均外汇交易额的0.2%。

林体系解体前就已经积极谋求货币一体化,并最终成立了欧元区;日本也曾多次主张在美元、欧元和日元之间设立汇率目标区,以稳定全球汇率波动,但是由于美国的抵制而作废。从新兴市场经济体的经验看,关于外汇干预在新兴市场经济体是否有效的证据好坏参半,但是其有效性一定高于发达经济体中的作用,实际上,很多新兴市场经济体选择对冲干预本身就证明它们相信外汇干预具有有效性(Jonathan D. Ostry et al.,2012)。发达经济体的经验回答了维护有效汇率基本稳定的合理性;而新兴市场经济体的经验回答了维护有效汇率基本稳定的可操作性(见表3-8)。在明确了中国货币政策和汇率政策协调的特征,特别是长期性和趋势性特征后,本书将对中国未来货币政策和汇率政策协调的发展方向进行研究。

表 3-8　　　　　　新兴市场经济体外汇市场干预有效性

经济体	产生的效果	
	水平	波动
巴西	√	
智利	√	
哥伦比亚		√(混合)
哥伦比亚	√(较弱)	√
捷克共和国	混合	
捷克共和国	√(较弱)	×
匈牙利	混合	
印度	√(较弱)	√
韩国	√	
墨西哥和土耳其 (Domac and Mendoza, 2002)	√	√
墨西哥和土耳其 (Guimaraes and Karacadag, 2004)	√(较弱)	
菲律宾	混合	√(混合)
泰国	×	
主要拉丁美洲国家	√	

资料来源:Jonathan D. Ostry, Atish R. Ghosh, Marcos Chamon 著,王蓓婕等译:《"双目标、双工具":新兴市场经济体的货币政策和汇率政策》,载《金融发展评论》,2012(2),25~43页。

3.3 新常态下货币政策与汇率政策协调的经验分析

中国经济进入新常态,是世界经济长周期和中国特定发展阶段相互作用的结果,是不以人的意志为转移的必然趋势。新常态下,中国经济发展的主要特点是:增长速度要从高速增长转向中高速,发展方式要从规模速度型转向质量效率型,经济结构调整要从增量扩能为主转向调整存量、做优增量并举,发展动力要从主要依靠资源和低成本劳动力等要素转向创新驱动。新常态下中国经济发展基本面是好的,但也面临着很多困难和挑战,特别是结构性产能过剩比较严重。在新常态下,实施宏观调控,要更加注重引导市场行为和社会心理预期,实现反周期目标。

3.3.1 新常态下政策协调的环境分析

(一)新常态下宏观经济运行状况

2016年,全球经济增速持续放缓,国际贸易增速更低,大宗商品价格深度下跌,国际金融市场震荡加剧,对中国经济造成直接冲击和影响。在此复杂多变的形势下,中国宏观经济运行保持在合理区间。2016年,经初步核算,中国国内生产总值达74.4万亿元,比上年增长6.7%。全年人均国内生产总值达53 980元,比上年增长6.1%。全年国民总收入74.2万亿元,比上年增长6.9%。

结构调整取得积极进展。2016年,第三产业在国内生产总值中的比重上升到51.6%。2016年最终消费对经济增长的贡献率为64.6%,比上年提高4.9个百分点,比资本形成总额高22.4个百分点,经济增长的驱动过于依赖投资的局面有所改变。高技术产业和装备制造业增速快于一般工业。单位国内生产总值能耗下降5.0%。

发展新动能加快成长。近年来,中国在量子通信、中微子振荡、高温铁基超导等基础研究领域取得一批原创性成果,载人航天、探月工程、深海探测等项目达到世界先进水平。与此同时,创新驱动发展战略持续推进,互联网与各行业加速融合,新兴产业快速增长。大众创业、万众创新蓬勃发展。新动能对稳就业、促升级发挥了突出作用,正在推动经济社会发生深刻变革。

人民生活进一步改善。全年全国居民人均可支配收入2 3821元,比上年增长8.4%,扣除价格因素,实际增长6.3%。全国居民人均消费支出17 111

元,比上年增长8.9%,扣除价格因素,实际增长6.8%。恩格尔系数为30.1%,比上年下降0.5个百分点,其中城镇为29.3%,农村为32.2%。扶贫攻坚力度加大,农村贫困人口减少1 442万人。

(二)新常态下主要宏观经济指标

第一,经济增长。进入新常态以来,中国经济增长主要指标处于合理区间和预期目标之内,经济增长质量不断提升。2016年,中国国内生产总值比上年增长6.7%,增速比上年回落0.2个百分点,处在调控预期目标区间。2016年,国民总收入增长6.9%,加快0.6个百分点。根据IMF最新预计,2016年,中国对世界经济增长的贡献率为33.2%,仍是世界经济增长的主要动力。2016年,美国经济增长1.6%,欧元区增长1.7%,日本增长0.9%,印度增长6.6%,南非增长0.3%。

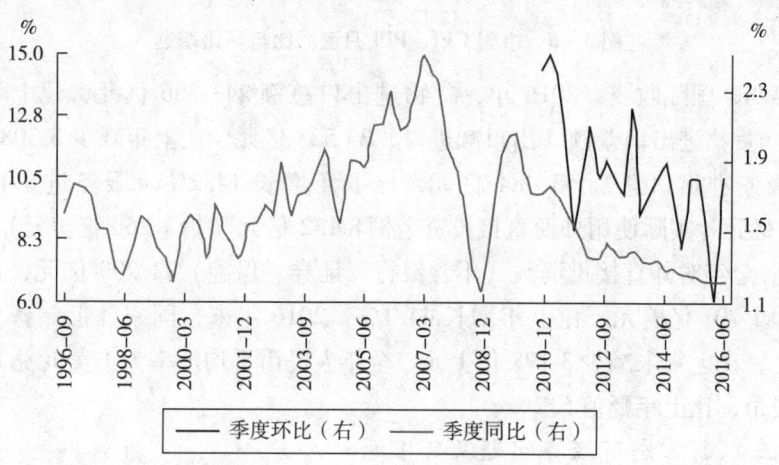

资料来源:Wind资讯。

图3-5 中国GDP季度同比与环比增速

第二,物价水平。2016年,居民消费价格比上年上涨2.0%。工业生产者出厂价格下降1.4%。工业生产者购进价格下降2.0%。固定资产投资价格下降0.6%。农产品生产者价格上涨3.4%。总体呈现温和上涨的态势。当微观主体存在货币幻觉条件下,保持温和价格上涨对经济企稳复苏是有利的。

第三,就业水平。2016年末,全国就业人员77 603万人,其中城镇就业人员41 428万人。全年城镇新增就业1 314万人。年末城镇登记失业率为4.02%。全国农民工总量28 171万人,比上年增长1.5%。其中,外出农民工16 934万人,增长0.3%;本地农民工11 237万人,增长3.4%。

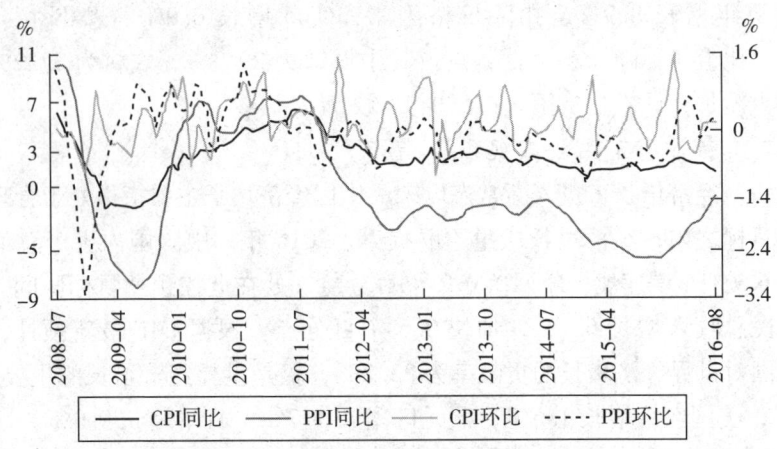

资料来源：Wind 资讯。

图 3-6 中国 CPI、PPI 月度同比与环比增速

第四，国际收支。2016 年，货物进出口总额 243 386 亿元，比上年下降 0.9%。货物进出口差额（出口减进口）33 523 亿元，比上年减少 3 308 亿元。全年服务进出口总额 53 484 亿元，比上年增长 14.2%。服务进出口逆差 17 097 亿元。实际使用外商直接投资金额 8 132 亿元（折 1 260 亿美元），增长 4.1%。全年对外直接投资额（不含银行、证券、保险）11 299 亿元，按美元计价为 1 701 亿美元，比上年增长 44.1%。2016 年末，国家外汇储备 30 105 亿美元，比上年末减少 3 198 亿美元。全年人民币平均汇率为 1 美元兑 6.6423 元人民币，比上年贬值 6.2%。

（三）新常态下经济问题及其根源

从国际看，世界经济深度调整、复苏乏力，国际贸易增长低迷，金融和大宗商品市场波动不定，地缘政治风险上升，外部环境的不稳定不确定因素增加，对中国发展的影响不可低估。从国内看，经济增速换挡、结构调整阵痛、新旧动能转换相互交织，经济下行压力加大。

经过 30 多年快速发展，中国经济积累了一些结构性、体制性、素质性突出的矛盾和问题，主要体现在经济增速下滑、工业品价格下降、实体企业盈利下降、财政收入增幅下降、经济风险发生概率上升。这些问题不是周期性的，而主要是结构性的，要解决中国经济深层次的问题，必须下决心在推进经济结构性改革方面做更大努力，使供给体系更适应需求结构的变化。

当前和今后一段时间，中国经济发展面临的问题，供给和需求两侧都有，但矛盾的主要方面在供给侧。比如，中国一些行业和产业产能严重过剩，同时，大量关键装备、核心技术、高端产品还依赖进口；中国农业发展形势很好，但一些农产品供给没有适应需求变化；一些有大量购买力支撑的消费需求，在国内得不到有效供给，消费者把大把钞票花费在出境购物、"海外代购"上；等等。证据表明，中国不是需求不足，或没有需求，而是需求变了，供给的产品却没有变，质量、服务跟不上。有效供给能力不足带来大量"需求外溢"，消费能力严重外流（习近平，2016）。

3.3.2 新常态货币政策与供给侧改革

新常态下，中国为了适应国际金融危机发生后综合国力竞争新形势，主动推进供给侧结构性改革，以适应和引领经济发展新常态，供给侧管理与货币汇率调控也有许多交汇点，揭示二者的内在逻辑联系，是探索新常态下中国货币政策与汇率政策协调的重要缘起。

习近平（2016）认为纵观世界经济发展史，经济政策是以供给侧为重点还是以需求侧为重点要依据一国宏观经济形势作出抉择。放弃需求侧谈供给侧或放弃供给侧谈需求侧都是片面的。中国推进的供给侧结构性改革，既强调供给又关注需求，既突出发展社会生产力又注重完善生产关系，既发挥市场在资源配置中的决定性作用又更好地发挥政府作用，既着眼当前又立足长远。

从逻辑上看，供给和需求是市场经济内在关系的两个基本方面，没有需求，供给就无从实现，新的需求可以催生新的供给；没有供给，需求就无法满足，新的供给可以创造新的需求。供给侧管理和需求侧管理是调控宏观经济的两个基本手段。需求侧管理，重在解决总量性问题，注重短期调控，主要是通过调节税收、财政支出、货币信贷等来刺激或抑制需求，进而推动经济增长。供给侧管理，重在解决结构性问题，注重激发经济增长动力，主要通过优化要素配置和调整生产结构来提高供给体系质量和效率，进而推动经济增长。

货币汇率调控，一方面将通过引导市场行为和社会心理预期，保持宏观经济稳定，遏制经济快速下行的压力，为供给侧结构性改革赢得时间窗口；另一方面将维护人民币国际化有序发展的环境，增强中国在全球范围内调配资源（特别是科技要素）的能力。

供给侧结构性改革是解决中国结构性问题的根本出路，必须从供给侧发力，找准在世界供给市场上的定位；必须把改善供给侧结构作为主攻方向，实现由低水平供需平衡向高水平供需平衡跃升。

3.3.3 新常态下政策协调的特征分析

新常态下,受长期积累的结构性问题、国际竞争新形势及二者相互作用的影响,中国经济受到供给冲击、需求冲击、资本流动冲击的叠加扰动。多种经济冲击,影响中国宏观经济平稳运行,加剧结构性和周期性问题。为应对复杂冲击,中国货币当局基于"丁伯根原则"和"有效指派原则",加强货币政策和汇率政策的协调,运用多种政策工具分工应对新常态下的多种扰动。在新常态下,政策面的调整将从过去注重总需求面的刺激转向以供给面的持续性为主导,这将为货币政策打开新空间,货币供给的美元本位化将不断被削弱,为缓慢有序地调整中国过高的法定存款准备金比率创造了积极条件;利率和汇率机制更加市场化和灵活化;受潜在增长率和资本边际产量下降的影响,中国未来利率的总体水平可望会维持在相对较低的水平(彭兴韵、费兆奇,2015)。新常态下,中国经济的突出矛盾和问题,尽管有周期性、总量性因素,但根源是重大结构性失衡,导致经济循环不畅。当前,中国将以推进供给侧结构性改革为主线,适度扩大总需求,坚定推进改革,引导形成良好社会预期,经济社会保持平稳健康发展。因此,在加强货币政策、汇率政策协调的同时,还将注重货币和汇率政策,与供给侧结构性改革相适应,实现需求侧政策和供给侧改革两类不同属性调控工具的科学分工和合理指派。

2016年,中国人民银行面对复杂多变的经济金融形势,主动适应新常态,保持货币政策的审慎和稳健,注重根据经济形势把握好调控的节奏、力度和工具组合,加强预调微调,为供给侧结构性改革营造了适宜的货币金融环境。第一,人民银行积极推动货币政策框架逐步转型。一方面,加强价格型调控传导机制,探索构建利率走廊机制,另一方面注意在一定区间内保持利率弹性,与经济运行和金融市场变化相匹配,发挥价格调节和引导功能。第二,优化货币政策工具组合和期限结构,保持适度流动性。降低存款准备金补充长期流动性缺口,运用多种政策工具灵活提供不同期限流动性,建立公开市场每日操作常态化机制,开展中期流动性常态化操作。第三,推动利率市场化改革,培育以上海银行间同业拆借利率、国债收益率曲线和贷款基准利率等为代表的金融市场基准利率体系,不断健全市场利率定价自律机制。第四,完善人民币汇率市场化形成机制,初步形成"收盘汇率+一篮子货币汇率变化"的人民币对美元汇率中间价形成机制,汇率政策的规则性、透明度和市场化水平进一步提高。2016年,中国广义货币M_1增长11.3%,低于13%左右的预期目标。银行体系流动性合理充裕,货币信贷和社会融资规模平稳较快增长,利率水平低位运行。人民币汇率形成机制进一步完善,人民币对一篮子货币汇率保持基本稳定,维护了国家经济金融安全(中国人民银行货币政策分析小组,2017)。

3.4 新常态下货币政策和汇率政策协调的重点难点

在对中国货币政策和汇率政策协调进行经验分析后,本书认为在一定条件下,货币政策和汇率政策会存在不协调的问题。其中有的矛盾源自货币当局多重目标及经济运行中各项指标之间的相互掣肘。例如,促进经济增长有利于增加就业,但要推进经济增长,就要加大放贷规模(或考虑短期中名义汇率的稳定),随着基础货币和货币供应总量的增加,通货膨胀的压力就会增大,这不利于币值的稳定;反之则相反。[①] 有的矛盾来自于开放经济条件下内外经济的差别。例如,在外汇资金大量流入境内且人民币汇率升值的背景下,中央银行若不加大购买外汇资产力度,将不利于金融机构的资金运行和外贸企业的经营发展,但通过发行货币来购买外汇资产又将严重加大通货膨胀压力(王国刚,2012)。本书认为,近几年的政策协调中存在一系列需要深入探讨的难点,主要表现在以下几个方面。

3.4.1 原有政策协调方式的消极影响

(一)提高法定存款准备金对冲外汇占款影响金融运营效率

根据王国刚(2012)的研究,面对双顺差引起的流动性过剩,人民银行屡屡提高法定存款准备金率的主要用途在于对冲外汇占款[②]。这种方式有效防范了通过巨额"货币发行"对冲外汇占款可能引致的通胀,克服了公开市场操作的有效性和可持续性在一定程度上受到了商业银行购买意愿、流动性冻结深度等因素的制约。法定存款准备金率的这种特点,使得2003年之后准备金

[①] Zhang Chengsi, "Inflation Persistence, Inflation Expectation, and Monetary Policy in China", *Economic Modelling*, vol. 28, no. 1 (2011), pp. 622-629.

[②] 基本的操作过程是:人行提高法定存款准备金率→金融机构按规定向人行缴纳法定存款准备金→人行的"金融性公司存款"增加→人行使用这些资金向金融机构购买外汇资产(从而"外汇"增加)→金融机构按照法定存款准备金率要求缴纳给人行的人民币资金又回流到金融机构。另一种可能的操作过程是:人行提高法定存款准备金率→金融机构以"金融性公司存款"中的超额准备金按规定向人行缴纳法定存款准备金→人行的"金融性公司存款"不变,但其中的超额准备金数额减少→人行使用这些资金向金融机构购买外汇资产(从而"外汇"增加)→金融机构再将这些资金存入人行,由此,"金融性公司存款"增加。这种操作过程与上个操作过程在循环结果上是一致的。

率屡屡提高,因为只要还需要对冲外汇占款,它就依然有上调的可能和上调的空间。① 但是屡屡利用这种对冲工具,给金融机构的经营带来了一定的困难。一方面,使商业银行体系的整体资金紧张。王松奇(2011)的研究表明,在2009年,商业银行超额准备金率大体维持在3.2%的水平上,但到了2010年下半年,许多商业银行自行控制的超额准备金率已经降低至1.5%左右,也就是说,人民银行惯用的存款准备金率这一数量型工具实施紧缩政策已有触发商业银行体系流动性风险的可能性,2011年同业市场一年期利率一度达到5.7%,表明商业银行体系整体资金已经吃紧。另一方面,加剧小微企业的融资困难。由于外汇资产在各家金融机构间的分布是不平衡的,所以,在利用提高法定存款准备金率对冲外汇占款过程中,对那些吸收外汇存款(从而外汇资产)较少的金融机构来说,以法定存款准备金名义缴纳给人民银行的人民币资金并不会因人民银行购买外汇资产而流回,因此,依然有着明显的资金紧缩效应。缺乏外汇存款(从而外汇资产)的往往是中小金融机构,在法定存款准备金率数次提高的过程中,它们的可贷资金日益紧缩;虽然人民银行已经采取了差别存款准备金率,中小金融机构也可通过银行间拆借等路径在一定程度上缓解资金紧张状况,但利率成本将大幅上升,由此引致两方面情形发生。一方面,这些中小金融机构向小微企业的放款力度明显降低。另一方面,它们向小微企业放款的利率水平明显上升,加大小微企业融资成本。对于那些缺少外汇资产的中小金融机构来说,20%的法定存款准备金率已经是一个接近存贷比(75%)临界的比例,如果继续提高,不仅将严重影响这些中小金融机构的正常经营活动,而且将进一步加重小微企业的融资困难,并由此引致就业等诸多问题的发生(王国刚,2012),最终形成了"宏观层面上资金相对过剩、微观层面上感到资金相当紧缺"的现象。

(二)货币供给内生性增强,央行调控能力降低

从近年来中国基础货币的来源结构来看,人民银行对金融机构贷款的占比呈不断下降趋势,外汇占款成为基础货币供应的主渠道。货币供给呈现出较强的内生性特征。与之对应的是,货币政策的自主性受到影响,受制于人民银行总资产结构的变化,调控能力逐步减弱。人民银行总资产中,"国外资产"所占比重从2001年的41.01%快速上升到2010年的83.09%,这表明人民银行资产已主要转为国外配置,与之相对的基于国内资产的调控能力明显减弱。与

---

① 周小川行长在2011年清华大学的论坛上表示:"存款准备金率没有上限"(参见王松奇,2011)。

之成为鲜明对比的是，在2008年6月美国联邦储备银行的资产结构中，"黄金与外汇储备"和"SDR"等国外资产所占比重仅为4.09%，其余资产均在美国国内配置①。从人民银行国内资产看，假定"其他资产"属人民银行可用资金范畴，那么，其占人民银行总资产的比例从2002年的10.3%降低到2010年的2.93%，其中2010年人民银行"其他资产"占金融机构总资产的比例仅为0.94%（王国刚，2012）。因此，人民银行可用人民币资产与金融机构总资产相比所占份额极小。与此不同，人民币资产数量是人民银行实施货币政策、影响金融机构经营运作的物质基础。由于严重缺乏可用的人民币资产，引致人民银行的宏观金融调控能力明显减弱，货币政策越来越具有"导向"意义。在这一背景下，从2007年以来人民银行在一定程度上恢复了在1998年业已停止的信贷规模行政管控措施。未来，流入中国的外汇资金还将继续，如果仍然以法定存款准备金和发行央行票据为主要对冲机制，那么，人民银行总资产在中国国内的配置比例还将降低，人民银行运用货币政策进行调控的能力也将随之降低；但如果以"货币发行"为主要对冲机制，将引致货币发行过多和严重的通胀。这成为人民银行调控中的一个难点。

3.4.2 政策目标体系设计的难点问题

（一）多种原因形成的通货膨胀压力需要持续关注

从总体上看，伴随着中国经济近十年的高速增长，各类资源的稀缺性将进一步得到体现，总供给曲线可能会变得更陡一些，物价对需求扩张的敏感度会更高。从不同方面看，其一，伴随着工业化和城镇化的发展，农产品价格会趋于上涨。其二，各类劳动、资源类产品价格也将上涨，且具有一定的价格刚性。除危机、重大技术突破等导致阶段性下降外，劳动工资的长期调整趋势是单方向的；能源资源一般越来越稀缺，其价格将不断上扬；环保费用会一直征收，很少半途而废；减少二氧化碳等温室气体排放，约束会越来越强；等等（胡晓炼，2010）。其三，在美元不断走软、垄断经营和国际资本投机交易等机制的作用下，国际市场上的大宗商品价格也有走高的趋势（王国刚，2012）。其四，各地各方面都希望生活水平和城市乡村面貌更快得到提高和改善，但局部和个体行为加总在一起，容易造成经济易热不易冷、潜在通货膨胀压力较大等问题（周小川，2013）。其五，在经济快速增长以及国际产业分工

---

① 在美联储，仅"对国内银行的贷款""证券回购"和"信贷市场工具"等科目下的资产就占总资产的83.8%。

链条重组的推动下，中国在较长时间里面临着国际收支双顺差格局，外汇大量流入导致流动性被动投放较多。其六，考虑到中国积累财富的特有方式，使得国内 M_2/GDP 的水平很高，而且增长速度较快。因此，通货膨胀成为过去十多年的绝大部分时间里中国宏观经济的主要风险。从通货膨胀形成的原因看，既包括粮食价格上涨、大宗商品涨价等全球化的因素，也有 2010 年旱灾、城市化对城市菜篮子的影响以及农产品生产流通环节的成本推动因素，这些复杂的因素交织在一起，使得通货膨胀不能用"中央银行货币超发"作简单的解释。尽管如此，通货膨胀终究属于人民币购买力贬值的范畴，这对货币政策"保持币值稳定"的最终目标造成挑战。

（二）金融领域的新变化对货币政策中间目标提出新要求

长期以来，中国货币政策调控重点监测和分析的指标是 M_2 和新增人民币贷款。在某些年份，新增人民币贷款甚至比 M_2 受到更多关注。近年来，为防止过度关注贷款规模而形成的"按下葫芦浮起瓢"的现象，中央银行又推出了社会融资规模这一监测目标。尽管货币当局在中间目标上进行了努力，但是依然存在一些问题值得关注：其一，M_2 的范畴可能需要重新修订。从 M_2 的构成上看，一方面，大量的定期存款并非当期使用的资金[①]，并不发挥交易货币的效能，将其列为货币政策调控范畴是否合适；另一方面，在实践中又存在大量发挥货币功能但未列入统计范畴的因素，其中包括住房公积金存款、委托存款、地方财政存款、证券投资基金的托管资金、各种类型的一卡通以及信用卡透支额度等。其二，M_1 的范畴也可能需要重新修订。例如居民储蓄存款中活期存款、证券投资基金的托管资金、各种类型的一卡通以及信用卡透支额度等是否应纳入 M_1 的范畴。其三，金融创新发展，使得货币总量和货币政策最终目标之间的联系弱化，因此，社会融资规模这一力图全面反映金融与经济之间关系的中间指标可能只是一种折中的办法。其四，伴随着中国汇率形成机制改革的不断推进，人民币汇率的波动幅度不断加大，因此，在观测国内中间目标时，可能需要引入类似货币状况指数（MCI）等旨在反映汇率信息的新的中间监测指标。其五，这些修订后或新增加的指标要成为实现中间目标的关键性指标，还必须符合可测性、相关性和可控性等方面的要求，以切实为货币政策和汇率政策的协调服务，当然，这又将涉及相关各方之间复杂的权益关系。

---

① 根据王国刚（2012）的研究，在中国的企业和居民的存款中，2010 年底定期存款的占比就超过了 48%，金额达到 26.93 万亿元。

(三) 资本金融项目开放与汇率基本稳定之间的矛盾可能加大

中国汇率政策的目标是，保持人民币汇率在合理、均衡水平上的基本稳定。这种政策所考虑的最终目的可能是稳步扩大可贸易商品市场份额，吸引能够提供高技术的外国直接投资，使本国的工人能够像工业化国家一样运用高质量的资本进行生产，实现就业水平和经济的可持续增长，逐步缩短与发达国家的发展差距。因此，中国的货币当局采取了渐进、可控的升值方式，这一点和历史上德国采取的方法是类似的，这种方法降低了急速升值可能造成的本币高估和不确定性，并为企业、金融机构、公众适应更具弹性的汇率提供了必要的时间。伴随着人民币名义汇率弹性的加大，尽管货币当局已经逐步降低了外汇干预，但是伴随着资本金融项目的逐步开放，可能会使汇率基本稳定的目标和资本金融项目开放目标之间出现矛盾，因为一些传统的观点认为在资本金融项目开放条件下，汇率政策只能是"善意的忽略"（仅仅在汇率剧烈波动时才通过联合干预或单独干预，让波幅尽量平稳下来）。因为在资本部分自由流动条件下，货币当局要同时维持利率和汇率稳定，就需要大量干预市场，并且干预的力度要大于在资本管制的条件下。① 这似乎与当前逐步降低外汇市场干预的趋势相违背，因此是未来汇率政策操作过程中不能忽视的问题。

3.4.3 政策协调能力建设的难点问题

(一) 价格型调控依然存在一定困难

自 1985 年"巴山轮会议"引入宏观调控理念以来，中国在宏观调控方面已经积累了丰富的经验和教训，从正反两个方面概括总结就是：逆对经济风向相机抉择突出预见性，同时在调节力度上力图温和平滑，以避免挫伤实体经济（王松奇，2011）。中国货币当局在市场化程度不断提升、微观主体自主决策能力加强的条件下，需要逐步加强间接调控机制和价格型调控手段，弱化法定存款准备金率等"利器"对于经济的不利影响。但是从实践现状看，价格型调控依然存在以下困难：首先，在外汇储备大量积累，基础货币供应过剩的特殊情况下，价格型工具不太适合应对中期和严重的流动性过剩局面。国际货币政策操作经验也表明，数量型工具对于应对高的通货膨胀压力具有利于引导预期、直接快速等优势。其次，在实施价格型工具时，需要顾及本外币的协调问题（本币和外币利差）。在汇率缺乏足够弹性的情况下，利用利率工具应对通

---

① Paul R. Krugman, Maurice Obstfeld and Marc J. Melitz, "International economic theory and policy", 9th.

货膨胀时，可能会加剧国际资本流入进而加剧通货膨胀，限制了价格型工具的使用。最后，实现价格型调控为主，需要实现存贷款利率的市场化。存贷款利率的市场化过程，不仅涉及一系列金融体制机制的改革创新，而且涉及存款人、贷款人、借款人和其他市场参与者之间的一系列权利、利益和行为的调整[①]，既需要硬化相关金融机构的财务预算约束（包括实施金融机构的破产制度），也需要给企业等机构以市场化融资的自主权，使他们在银行贷款、发行债券及其他方式融资之间有着充分的选择权，还需要完善和严格市场规则，打击各种扰乱乃至破坏市场秩序的行为。这些条件的形成绝非一日之功，也不是毕其功于一役所能奏效的，但只要这些条件未在存贷款利率市场化过程中有效形成，数量调控（或一定程度上的数量调控）向价格调控的转变将难以完成。

（二）维护金融秩序稳定目标与传统货币政策框架中工具不足的矛盾

在20世纪80年代至本次金融危机前的较长时间里，全球货币政策的主流是所谓"单一目标（CPI）和单一手段（调节短期利率）"。但是从国际国内货币政策调控的实践看，暴露出了一些问题：一方面，近年来，经济不稳定最先往往不是通过CPI，而是由资产价格和信贷扩张表现出来的，货币稳定并不必然等于金融稳定。这种现象在中国也有出现。近年来，由于货币当局将通货膨胀目标作为货币政策多重目标中最突出的目标，使中国CPI基本稳定在较为理想的水平，这可以和其他大型新兴市场经济体横向比较，或者和中国20世纪80年代末和90年代初期的高通货膨胀相比看出。[②] 但是广义价格水平仍有较大的上涨，例如此前PPI（生产者价格指数）、房地产等资产价格都有较大幅度上涨，并形成了继续上涨的预期。这就要求进一步完善货币政策框架，关注更广泛意义上的整体价格平稳，关注宏观总量和金融稳定问题。因此迫切需要丰富和补充金融宏观调控的工具和手段，强化宏观审慎政策。另一方面，货币政策在应对通货膨胀过程中降低了货币政策的灵活性（例如紧缩政策导致的小微企业融资难的问题），迫切需要引入新的政策工具，维护多个政策目标。伴随着人民币汇率弹性的加大，可以考虑大胆启用汇率政策工具，以应对通货膨胀压力。但是如何平衡、协调汇率政策目标（例如，稳步扩大可贸易商品市场份额和维持好就业及经济增长）和货币政策目标（例如维护好国内价格

[①] 王国刚（2012）的研究表明，在一定限度内，提高金融机构的贷款利率并不具有明显的抑制贷款需求从而紧缩贷款增长的效应，相反，加大了企业的融资成本；同时，提高存款利率具有迫使金融机构增加贷款的效应。

[②] 1988年中国居民消费价格指数为18.8%；1989年为18%；1993年为14.7%；1994年为24.1%；1995年为17.1%。

水平稳定)之间的关系,依然是成功实施汇率政策工具所必须考虑的问题。

3.4.4 政策协调配套措施的不足之处

(一)统计和预测能力与更加精准的调控要求之间的矛盾

伴随着人民币名义汇率弹性的加大,人民币对美元的双边汇率将不能发挥名义锚的作用(当然考虑到名义有效汇率和实际有效汇率的波动幅度较大,它们也无法成为一个特别好的名义锚)。无论是从国际经验还是中国货币当局关注的重点看,保持国内低通货膨胀和经济稳定的政策承诺,逐步有机会成为有效的名义锚,来弥补汇率弹性加大背景下一个经济体失去名义锚的不足。从过去的实践看,中国的货币当局采用了货币供应总量(中介)目标(谢平、张晓朴,2002),但是货币总量目标是一种笨拙而不太精确的政策工具,在通货膨胀降低到一个相对理想的水平(比如每年低于30%)后,从货币总量目标转向更精确的通货膨胀目标会好得多。但是通货膨胀目标说起来容易做起来难,需要调整货币政策,以达到或保持更精确的目标。从中国货币当局的实践看,尽管从2005年开始中央政府即在每年工作报告中连续公布预测的通货膨胀水平,但是在2005—2012年的8个年度中,仅有4个年度没有超过预测水平。① 这需要货币当局不断提升数据统计和预测分析能力。例如对于产出缺口、潜在增长能力和供求结构匹配性等的不断测算。

(二)外汇储备币种结构和以人民币表示的外汇储备资产保值增值之间的矛盾

由于实施钉住一篮子货币的有管理的浮动汇率制度,人民币对美元波动的隐含的限制会伴随着时间推移而逐步放宽,并且是双向的,货币篮子中币种的多样化,将导致原有的美元计价资产占大部分的外汇储备结构和实现以人民币表示的储备资产价值的稳定性之间存在矛盾。随着人民币对美元名义汇率弹性的加大,美元的贬值将直接导致中国外汇储备资产的缩水,因为中国外汇储备中大部分是美元计价的资产(如美国国债)。如果降低美元资产在外汇储备中的比重,又会产生一系列的机会成本问题。例如,抛售美元资产会加剧美元贬值,进一步让外汇储备资产缩水;此外,如果不留存美元资产,是否有其他更好的替代资产,这里面又涉及放弃美元资产的机会成本问题。事实上,由于受到市场容量以及东道国政府和公众的态度的约束,大规模的外汇储备资产的优化配置面临着较大的挑战。

---

① 其中还包括2009年,预测水平为4%,实际上由于国际金融危机深化,CPI转为-0.7%。

3.4.5 政策协调研究难点与技术问题

新常态下货币政策与汇率政策协调研究立足中国当前多目标制货币政策框架,在研究政策协调过程中,将不可回避地面临多目标制带来的问题,即将多个政策目标表达为线性或非线性的多目标函数,并论证该函数与一般均衡目标的对偶关系。同时,还有一些技术问题,例如:第一,政策目标重叠问题。货币政策目标与汇率政策目标之间存在重叠,如何识别出重叠部门,并对重叠和非重叠部分赋予合适的权重。第二,政策目标冲突问题。在实现多个政策目标过程中,将面临两难、三难困境,如何进行权衡取舍,如何在目标优化中相互抵消。第三,多政策目标能否加总和如何确定目标权重。第四,政策协调模型复杂,不够简洁,不易沟通,沟通困难反映了多目标优化的复杂性。第五,政策协调研究中运用到的多目标、多工具方法容易在理论上解释国内外的互动,但方法不够成熟,加大了"维度灾难"等困难(周小川,2016)。

4

主要国家货币政策与汇率政策协调的国际经验

关于货币政策和汇率政策协调的探讨，往往从著名的"不可能三角"开始。在19世纪传统的金本位制度下，主要贸易国选择资本自由流动和将其货币与黄金固定所带来的好处，为此放弃了独立的货币政策。第一次世界大战之后，金本位瓦解，经济思想发生转变，从凯恩斯在《货币改革论》（1922）中明确提出"内部稳定"优先于"外部稳定"①的观点，到纽约美联储主席本杰明·斯特朗建立公开市场委员会，集中进行美联储短期货币市场操作，启动了货币政策革命。伴随着货币当局宣布政策目标转向"内部稳定"，自主管理货币时代开始了（蒙代尔，1996）。在第二次世界大战后的布雷顿森林体系下，很多国家放弃资本流动，以换取保持固定汇率和货币政策独立性。但布雷顿森林体系解体后，德国、日本和英国等经济体先后自动放弃过意在维护钉住汇率的史密森体系和欧洲货币体系，以获取其他两种政策的优势。无独有偶，自2005年以来，包括中国在内的多个新兴市场经济体也纷纷从"复活的布雷顿森林体系"的格局中走出，实施更加具有弹性的汇率安排。为什么历史上很多大型经济体的宏观经济政策转向内部稳定，其背后的一般性原因是什么？转向内部稳定后的大型经济体们是否彻底放弃了外部稳定？历史上，德国、美国等发达经济体在货币政策和汇率政策协调方面有哪些经验或教训？本书希望通过借鉴主要国家的历史经验，为新常态下中国货币政策与汇率政策协调提供经验依据。

本章第1节借鉴 Ozkan – Sutherland（1995）的模型，构造一个汇率政策转换模型，阐述了上述历史事件中，德国、日本、英国、中国等大型经济体

---

① "内部稳定"和"外部稳定"，前者是稳定的价格水平，后者是稳定的汇率。

先后由外部稳定目标（汇率锚）转向内部稳定目标（国内物价目标）的一般性原因，并间接反映了不钉住黄金的储备货币体系的缺陷；第 2 节阐述了史密森协定解体后德国货币政策与汇率政策协调的经验及对中国的启示；第 3 节回顾了布雷顿森林体系时代和牙买加时代美国货币政策和汇率政策的目标，并阐述了 1996—2003 年美国货币政策和汇率政策协调中的潜在问题及对中国的启示。

4.1　主要国家转变政策协调方式的原因[①]

当官方从货币当局的购买或出售行为使本国通货相对于被选作"锚"（Anchor）货币（篮子货币）的汇率保持在小范围内波动时（极限为零），汇率即为钉住汇率。历史上，很多大型经济体将钉住汇率作为一套（可靠的）政策措施的一部分，并使之成为一种稳定工具。一种彼此相容的政策组合，其中当局创造出抑制利用意外通货膨胀的手段，能增强钉住汇率的可靠程度。除了认为钉住汇率具有可靠性外，认为外汇市场常因投机而不稳定的传统观点，似乎也赞成钉住汇率制。钉住汇率制的实施，可以通过约束国与国之间货币和金融关系的一套规则或条约实施钉住汇率，像布雷顿森林体系，或普遍实行浮动汇率时，一国可自行为本国货币选择一种名义上的锚货币。对于双边钉住汇率的例子，不同时期在东南亚、拉美和欧洲有很多。回顾 20 世纪至今的 100 多年时间里，本书发现英国、德国、日本、中国等大型经济体曾主动终结了本国货币与某个（处于中心国地位的）大型经济体货币之间相对稳定的汇率关系（双边或多边意义上的钉住汇率制）。本书结合当时的历史背景，运用较为成熟的包含中心国—外围国的汇率政策转换模型，揭示了这些经济体由较为强调汇率政策目标（外部稳定目标）转向较为强调货币政策目标（内部稳定目标）的一般性原因，并间接揭示了不钉住黄金的储备货币体系的内在缺陷。

[①] 本部分基于：林文浩. 大型经济体主动与国际本位币脱钩原因研究［J］. 现代经济探讨，2012（10）.

4.1.1 历史经验

(一) 一战之后英镑放弃汇率稳定——凯恩斯观点

历史上,凯恩斯在 1923 年撰写的《货币改革论》中对"内部稳定"和"外部稳定"做了区分,这是非常关键的一对概念。前者指稳定的价格水平,后者指稳定的汇率和国际收支均衡。凯恩斯认为最好是要两个稳定,但如果你不得不二者择其一,那就首先选择内部稳定,只把外部稳定作为第二位的目标。凯恩斯在写这本书的时候,他关注的是战争之后处于危机中的世界经济,尤其是美国物价水平和黄金动荡不安(因为美元和黄金挂钩),美国物价指数从 1914 年的 100 飙升到 1920 年的 200。就在此刻,美国联储转向货币紧缩,美国经济应声跳水。物价指数从 200 下降到 140。美元物价的急剧下降(以及黄金的相应升值),给英镑和其他货币造成极为严重的后果。凯恩斯当时十分清楚美元下跌对于英国的后果,如果英国继续保持汇率稳定,那就同样遭受通货紧缩。另外,如果英国保持物价稳定,它就必须允许英镑价值相对于美元和黄金浮动。由于当时处于支配地位的货币——美元相对商品极不稳定,英国不可能同时拥有内部稳定和外部稳定两个目标,因此它必须作出选择。值得指出的是,尽管凯恩斯对内部稳定的偏好广为人知,但是人们经常忽视了他对外部稳定的重视,凯恩斯非常明确地指出,只要有可能,那么同时具备内外部稳定当然最好。如果第一次世界大战之后,美元物价和黄金价格相对商品稳定,那么当时的英国就会同时拥有内外部稳定(凯恩斯,2003)。

(二) 战后成功退出钉住汇率制度——德国经验

1971 年 8 月,布雷顿森林体系解体后,各大国于当年 12 月签订了《史密森协定》。作为不钉住黄金的美元本位制,史密森体系缺乏美元与黄金兑换的约束机制,它属于一种霸权体系。1972 年是美国的大选年,其货币政策空前扩张,尽管当年美元进行了贬值,但是大量投机性资本从美国流出(保罗·沃尔克、行天丰雄,1996)。面对投机性资金大举流入,德国放弃了钉住汇率制,从被动持续创造货币局面中走出。因为实行了浮动汇率制,德国解除了对资本内流的管制,重新获得了货币政策自主性,在欧元诞生前,德国马克成为欧洲范围内实施反通货膨胀时钉住的锚,大多数学者认为德国保持浮动汇率制和开放金融账户是有益的。

(三) 失去退出固定汇率制的时机——日本经验

1971 年 12 月包括美国、日本在内的主要国家签订了《史密森协定》。尽管当时的日本对证券投资与直接投资流入、流出实行管制,但贸易顺差和外汇储备增长依然给日元以升值的压力,为了防止通货膨胀,货币当局采取了冲销干预的措施,但是货币供应依然上升。在 1971 年放弃固定汇率后,日本经历了一年半时间才真正实行了自由浮动汇率制度。在实行高度管理的灵活汇率制度期间(1971 年 8 月至 1973 年 2 月),日本试图刺激国内需求以增加进口,缓解日元升值压力。在外汇储备大量积累和通货膨胀不断恶化之后,日本于 1973 年接受了自由浮动汇率制度(何帆等,2006)。在日本货币政策史上,这次货币当局容忍通货膨胀,而非让本币升值犯了错误。①

(四)主动退出欧洲汇率机制体系——英国经验

诞生于 1979 年 3 月的欧洲货币体系在 20 世纪 80 年代逐步演变为马克本位制。在该体系下,德国联邦银行自行决定通货膨胀目标,其他国家的货币政策则致力于稳定汇率和维持国际收支均衡。20 世纪 90 年代初,德国统一加大了国内通货膨胀压力。为了压制通货膨胀,德国政府调高中央银行的贴现率(姜波克,2009)。这使得执行低利率政策、刺激经济复苏的英国陷入两难境地。1992 年 9 月,英国终于宣布英镑"暂时"退出欧洲货币体系的汇率机制,酿成欧洲货币体系史上的"九月危机"。② 此次危机表明:只有经济金融冲击不大和来自德国之外时,马克作为体系枢纽才能有效运转。德国货币政策对英国等国家过度紧缩,成为英镑等退出欧洲货币体系的根源。

(五)汇率成为货币政策重要工具——东亚经验③

后危机时代,发达国家的扩张性政策引发全球流动性泛滥,输入性通货膨胀给新兴市场国家带来挑战。为了应对国际政策与国内目标的冲突,中国的货币当局将汇率政策提升为货币政策组合中的重要工具。国际清算银行(BIS)的数据表明,2011 年 8 月、9 月人民币实际有效汇率环比上涨 2.35%、3.76%。④ 事实上,自 2005 年以来,包括中国在内的多个新兴市场经济体选择增加本国货币的汇率弹性(见表 4 - 1)。这表明由 Dooley、Folkerts - Landau 和 Garber 提出"复活的布雷顿森林体系"正趋于解体。当然,中国与美国之间双边货币汇率的脱钩,和亚洲金融危机期间泰国等一些遭受冲击的经济体被迫放弃钉住汇率制是不同的,后者是由于缺乏强制的支持性干预措施和预防投机

---

① 关于这一阶段日本经济史的更多论述可以参见 Ito (1992)。
② 在这次"九月危机"中,除英镑宣布暂时退出该体系外,意大利里拉同时选择退出欧洲货币体系。
③ 考虑到 Dooley 等学者提出的东亚地区存在的"复活的布雷顿森林体系"正趋于解体,由于这个体系涉及除中国之外的其他经济体,因此将这些关于中国的情况纳入了国际经验。
④ 资料来源:国际清算银行 BIS 官方网站。

打击的金融手段，而被迫放弃的钉住汇率制。

表4-1 2005年以来汇率弹性加大的新兴市场经济体

从钉住制转向管理浮动	中国、马来西亚、新加坡
从管理浮动转向自由浮动	印度、菲律宾、俄罗斯
钉住制转向管理浮动再转向自由浮动	韩国

资料来源：依据LYS（2003）的事实汇率制度分类方法以及IFS数据计算获取。

回顾上述经验，可归纳以下特点：第一，在原体系中，中心国的主权货币属于被钉住货币，外围国采取钉住汇率政策或其他低弹性汇率安排。中心国货币当局可以像制定其国内货币政策一样，影响其他国家的货币当局。这与世界经济常常受到一个由国际金融体系之间的关系所构成的"霸权"体系的支配（Eichengreen，1989；Gray，1992）的经验是一致的。第二，由于中心国和外围国所处经济周期不同，各国宏观经济政策可能存在冲突，迫使外围国货币当局考虑脱离原体系。第三，这些货币当局没有在遭受汇率投机下耗尽外汇储备而被迫浮动；相反，在转变汇率政策之前，货币当局主要通过权衡利弊来调整政策。这符合史密森体系解体、欧洲货币体系危机以及2005年以来"复活的布雷顿森林"逐渐瓦解过程中的经验。① 第四，与经济体"内部稳定"和"外部稳定"相关的变量，即货币存量、利率、汇率、通货膨胀率以及预期因素等之间存在紧密的联系和影响。

4.1.2 理论模型

在经验分析的基础上，本书借鉴Ozkan-Sutherland（1995）的模型，构造了一个反映汇率政策变化的模型，该模型解释了由中心国货币处于主导地位的国际（区域）货币体系中，外围国货币当局主动选择本国货币与中心国货币脱钩的原因和条件，揭示了中心国支配的货币体系的内在不稳定性。为提高模型的解释力和针对性，本书将经验分析中的四个特征植入模型之中。

本书假设存在两类国家：中心国和外围国。外围国与中心国之间在正式协议安排或者无安排的情况下，保持外围国货币和中心国货币之间的低弹性汇率或钉住汇率。其中，外围国的产出水平表示为式（4.1）：

$$y - p = -\gamma i + \eta s \tag{4.1}$$

---

① 关于布雷顿森林体系Ⅱ演变趋势，可参见白晓燕. 复活的布雷顿森林体系：国际争论与现实冲击［J］. 世界经济研究，2008（5）.

式中，y 表示总产出的对数值；p 表示一般价格水平的对数值；i 表示本国利率；s 表示直接标价的即期汇率。全部变量均以其与期初均衡值的偏差来表示。为了保证分析的完备性和简便性，本书假设外围国总产出可能处于总供给曲线的凯恩斯区域或古典区域。其中，在凯恩斯区域，一般价格水平不变，总产出变动；在古典区域，总产出不变，一般价格水平变动。因此，外围国的产出水平进一步表示为

凯恩斯区：$y - \bar{p} = -\gamma i + \eta s$ （4.2）

古典区域：$\bar{y} - p = -\gamma i + \eta s$ （4.3）

由于中心国与外围国的经济状况可能处于不同阶段，因此，假设中心国利率水平符合随机过程，$i^* = \varepsilon$。

$$d\varepsilon = \sigma \cdot dz \qquad (4.4)$$

式中，z 符合单位方差的标准布朗运动过程。关于 z 变动方式的设定，主要用于反映和刻画中心国利率水平与外围国利率水平的变动可能存在冲突。就现在的模型而言，选取其他方式的随机变量代表 z，同样可以成立。

外围国利率依照利率平价的方式决定：

$$i = (1-c)(i^* + F) \qquad (4.5)$$

式中，F 表示汇率的预期变动，c 表示资本开放程度。如果 $c = 1$，表示资本完全管制，i 将完全隔离于 i^* 和 F 的变动，即外围国利率水平完全不受中心国利率和汇率预期的影响；如果 $c = 0$，中心国利率 i^* 的变动将全部反映到外围国利率 i 水平上。

假设外围国和中心国利率 i 和 i^* 是反映所有各种不同期限结构利率的平均值的复合式利率，进而假设债务合同在不同期限上是连续分布的，假定债务合同由 t 期开始生效，并于 T 期到期，则利率平价的条件意味着式（4.6）成立：

$$i_{(T-t)} = (1-c)\left\{i^*_{(T-t)} + \frac{E_t[s(T) - s(t)]}{T - t}\right\} \qquad (4.6)$$

式中，$i_{(T-t)}$ 表示债务合同持有期的利率；E_t 是期望算子，由 t 期时的可得信息决定，$E_t(\cdot)$ 表示 t 期时对 T 期即期汇率的期望值。

假定所有债务合同在 t 期签订，其期限结构根据 Gamma 分布采取 $r^2(T-t)\mathrm{e}^{-r(T-t)}$ 形式。这一假定主要是利用该分布形式的有用数字结构来简化模型的解，同时方便为债务的平均期限设定参数。将此分布形式应用于方程式，可得到 i 与 i^* 之间的如下关系式：

$$i = (1-c)\left\{i^* + E_t\int_t^\infty [s(T) - s(t)] \cdot r^2 \mathrm{e}^{-r(T-t)} \mathrm{d}T\right\} \qquad (4.7)$$

因此，复合预期贬值率 F 可以定义为

$$F = E_t \int_t^\infty [s(T) - s(t)] \cdot r^2 e^{-r(T-t)} dT \qquad (4.8)$$

在式 (4.8) 中，F 的结构意味着私人部门将在未来依照 r 进行折现。在给定的债务期限分布下，新债务合同的平均到期时间为 $(2/r)$。如果 r 很大（即债务合同的平均期限极短），则私人部门将提高其折现率；相反，则私人部门的折现率就很低。

从外围国汇率政策的决定看，假定该国政策制定者试图将如下福利函数最大化：

$$W = E_t \int_t^\infty [Z_t - y^2(T) - p^2(T)] \cdot e^{-\delta(T-t)} dT \qquad (4.9)$$

式 (4.9) 中，δ 是外围国政策制定部门的贴现率，y^2、p^2 是用以测量外围国产出、一般物价水平对其目标值的偏离所引发的福利损失（这些偏离在正常情况下应为零）。依据此前假设，在总供给曲线的凯恩斯区，主要考察 y^2 对福利损失的影响；在古典区，主要考察 p^2 对福利损失的影响。从式 (4.1)、式 (4.5) 可以看出，利率波动对 y 或 p 的冲击将使它们常常偏离目标水平。这里，汇率政策成为外围国政策制定者抵消产出或物价波动和偏离的唯一的政策工具（罗伯特·M. 索洛等，2004）。因此，y^2 和 p^2 成为外围国维持固定（低弹性）汇率的福利成本，这一成本主要源自外围国的货币政策独立性被削弱而造成的 y 和 p 的波动。

与此同时，式 (4.9) 中的 Z_t 表示外围国维持固定（低弹性）汇率的收益，这些收益可能源自以下方面：

(1) 固定汇率可以提升政府反通货膨胀政策的公信力。萨金特（1982）认为，汇率的稳定在终结欧洲 20 世纪 20 年代的高通货膨胀方面发挥了作用。此外，弗里德曼（1973）建议南斯拉夫将第纳尔汇率与西德马克固定时，曾直接指出：西德货币政策比南斯拉夫的好（向松祚等，2008）。(2) 作为价值标准和最终支持手段的代表，货币体现了一种社会关系（John Smithin，2004），固定汇率相对于浮动汇率具有信息和方便意义上的规模经济。关于汇率不完全传递的大量文献，例如按市场定价行为（Krugman，1986）和跨国公司厂商在内部交易中应用内部汇率（Helleiner，1985），以及内部交易的支付时间更加具有弹性（Grossman，1973），都反证了汇率浮动加大了企业的交易成本，企业将被迫通过内部消化的方式应对浮动汇率的影响。(3) 固定汇率可以防止经济动荡。Calvo 和 Reinhart（2000）认为存在所谓的害怕浮动问题，一些经济体决策者的不良信用意味着如果汇率失去管理,将会异常动荡。因此,这些经济体导致决策者更加严格地管理货币以消除动荡(向松祚等,2008)。

式(4.9)中,Z_t是一个随时间(或者经济体变化)变化的量,内外部环境的变化,将使外围国的Z_t发生变化。例如,外围国在国际政治上的得失,以及币值波动对外债或外汇储备净值的影响。为了简化分析,一旦外围国转为浮动汇率后,Z_t恒等于零。这个假设意味着重新采取固定汇率制度对货币当局而言不是最优策略。①

因此,外围国汇率政策调整问题,即外围国政策制定者对低弹性汇率所带来的收益(Z_t)和产出缺口,以及通货膨胀对目标水平偏离(y^2、p^2)的成本进行权衡,进而实现决策优化的过程(见图4-1)。

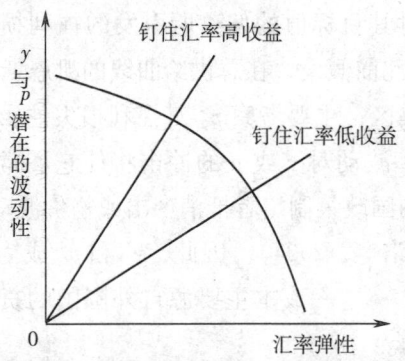

注:图中纵坐标反映了y与p的潜在波动性,即当中心国与外围国存在利差时,可能诱发产出或价格的不稳定性。

图4-1 保持低弹性汇率的利弊权衡分析

该模型反映了当外围国面对中心国货币政策冲击时所采取的必要的短期抉择。外围国需要权衡其维护低弹性汇率安排的收益(Z_t)和维护低弹性汇率目标所诱发的总产出或一般价格水平波动带来的成本(y^2、p^2)。

在此模型分析中,关键点在于外围国汇率政策变化对其国内利率的影响。为了决定低弹性汇率制下的利率行为,先要明确浮动汇率制度下的利率行为。这决定了汇率政策变动的影响。在完全浮动汇率制度下,外围国货币当局在汇率政策上具有充分自主的相机抉择权,当其总需求受到中心国利率变动的冲击

---

① 这里将汇率制度转换设为不可逆的是为了简化分析,如果放松这一假设,政策制定者的最优选择可能是重新选择固定汇率。

时，该国可以凭借汇率的变动来加以抵消。在给定目标函数的前提下，最优的政策是使总产出或物价水平保持稳定，因此，在浮动汇率下，y^2 或 p^2 等于0。并且，如前文假设，在浮动汇率下恢复固定汇率不是最优的，因此，市场不会产生关于新一次汇率政策变动的预期，$F=0$。这样，利率平价和各种布朗运动冲击意味着 $i=(1-c)\varepsilon$ 成立。因此，可得到关于即期汇率和中心国利率（即冲击变量）间关系的下列等式：

$$s = \frac{\gamma(1-c)}{\eta}\varepsilon \tag{4.10}$$

式中，当外围国处于凯恩斯区，且 ε 上升即中心国的利率 i^* 上升时，将被 s 的上升即外围国货币贬值所抵消，以确保总产出不会因冲击偏离其目标水平；当外围国处于古典区，且 ε 下降即中心国的利率 i^* 下降时，将被 s 的下降即外围国货币升值所抵消，以确保物价水平不会因冲击偏离其目标水平。式 (4.10) 中的关系可以描述为图4-2中的直线 SS。图4-3中的直线 kk 反映出高弹性的汇率有效地降低了由于中心国货币政策冲击引发的总产出或物价水平的波动。

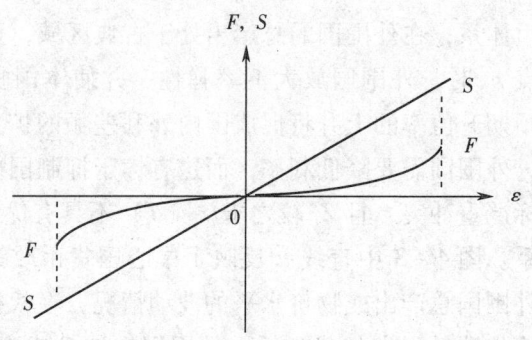

图4-2 汇率政策变动临界点的汇率和利率

因此，外围国汇率政策制定者的最优问题的本质是，在现行低弹性汇率制度下如何确定汇率政策转变的临界点（ε_l，ε_u），具体如图4-3所示。在这些触发点上，将加大汇率弹性。从图4-3中可以看出，在汇率制度的转换点上将会出现汇率跳跃的现象，模型假定这是由政府采取的货币供给跳跃式增加的政策引起的。因此，低弹性汇率时期的利率差额要求必须将可能的汇率制度转换考虑在内。当外围国总产出处于凯恩斯区域，且中心国利率 i^* 逼近高位的触发点 ε_u 时，外围国放大汇率弹性并使本国货币贬值的概率增大，因为这时预期贬值率的上升将促成国内外利率差额的扩大。在维护低弹性汇率的情况

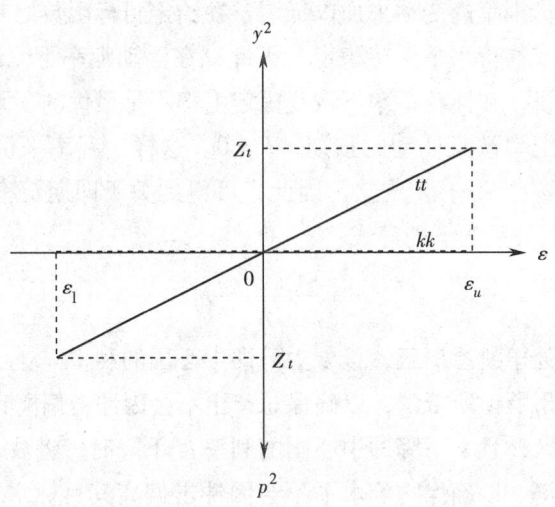

图 4-3 汇率政策变动临界点的产出或价格波动

下,外围国必须提高国内利率,而这有悖于刺激经济复苏的国内目标。当内外部目标严重冲突,且 Z_t 较之于 $y^2(T)$ 不具有优势时,外围国可能加大汇率弹性,退出原货币体系;在外围国的总产出处于古典区域,且中心国利率 i^* 逼近低位的触发点 ε_l 时,外围国放大汇率弹性,并使本国货币升值的概率增大,因为此时预期升值率的上升将促成国内外利差额的扩大。在维持低弹性汇率的条件下,外围国需要降低利率,而这有悖于抑制国内通货膨胀的目标。当内外部目标严重冲突,且 Z_t 较之于 $p^2(T)$ 不具有优势时,外围国可能选择退出原体系。图 4-3 中直线 tt 反映了中心国货币政策与外围国国内目标相冲突时,外围国总产出或物价水平的波动情况,在权衡处于原体系的收益与产出或物价的波动引发的成本后,外围国在波动成本过大的情况下,选择退出原体系。

政府的决策优化问题就是要选择那些能最大化其自身福利的触发点。但是,当假设私人部门了解政府决策优化问题的前提下,私人部门的汇率走势的预期,将必然反映在利率的变动之上,而利率的变动将影响政府目标函数中的总产出和价格水平这两个变量。尽管由于复杂的内外部环境以及信息是非对称的,关于汇率政策转变的事前承诺机制往往不能建立,即使建立也难以奏效。但政府的确可以通过其政策,在公众中树立自己的声誉,以影响私人部门的汇率预期。

4.1.3 影响因素

此部分分析了可能降低外围国承受中心国货币政策外部冲击的能力和意愿的因素，这些因素将使外围国加快本币与原体系本位币的脱钩（弱化名义汇率稳定），缩短临界点（ε_l，ε_u）之间的距离。通过模型分析，这些因素包括以下几个部分。

第一，资本金融项目开放程度提高。由式（4.5）可知，外围国资本管制 c 减少，中心国利率 i^* 对其利率的影响就越直接，i^* 对外围国产出或价格水平的影响就越大，政府愿意承受的中心国利率与国内利率的利差就越小，从而缩短 ε_l 和 ε_u 之间的距离。资本控制减少除了直接影响利率外，还可以通过预期产生间接影响。因为外围国私人部门认为资本控制减少将增强政府加大汇率弹性的动机，私人部门关于汇率波动的预期将影响资本跨境流动，放大 i^* 对国内经济的影响，从而进一步缩短原有汇率安排的存续时间。

第二，维持低弹性汇率的收益下降。外围国维护低弹性汇率的收益 Z_t 降低，将使 ε_l 和 ε_u 的距离变短（见图 4-3），从而缩短低弹性汇率的存续时间。制度变动的机会成本降低，将提升政策制定者改变原有汇率政策的意愿与能力。汇率政策变动的机会成本变动，同样会通过私人部门的预期机制而发生作用。由于存在较低的政策变动成本，市场将预期政府提高弹性汇率的可能性增大，放大 i^* 对国内经济的影响，缩短原有汇率安排的存续时间。

第三，私人部门债务平均期限缩短。由式（4.8）可知，私人债务的平均期限由 $2/r$ 决定。债务期限越短，意味着私人的折现率越高，从而公众关于汇率波动的预期越高，ε_l 和 ε_u 的距离越短，原有汇率政策的预期存续时间越短。债务期限的这种效应可以解释为，汇率跳跃所造成的货币一次性贬值对短期利率的影响要大于长期利率。由式（4.8）可知，给定汇率的一定降幅（即本币升值），短期利率的国内外利差要大于长期利率的利差。因此，长期利率受汇率政策变化的影响要小于短期利率，从而债务的平均期限越短，汇率弹性加大的预期对 F 的影响越大，国内利率受到汇率弹性加大预期的影响越大，因此政府越难容忍国外利率的极值。

第四，政府未来收益的折现率降低。当外围国加大汇率弹性面临巨额的一次性总付出成本时，政府倾向于维护低弹性汇率政策。根据式（4.9），当外围国政府对汇率政策变动进行成本收益分析时会发现，汇率政策变动的机会成本 Z_t 是直接的且不可贴现，而汇率政策变动所带来的收益须经过贴现累积获得。当政府未来收益的折现率 δ 下降时，表明政府更加关注汇率弹性加大后的长期收益，因此有助于缩短原有汇率安排的存续时间。同时，以长期为目标的政府决策还将影响私人部门的预期，从而提高市场对于汇率波动的预期，弱化外围国政府对中心国利率极值的容忍度（王光伟，2007）。

以上变量直接影响原有汇率安排下外围国政策制定者的成本和收益。当私人部门了解政策制定者的激励机制时，政府部门改变这些激励的平衡，还将通过私人部门的预期造成间接影响。

4.1.4 主要启示

通过构建反映汇率政策变动的模型，分析上述外围国货币当局选择本国货币与中心国货币脱钩，进而采取货币政策目标优于汇率政策目标的新的政策协调方式的原因和条件，同时揭示这些体系的缺陷。

第一，这三个体系是外围国货币与不钉住黄金的中心国货币挂钩的体系，即不钉住黄金的储备货币体系。在这种体系中，外围国的货币政策受到意在维护低弹性汇率制度的国际收支均衡的制约，中心国则根据自己国内的政策目标自主操作货币政策。由于中心国货币不需要钉住黄金，所以外围国缺乏对中心国货币政策的约束机制，中心国缺乏对外围国的负责机制。这些体系本质上是一种大国支配体系，或者是罗马帝国式的解决方案（蒙代尔，2003）。

第二，不钉住黄金的储备货币本位制具有内在缺陷：只有当经济金融冲击不大以及来自中心国之外时，中心国货币作为体系枢纽才能有效运转。当中和源自中心国内部的巨大冲击时，中心国需要实施面向整个体系成员国整体的货币政策，一旦中心国采取以自我为中心的货币政策，并与外围国家国内需求发生正面冲突，中心国货币的本位地位即将面临动摇甚至崩溃。

第三，由于缺乏有效的国际货币政策协调，外围国具有与中心国货币脱钩的内在动力。在外围国汇率政策的制定者看来，本国的资本金融项目开放程度提高、维护低弹性汇率的收益下降、私人部门债务平均期限缩短以及政府部门对于未来收益的折现率降低，将与私人部门所产生的预期一起，影响外围国对中心国货币政策冲击的忍耐力和意愿，进而影响原有汇率政策安排的存续期和原货币体系的稳定性。以上几点构成了处于外围国的大型经济体由汇率政策目标转向货币政策目标的一般性原因。

4.2 德国货币政策与汇率政策协调经验[①]

历史上，美元、欧元和日元区一度占据世界经济总量的大半，由于三个地区的价格高度稳定，因此可将它们比作三个稳定之岛（蒙代尔，2003）。尽管价格稳定，但是汇率却极度动荡。美元和马克、日元之间汇率的动荡，对于与这些经济体有着密切往来的国家或地区而言是灾难性的，欧洲汇率机制危机和亚洲金融危机与这种主要货币之间的动荡有着深刻的联系。面对如此剧烈的汇率动荡，一些采取了所谓自由浮动汇率制度的大型经济体都曾试图追求汇率的相对稳定。以日本为例，日本货币当局曾在实行浮动汇率制度初期试图抑制汇率失败了，而后被动地在短期内放任其大幅度地升值。

根据日本前中央银行行长行天丰雄的观点："对日本而言，在浮动汇率制度下，货币当局仅靠违背市场主要趋势的强行干预是不能操纵汇率的。日本货币当局花费了数十亿美元才学会这个教训。我们还认识到，汇率本身的变化对绝大多数国家的国际收支无法产生迅速的影响，从日本和美国两国经济的表现中可以清楚地看到这一点。……市场人士所考虑的因素，随着时间的推移当然也发生了变化，总体上讲，它们比我们计算得要快了许多。在浮动汇率体制的初期，我们还认为诸如购买力平价和国际收支平衡调节等这些中长期因素起了主导作用，但后来短期资本流入和利率差异开始变得非常重要。除此之外，信息技术的爆炸加速了人们关注焦点的迅速转移。在一段时间内，市场的焦点是利率，然后转向有关国际收支的数据，后来可能又转向政治动态。因而，在短期行为中很难确定关键性因素。最近我与一位日本最棒的外汇交易人谈话，我请他说出他在（买进或者卖出）交易中所考虑的因素。他说，'有许多因素，有时是非常短期的，有些是中期的，有些则是长期的。'当他提到他考虑了长期因素时，我产生了浓厚的兴趣，就问他所说的时间段是按多长时间来划分。他停顿了几秒钟，十分严肃地回答说：'也许是 10 分钟吧。'这正是当今市场发展的方式。金融界倡导汇率价格稳定的强大的传统势力，已经完全改变了昔日的立场。无疑，这一转变是因为今天的跨国运作的金融机构已经在市场上不稳定中取得了既得的利益（对冲基金首当其冲）。它们的交易员处于非常有利的战术地位，可以感受到市场的压力和心理，并能随时采取行动，以利用乃至

[①] 林文浩等. 德国实际有效汇率高度稳定的经验研究及中国的启示 [J]. 华北金融，2017 (7).

加剧汇价动向。当然，造市商的风险是很大的，而且偶尔出现一个低劣的交易员就能使一家声名卓著的机构狼狈不堪，甚至毁灭。但是那些交易员却被赋予了太多的自由，其原因正好是因为年复一年，外汇市场和相关的交易已成为一个重要的利润中心。具有讽刺意味的是，同样的市场波动性，既为交易提供了有利条件，也为那些足够机智、有专业知识设计并向客户推销高尖端避险保值产品的机构提供了进一步创利的机会。首当其冲，承担成本的是进口商、出口商和国际投资者。但对他们而言，这些货币和避险成本只是更大规模的、有利可图的交易的一部分。而不稳定和较低生产效率的最终代价则被推给大众百姓了。完全的放任主义，在投机者的推波助澜下，与保护主义产生了相似的结果，即得自于不稳定的收获被集中享有，而损失则被分散消化。"

1997年亚洲金融危机爆发后，日本（也包括德国、法国）曾多次正式地建议在当时三种主要的国际货币——美元、日元和欧元之间设立汇率目标区，试图将这三种的双边汇率固定在一定的范围（目标区）内，以达到稳定全球汇率波动、避免新的货币危机的目的。但是这种建议被美国拒绝了，这一事实的背后隐含了美国与日本（也包括欧洲）之间不同的地区利益、官僚机构传统，以及对市场功能的哲学认识的冲突（俞乔，1999）。但是面对汇率的剧烈波动，德国货币当局采取了一系列汇率政策，在维护国内物价这一主要目标的同时，兼顾了汇率的稳定，在一定程度上实现了内部和外部两个稳定。

4.2.1 德国政策协调经验

1949年至1971年，德国实行的是固定汇率制度。20世纪50年代，德国成为经济强国和出口大国，在这阶段的大多时期，马克与其他欧洲货币一样，在资本和金融账户上是不可兑换的。1958年12月，欧洲实现了非居民经常账户下的可兑换；德国则进一步实现了资本账户的可兑换。当时，德国出现了持续的贸易顺差，且在制造业方面很高的生产力增长预示着未来德国马克实际汇率要升值。这意味着在名义汇率固定的条件下，德国的通货膨胀率要高于美国。当时德国货币当局不愿接受较高的通货膨胀率。[①] 在1959年初实行金融账户的开放中，为限制短期投机"热钱"流入，德国保留了大量的限制。当时认为这些安排有助于对顺差的冲销，这正是德意志联邦银行维护货币政策目标执行的政策。此后，德国多次面对货币投机，在20世纪60年代后期和70年

---

① 1957年7月26日，德国通过《德意志联邦银行法》，通过法律形式确立了德国中央银行在行政体制以及货币政策制定和执行方面的独立性。

代早期，德国逐渐加强了资本内流管制。由于资本内流管制和实行利息税只是轻微地阻止了 1972 年至 1973 年初的投机活动①，迫使德国关闭外汇市场，1973 年 3 月马克实行浮动汇率。

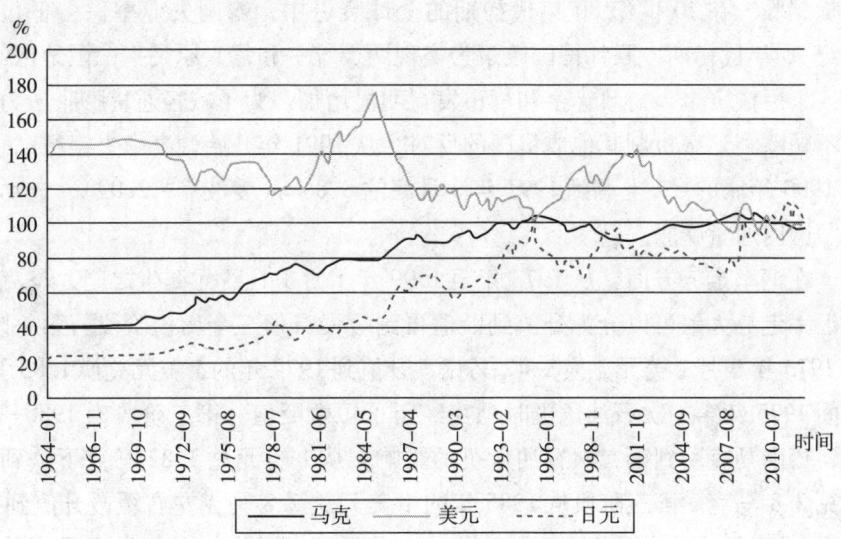

资料来源：BIS 官方网站数据库。

图 4-4　德国马克、美元和日元的名义有效汇率走势图（1964 年 1 月至 2010 年 7 月）

表 4-2　　　　　　德国与美国通货膨胀率与劳动生产率的比较

经济体	德国	美国
1950—1960 年通货膨胀率	2.8	2.6
1950—1971 年通货膨胀率	4.1	3.4
1950—1973 年工业劳动生产率	5.6	2.2
1950—1973 年服务业劳动生产率	2.8	1.4
1950—1973 年农业劳动生产率	6.3	5.4

资料来源：何帆、张斌. 寻求内外平衡的发展战略——未来 10 年的中国和全球经济 [M]. 上海：上海财经大学出版社，2006.

由于放弃了钉住汇率制，德国既可以控制通货膨胀，又可以控制货币发行，并将维持物价和国内产出的稳定作为首要政策目标，成功地应对了马克的

---

① 1961 年 3 月和 1971 年 12 月，马克对美元分别升值了 5% 和 13.8%，但是蒙代尔（2003）认为这种升值只不过吊足了投机者的胃口，他们认为还会升值。德国马克的升值引起大规模的资本流动和相当程度的经济动荡。

持续升值对国内经济造成的负面影响。在1970—1985年十多年的时间中，德国坚持对基础货币增长率与国民收入增长率保持适度比例（钟表，2012）。德国没有经历某些工业国（最著名的是日本）1973—1974年石油危机导致的高通货膨胀。在20世纪80年代初期的全球衰退中，德国失业率保持低位。20世纪90年代初期，联邦德国政策为实现两德统一和复兴原民主德国地区经济，投入了巨额资金，财政赤字和货币发行明显增加。为了减轻通货膨胀压力，德国不顾欧洲汇率机制其他成员国的反对，从1991年开始调高中央银行贴现率，从1990年底的6%上调到1991年6月底的8.8%（姜波克，2009），成功地抑制了国内通货膨胀。

在汇率走势方面，从1973年至1999年1月1日欧元诞生之间，马克对美元汇率走势大致可以分为升值到贬值再到缓慢升值三个历史阶段。第一阶段，从1973年9月1美元兑换2.42马克，升值到1979年的1美元兑换1.83马克，其间1975年第一次石油危机时马克经历了短暂贬值。第二阶段为1980—1985年，德国马克受到第二次石油危机的影响，从1美元兑1.82马克下跌到1美元兑2.8马克。第三阶段从1985年的1美元兑2.8马克左右缓慢升值到1998年12月底的1美元兑换1.7马克左右。将阶段连接在一起，发现马克兑换美元汇率从1973年的2.42:1升值到1998年12月底的1.7:1，经历了近25年的时间（钟表，2012）。特别是《广场协议》之后，马克没有经历类似于日元的急剧大幅升值的情况，保持了马克对美元的名义汇率小幅渐进升值的趋势。

从比较德国[①]、美国和日本三国货币1964年1月至2012年12月名义有效汇率和实际有效汇率的波动幅度看，德国的波动幅度低于美国和日本。特别是德国的实际有效汇率在长达48年的时间中，始终围绕100上下作较小波幅的震荡，表现了该国货币实际有效汇率超高的稳定性。此外，从1993年开始，德国的名义有效汇率也呈现出围绕100上下进行较小波幅的震荡。为了进一步突出德国实际有效汇率和名义有效汇率稳定性的认识，本书选取了涵盖自由浮动汇率制、有管理的浮动汇率制、其他传统的固定汇率安排、货币局制度四大类汇率制度的14个经济体，发现德国在1994—2012年、2001—2012年长短两个时间段中，实际有效汇率和名义有效汇率标准差平均值都是样本经济体中最低的，表现了超高的有效汇率稳定性。这一结果表明，作为一个大型经济体的德国不仅在控制通货膨胀这一货币政策目标方面拥有极佳的声誉，它还在维持

---

① 1999年1月1日，马克转变为欧元，这里所提及的名义有效汇率和实际有效汇率为国际清算银行（BIS）统计的数值。

一个隐含的汇率政策目标方面具有优势。

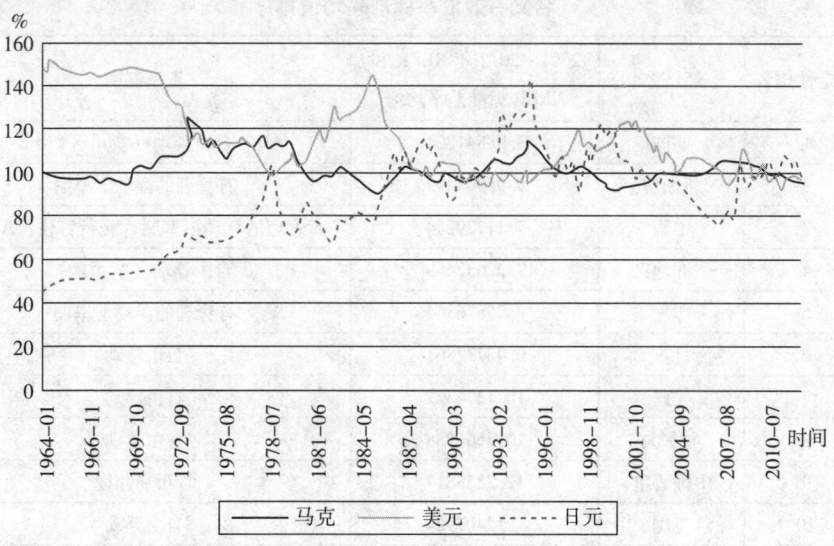

资料来源：BIS官方网站数据库。

图4-5 德国马克、美元和日元的实际有效汇率走势图（1964年1月至2010年7月）

表4-3 14个样本经济体1994—2012年实际有效汇率和名义有效汇率标准差均值排序

稳定性排名	经济体	1994—2012年REER和NEER标准差平均值	汇率制度
1	德国	5.775165	自由浮动（货币区）
2	新加坡	5.92328	有管理的浮动汇率制
3	欧洲地区	8.479964	自由浮动（货币区）
4	印度	8.920279	有管理的浮动汇率制
5	中国	9.371381	有管理的浮动汇率制（爬行钉住；2008）
6	美国	10.06656	自由浮动
7	加拿大	10.94909	自由浮动
8	澳大利亚	11.66854	自由浮动
9	日本	12.26886	自由浮动
10	英国	12.30487	自由浮动
11	中国香港	14.11852	货币局制度
12	南非	25.47278	自由浮动
13	巴西	53.82943	自由浮动
14	俄罗斯	175.1173	其他传统的固定汇率安排（2008）

资料来源：BIS官方网站，后经过作者整理。

表4-4 14个样本经济体2001—2012年实际有效汇率和名义有效汇率标准差均值排序

稳定性排名	经济体	2001—2012年REER和NEER标准差平均值	汇率制度
1	德国	3.98841204	自由浮动（货币区）
2	新加坡	5.95044499	有管理的浮动汇率制
3	中国	7.11229844	有管理的浮动汇率制（爬行钉住；2008）
4	欧洲地区	7.22632449	自由浮动（货币区）
5	印度	7.25876344	有管理的浮动汇率制
6	日本	9.43737861	自由浮动
7	美国	10.1374322	自由浮动
8	加拿大	10.7666938	自由浮动
9	中国香港	12.2358817	货币局制度
10	英国	12.2407924	自由浮动
11	澳大利亚	12.3867012	自由浮动
12	南非	12.8155236	自由浮动
13	俄罗斯	13.7659038	其他传统的固定汇率安排（2008）
14	巴西	16.5231848	自由浮动

资料来源：BIS，后经过作者整理。

4.2.2 德国政策协调策略

尽管浮动汇率制的实行，为德国货币政策的独立性创造了条件。但是汇率大幅起落会对德国的经济和出口造成冲击，1995年初，正值马克对美元升值，德国柏林经济研究所将当年德国经济增长预期从3%降低到2%（何伟文，2010）。为了在维护货币政策目标时尽量维护汇率稳定，德国采取了一系列措施，确保维护好货币政策目标和汇率政策目标。

（一）严格控制广义价格水平

德意志联邦银行是全球最为严厉的中央银行之一，它的基本政策是严格控制通货膨胀，在货币发行和信贷上严格防止流动性过剩和金融投机，在2010年之前的11年中，德国年均通货膨胀率只有1.5%，低于美国的水平（何伟文，2010）。除了控制通货膨胀外，德国也十分关注房地产资产价格在内的广义价格水平。由于实施有效的住房合作社计划，数十年中德国房地产价格比较稳定。尽管经济的增长率偏低，但国内不存在通货膨胀和资产泡沫的危险，拥有稳定的经济基本面。这使得马克长期作为欧洲货币体系的支柱,由于德国在防范通货膨胀方面的声誉以及在欧盟经济中的领导地位,目前欧洲中央银行的运作模式也是以德国中央银行为蓝本。当然,德国并不忽视经济发展本身带来的成本上涨问题。不以工资成本,而是靠制造业的实力支撑出口。德国出口产品的竞争力并非工资成本,而是解决难题的专门技术和产品性能的可靠性。[①]所以,可以容忍一定程度的成本上涨。

(二) 推动区域货币一体化并以欧洲为主要贸易对象

和美联储对汇率采取"善意的忽略"不同,以德国为首的欧洲工业国在1973年《史密森协定》解体后,继续维持联合浮动,其意图在于抵制汇率波动的不利影响,促进区域内商品和资本的流动。并于1979—1998年和欧共体各国建立了欧洲货币体系,并于1999年1月1日开始流通欧洲单一货币欧元。伴随着欧元区的扩大,德国与许多经济体的双边汇率保持稳定。目前,在BIS有效汇率指数经济体篮子(含62个经济体)中,德国与22个经济体的双边汇率保持稳定,其中18个为欧元区经济体,4个经济体的货币钉住欧元。由于与多国双边汇率保持稳定关系,德国长期置身于一个汇率稳定区中,即使在货币危机时期,作为货币联盟枢纽的德国货币遭受的冲击也相对有限[②],维系了德国和欧洲经贸伙伴的双边汇率稳定。这大大降低了外部汇率风险,为德国经济和出口稳定增长提供保障。这显示出德国在维护汇率稳定方面的偏好。除了推动货币一体化,德国还以邻近区域为主体,逐步实现经济、贸易、投资的一体化,在2010年前后,德国出口的3/4输往欧洲其他国家;同时,超过七成的进口来自欧洲其他国家,反映出其清晰的地缘经济战略(何伟文,2010)。

表4-5 中国、美国、德国、日本与BIS有效汇率指数篮子中61个经济体(除本国)的双边汇率关系

经济体类别	经济体	汇率制度(IMF实际汇率制度分类2008)	德国 (22; 36.7%)	美国 (6; 10%)	中国 (0; 0)	日本 (0; 0)
工业国家	澳大利亚	自由浮动制度				
	加拿大	自由浮动制度				
	丹麦	其他传统的钉住汇率制度(ERM II)	钉住欧元			

---

① 2006年,德国生产的LEXION联合收割机,靠卫星和激光制导,每小时可收割粮食60吨,实时测出亩产量,并预测下年度每亩所需种子和化肥量。尽管单价较高,但他国订单趋之若鹜。

② 在1992年欧洲货币体系危机时期,原本针对马克升值的投机资本转移到体系内相对较弱的货币(英镑和里拉),分散并降低了对马克的冲击。

续表

经济体类别	经济体	汇率制度（IMF 实际汇率制度分类 2008）	德国 (22；36.7%)	美国 (6；10%)	中国 (0；0)	日本 (0；0)
工业国家	冰岛	自由浮动制度				
	日本	自由浮动制度				—
	新西兰	自由浮动制度				
	挪威	自由浮动制度				
	瑞典	自由浮动制度				
	瑞士	自由浮动制度				
	英国	自由浮动制度				
	美国	自由浮动制度		—		
欧元区	欧元区	自由浮动制度	欧元区			
	奥地利	自由浮动制度	欧元区			
	比利时	自由浮动制度	欧元区			
	芬兰	自由浮动制度	欧元区			
	法国	自由浮动制度	欧元区			
	德国	自由浮动制度	—			
	爱尔兰	自由浮动制度	欧元区			
	意大利	自由浮动制度	欧元区			
	荷兰	自由浮动制度	欧元区			
	葡萄牙	自由浮动制度	欧元区			
	西班牙	自由浮动制度	欧元区			
	卢森堡	自由浮动制度	欧元区			
	希腊	自由浮动制度	欧元区			
	斯洛文尼亚	自由浮动制度	欧元区			
	塞浦路斯	自由浮动制度	欧元区			
	马耳他	自由浮动制度	欧元区			
	斯洛伐克	自由浮动制度	欧元区			
	爱沙尼亚	自由浮动制度*	欧元区			
	拉脱维亚	自由浮动制度*	欧元区			
亚洲新兴市场经济体	中国	有管理浮动汇率制度*				
	中国香港	货币局制度		钉住美元		
	印度	没有预定路径的有管理的浮动汇率制度				

续表

经济体类别	经济体	汇率制度（IMF 实际汇率制度分类 2008）	德国（22；36.7%）	美国（6；10%）	中国（0；0）	日本（0；0）
亚洲新兴市场经济体	印度尼西亚	没有预定路径的有管理的浮动汇率制度				
	韩国	自由浮动制度				
	马来西亚	没有预定路径的有管理的浮动汇率制度				
	菲律宾	自由浮动制度				
	新加坡	没有预定路径的有管理的浮动汇率制度				
	中国台湾	自由浮动制度				
	泰国	没有预定路径的有管理的浮动汇率制度				
	沙特阿拉伯	其他传统的钉住汇率制度		钉住美元		
	阿联酋	其他传统的钉住汇率制度		钉住美元		
	以色列	自由浮动制度				
中欧和东欧	保加利亚	货币局制度	钉住欧元			
	克罗地亚	其他传统的钉住汇率制度	钉住欧元			
	捷克共和国	自由浮动制度				
	匈牙利	自由浮动制度				
	立陶宛	货币局制度（ERMⅡ）	钉住欧元			
	波兰	自由浮动制度				
	罗马尼亚	没有预定路径的有管理的浮动汇率制度				
	俄罗斯	其他传统的钉住汇率制度				
	土耳其	自由浮动制度				
拉丁美洲及其他	阿根廷	其他传统的钉住汇率制度		钉住美元		
	巴西	自由浮动制度				
	智利	自由浮动制度				
	墨西哥	自由浮动制度				
	南非	自由浮动制度				
	委内瑞拉	其他传统的钉住汇率制度		钉住美元		

续表

经济体类别	经济体	汇率制度（IMF实际汇率制度分类2008）	德国 (22; 36.7%)	美国 (6; 10%)	中国 (0; 0)	日本 (0; 0)
拉丁美洲及其他	秘鲁	没有预定路径的有管理的浮动汇率制度				
	哥伦比亚	没有预定路径的有管理的浮动汇率制度				
	阿尔及利亚	没有预定路径的有管理的浮动汇率制度				

注：表格中＊表示爱沙尼亚（2011年1月）、拉脱维亚（2014年1月）正式加入欧元区，因此将其列入自由浮动汇率制度，中国中央银行关于本国汇率制度表述和IMF（2008-4）表述有差异，这里采取中国的表述。

资料来源：根据IMF实际汇率制度和货币政策框架分类（2008年4月）整理获得。

（三）实现主动渐进小幅升值的汇率政策

从经济学原理上看，汇率升值可以疏导实际汇率升值对于国内通货膨胀的压力，进而为货币政策灵活性和独立性创造条件。但是这种升值并不等于过度升值或恶劣的汇率动荡。德国深谙其中的道理，实施主动渐进小幅升值的汇率政策，应对美国的政治压力和实际汇率升值对于国内通货膨胀的压力。这一点可以从1985年《广场协议》后至1998年德国马克的小幅渐进升值轨迹中看出。众所周知，在浮动汇率制下，货币投机交易会使汇率偏离基本面。德国实现渐进升值的一个重要原因，在于欧洲货币体系实现联合浮动后，扩大了整个货币区的规模，降低了短期投机资金冲击马克的意愿，由于市场确信中央银行对锁定汇率是严肃认真的，将不惜通过无限干预维护汇率目标，结果任何干预都不需要了。即使个别年份（例如1992年）出现了汇率投机，但是原来针对马克升值的投机资本转移到体系内相对较弱的货币例如英镑和里拉上，分散进而降低了投机资本对马克的冲击，维持了德国和欧洲贸易与投资伙伴国的汇率稳定。

德国通过货币政策和汇率政策协调，较好地维护了内部稳定和外部稳定目标。与日本和美国等发达工业国相比，德国在战后保持了更加稳定的国内产出水平、较低的通货膨胀水平和较为稳定的实际有效汇率。从20世纪50年代至80年代，德国经济以年均4.5%的速度增长，年通货膨胀水平平稳地控制在3.7%左右（钟表，2012）。德国的货币政策和汇率政策协调为其经济持续增长形成了良好的外部环境，为货币政策独立性和灵活性创造了条件，还兼顾了实际有效汇率的稳定,在实现大国经济起飞后,逐步实现了名义汇率的自由浮动和资本项目的开放。即使进入新千年以来,德国的实际有效汇率和名义有效汇率(二者标准差的平均值)的稳定性依然高于美国、日本等工业国,且高于实行有管理浮动汇率制的新加坡。

4.2.3 德国政策协调启示

中国现在处于和德国 20 世纪 60 年代相似的局面。但是今天中国所面对的全球资本市场比当时深化和广泛得多。另外,中国受到发达工业国和新兴市场经济体贸易保护主义的冲击以及有关人民币汇率问题的发难,然而这是编造的,人民币似乎成为带着工业化国家全体选民的感情化和政治化的替罪羊(Obstfeld,2006)。对于中国而言,面对此前国际收支顺差和内部通货膨胀压力带来的货币政策目标和汇率政策目标冲突,中国采取的渐进式的主动小幅升值,并逐步放大汇率弹性获得了以下好处:首先,可以维护中国开展国际经贸往来的良好的外部环境;其次,有助于化解国内的通货膨胀压力,提高货币政策独立性;最后,符合中国在长期中开放资本市场(迎来更加现代和多样性的经济),需要更大汇率灵活性的趋势。但是德国中央银行货币政策和汇率政策协调的经验表明,赋予汇率一定的弹性,在提供了货币政策必要的灵活性和独立性的同时,不能就此完全抛弃汇率基本稳定的目标,毕竟如果能够同时获得内部和外部两个稳定是最好不过的。

从维护货币政策目标来看,中国货币当局需要加大通货膨胀目标在货币政策目标中的权重,管理好包括资产价格在内的广义价格体系,为国内创造良好的金融秩序。这方面可以通过一定汇率弹性为货币政策独立性和灵活性创造条件,当然较好的国内金融秩序又反过来促进了货币对外价值的稳定,因为有了更好的经济基本面。在汇率政策方面,中国货币当局还要维护汇率的基本稳定,获取德国维护本国实际有效汇率稳定的收益。一方面,中国可以仿效当年马克升值,采取渐进式的实现人民币升值和逐步放大人民币汇率浮动区间的方式来获得必要的汇率弹性;另一方面需要继续对资本和金融账户进行必要的管制,尤其是对资本内流的管制,直至实现更大范围的汇率灵活性和国内金融改革(包括国内金融市场的健康发展和外汇市场的逐步成熟)。当然,对于资本外流也不能完全自由化,如果不能在必要时把门关起来,人民币可能会像 20 世纪 90 年代一样处于贬值的压力。之所以提及资本管制,是考虑到中国在短期内可能不能像德国一样采取货币联盟的方式来获取"善意忽略"下汇率的自动稳定,因为中国周边的地缘经济和政治关系与德国并不完全一样。无论是早期的欧洲汇率机制,还是欧元区单一货币,都要求相当程度上的政治整合,但是亚洲尚不具备这种条件。① 这意味着中国如果希望获得相对稳定的汇率,尚不能像德国一样去选择"不可能三角"中的一个角点解(货币政策独立性、资本自由流动和汇率自由浮动),而只能选择一个内部解(三个目标的兼顾)。

4.3 美国货币政策与汇率政策协调经验

远在1914年,美国就已经成为世界上最大的经济强国,它的经济总量已经超过三个主要经济大国即英国、德国、法国(分别是当时世界经济的第二、第三、第四名)的经济规模之和。随着1913年美联储宣告成立,启动了美国经济规模所蕴含的庞大的货币力量,从此美国就能够在国际货币体系中发挥支配的作用。美元价格成为"世界价格",美元越来越多地成为国际货币的代名词(蒙代尔,2003)。从货币政策来看,美联储一度扮演着全球中央银行的作用,美国货币政策的扩张和紧缩直接影响全球流动性的充沛或不足。从汇率政策来看,美元曾先后在布雷顿森林体系、史密森体系以及东亚地区出现的所谓复活的布雷顿森林体系②中扮演过汇率锚的作用。美元对一些主要货币汇率的动荡,甚至引发过局部的货币危机(亚洲金融危机就是最好的例子,蒙代尔,2003)。本节通过分析和探讨美国的货币政策与汇率政策协调的经验,可以了解美国货币政策目标和汇率政策目标的特点、美国货币政策和汇率政策实施对于本国经济的影响以及溢出效应,从而使中国的货币政策和汇率政策协调获得一些启示。

4.3.1 美国货币和汇率政策的目标体系

(一)布雷顿森林体系时代美国的货币政策和汇率政策目标

历史上,布雷顿森林体系的雏形开始于1934—1936年,美国将美元贬值,将黄金价格从每盎司20.67美元提高到35美元(蒙代尔,2003)。就在这一年,美国、英国和法国签订了《三国协定》,规定三国如果对汇率进行任何改动,必须事先互相通知。这个协议预示了1944年布雷顿森林会议所规定的国际货币安排。然而现在重要的不是黄金汇率,而是美元。1944年的布雷顿森

---

① 人们普遍认为,日本的第二次世界大战历史遗留问题远远没有获得妥善解决。
② 在复活的布雷顿森林体系中,美元一度成为出口导向型的东亚经济体钉住的汇率锚。

林会议给这种新体系披上合法的外衣。布雷顿森林体系是金本位和美元本位制相互妥协的产物,是一种混血的货币体系,黄金和美元都是储备资产,各国在国际货币体系中的承诺和权利有所分工。美国承诺将美元与黄金固定,其他国家则承诺本国货币与美元固定。布雷顿森林体系的权利主要在美国手中,短期内美国的货币政策可以主导全球的通货膨胀率,其他经济大国则通过要求美国维持美元兑换黄金的能力,来约束美国的货币政策和美元的超发。

在当时美国很少干预外汇市场,美国满足基金组织条款的方法就是固定黄金的美元价格。但是由此构成的国际货币体系是一个不对称的体系,它缺乏一个机制来确保美元能够长期与黄金兑换(特别是美联储采取冲销干预时),相反突出了美国在全球流动性中的支配地位。理论上,布雷顿森林体系的安排是一个自我均衡的体系,然而,由于美国实施冲销干预政策,已经将货币政策和黄金流动割裂开来。美联储指示纽约联储通过买卖等量的国内资产(国债)来抵消黄金流动的货币效果,结果美国货币政策完全取决于美国自己的态度。后来真相大白,美国货币政策完全是为了迎合美国政府的愿望。美联储公开市场委员会实施的货币政策完全是人为控制的,受到国内政策目标的支配。如果没有冲销干预,货币政策目标的控制权利就会完全颠倒过来,因此,公开市场委员会不得不采取明确的行动进行干预。

1971年,美元危机一触即发,美国国会联合经济委员会建议美元贬值,欧洲各国立刻要求将美元兑换成黄金,美国单方面取消美元与黄金的兑换,美国总统尼克松宣布美元与黄金脱钩,其他主要大国只好宣布它们的货币和美元脱钩。1971年8月,发生"尼克松冲击"后,美元大幅贬值。1971年12月,西方十国在华盛顿达成《史密森协定》(本质上属于一种不再与黄金挂钩的美元本位制)。但是由于1972年美国迎来大选之年,又采取了扩张性的货币政策,大量美元从美国流出,对其他工业国造成冲击,最终宣布布雷顿森林体系时代的终结。从当时的情况看,如果美国将黄金价格翻番或(更好的措施)提高三倍,并尽力约束货币政策的扩张,至少可以将布雷顿森林体系维持20年或更久(蒙代尔,2003)①。

(二)牙买加时代至今美国的货币政策和汇率政策目标

根据2008年IMF对目前美国货币政策框架和汇率制度的分类,美国属于

---

① 当时美联储主席伯恩斯强烈主张维持美元和黄金的兑换,主张提高黄金价格,但是在尼克松内阁形成一致意见却非常困难,因为有人考虑到了美国提高黄金价格会显得美国不诚信。此外,当时苏联是全球最大的产金国之一,而苏联又和美国敌对。最后,这种安排会形成黄金在未来10年中将继续涨价的预期,等等。

其他类的货币政策框架加上独立浮动汇率制。前者意味着美联储没有明确的名义锚,而是通过监控多种指标来指导货币政策。后者表明,美元汇率是由市场决定的,任何官方对外汇市场的干预,旨在缓和美元汇率的变化率和防止汇率的过度波动,而不是使美元汇率达到某个水平。

大多数情况下,美国和当今的很多工业国一样,表面上对汇率水平采取的是一种"善意忽略"的态度。1973年史密森体系正式解体前夕,美国政府有一种想法,认为其他国家从当时的国际货币体系所得的利益比美国的大。欧洲当时已经打算创立一种新的欧洲货币来同美元抗衡。[①] 如果固定汇率体系维持不变,则有利于欧洲货币计划的实施。美国最后采取的策略是所谓的"善意忽略"——它为什么应当继续维持固定汇率体系不同,为欧洲单一货币铺平道路呢?从最后的结果看,美国对于汇率的"善意忽略",的确推迟了欧洲货币一体化的进程。[②]

浮动汇率制的来临,催生了1976年的《国际货币基金组织协定第二修正案》,正式确认了有管理的浮动——肮脏浮动。从那时起,国际货币基金组织一直在进行战斗,旨在使其成员国货币的汇率不稳定(蒙代尔,2003)。

实行更加灵活的汇率安排,美国至少有如下考虑:

第一,提高美元的地位。众所周知,美元本身不能实行固定汇率。由于国际货币体系里的"第n种"货币(即美元)具有最大的交易规模,如果美国不支配其他国家的货币政策,就不可能将第n种货币(美元)和其他任何货币固定。但是其他比美国经济规模小的经济体(特别是一些小型开放经济体)钉住美元却是可能的。在美国货币当局看来,如果一个逐渐起飞的大型经济体长期钉住美元,将成为美元的"影子货币",这会对美元的国际货币地位造成挑战。相反,如果其他潜在的国际货币的汇率都动荡不安,更能突出美元的稀缺性和不可替代性。

第二,符合美国对于市场功能的哲学认识。历史上,拉美债务危机爆发后,多边借款机构及其以美国为主的主要债权人纷纷借此机会要求拉美各经济体进行一揽子综合性全面改革,循着理性预期宏观经济学的教导,转而实行自由市场政策(这套改革方案后来被称为"华盛顿共识",Williamson,1990)。

---

① 1960—1971年,欧洲各国组成了英镑区、黄金集团、法郎区三个跛行货币区,1972—1978年,西欧货币开始联合浮动。1979—1998年,建立了欧洲货币体系。

② 承认马克的主导作用成为当时一个主要的政治问题,直至20世纪80年代,法国才最终承认这个现实。

这种自由市场政策的哲学同样延伸到货币金融领域。对于发达国家（美国）的汇率波动，美联储现任主席伯南克（2008）认为，"尽管美元汇率在过去30年变化非常大，但是全球宏观经济环境的变化也是巨大的。作为国际调节机制的主要组成部分，汇率波动和与之相关的资本流动经常发挥这种重要的稳定作用。浮动汇率吸收外部冲击的功能使它变得更有价值，尽管汇率波动会对贸易有负面影响。"① 对于发展中国家，伯南克认为"经验表明，无论发展中国家采取什么样的中间汇率制度安排，它们最好将工作任务的重点转向制度建设、保护产权和建立一个健康的财政和货币框架，以便最终实现资本自由流动和浮动汇率制。……货币政策应该关注低而稳定的通货膨胀，让自由市场决定汇率。……（以亚洲为例）美国将从中国和其他东亚国家向浮动汇率制度转轨和实现更加自由的资本流动中获益匪浅。……亚洲经济的发展将拓展美国生产者的出口市场，特别是因为独立的货币政策和制度改革为刺激亚洲家庭和公司的需求提供了广阔的空间。"② 当然，还有一种可能是，国际投资界对货币当局是否有能力对每日超过数万亿美元交易的全球外汇市场加以有效管理及合理定价表示怀疑，因此货币当局只能将汇率交给市场自由决定。

第三，符合美国强大的金融产业的利益。这似乎是一个狭隘的政治问题，因为美国具有全球最强大的金融产业。"金融界作为倡导汇率价格稳定的强大的传统势力，已经完全改变了昔日的立场。这一转变是因为今天跨国运作的金融机构已经在市场上不稳定中取得了既定的利益。它们的交易员处于非常有利的战术地位，可以感受市场的压力和心理，并能随时采取行动以利用，乃至加剧汇率波动。……那些交易员被赋予了太多的自由，其原因是年复一年，外汇市场和相关的交易已经成为一个重要的利润中心。同样的波动性，也为具有专业知识设计并向客户推销高尖端避险保值产品的机构提供了创利的机会（保罗·沃尔克，1996）。"

尽管美国鼓励其他经济体采取自由浮动汇率加资本自由流动式的政策组合方式，也不经常干预外汇市场，但是这并不意味着美国货币当局真的像表面上宣称的那样遵从外汇市场的自由选择，而真的对汇率水平完全"善意忽略"。在回顾浮动汇率制下美国货币政策和汇率政策协调的历程中，依然可以看到美

---

① 张卫平（2012）弹性价格两国的DSGE分析，浮动汇率将吸收源自外国的货币政策冲击，只改变外国的利率和价格水平，而不会对本国的名义变量造成改变。
② 并不是所有的美联储主席都支持浮动汇率制度，布雷顿森林体系解体前夕的伯恩斯和此后的保罗·沃尔克是汇率稳定的支持者。

国利用汇率政策实现其宏观经济目标的迹象：

第一，《广场协议》期间明确利用汇率政策和货币政策协调来应对国内的滞胀。由于主要工业国家都有良好的国内宏观经济环境及有效的政策传导机制，它们在多数情况下仍依靠支出变化政策来解决国内经济问题，而使用支付转换政策来应付国际收支不平衡。但是，在特殊情况下，主要工业国也可能运用汇率政策来缓解国内经济不平衡问题。由于石油危机的冲击，美国曾一度陷入严重的经济滞胀。1985—1986年，美国曾联合其他四个主要工业国使用汇率政策改变美元对日元、马克、英镑、法郎的相对价格[①]，以解决美国国内的高利率、高失业以及国际贸易逆差问题（俞乔，1999）。

第二，自动激发式的隐含的货币政策和汇率政策协调。由于美国的资本金融项目开放程度较高，这意味着美国的货币市场和外汇市场是紧密联系在一起的。美联储通过公开市场操作进而改变美国基准利率水平，除了能够实现国内的货币政策目标，而且直接影响了国际上的套利资本流动，导致美元汇率的变动。这是一种自动激发式的货币政策和汇率政策协调。由于美国采取的是一种既关注通货膨胀率、又关注主要货币汇率、黄金价格，乃至大宗商品价格等的混合的货币政策规则。因此，不能将美国的公开市场操作行为简单地理解为货币政策行为，相反其中可能蕴含着多元化的政策意图，例如通过提高美元利率，实现强势美元政策，进而维护美国的国际收支平衡。发达国家开展的外汇市场干预，往往与货币政策协调一致时，干预业务才对汇率有重大的影响。由于美元属于国际货币，美国的货币政策调控可能会给其他地区的汇率稳定带来巨大麻烦。蒙代尔（2003）认为1995—1998年美元的巨幅升值和日元的巨幅贬值，是亚洲金融危机的主要原因。因为日元贬值之时，来自日本的投资就会立刻枯竭，这对许多东南亚国家是巨大的打击。

第三，金融市场之外的汇率政策。美国是当今世界上的超级大国，在全球很多地区都有美国的军事存在。在特殊的局势下，美国的军事演习或武器试验就可能会对美元汇率、全球流动性、以石油为代表的大宗商品价格等造成影响，这意味着单纯从美国货币当时是否进入外汇市场直接进行干预来识别美国是否采取了汇率政策可能是不全面的，不能忽视美国在金融市场之外的干预和影响力。

---

① 1985年9月22日，西方五国美国、日本、西德、英国、法国财政部部长和中央银行行长在纽约广场饭店达成《广场协议》。

(三)美国的货币政策和汇率政策目标的特点

无论是布雷顿森林体系时代,还是牙买加体系时代至今,美国货币当局大多数时间内采取的是货币政策目标优于汇率政策目标的政策协调方式。在布雷顿森林体系时代,美国过度利用货币政策来维护本国经济利益(其他工业国希望美国以通过维护国内价格稳定为世界其他地区的通货膨胀确立标准的愿望落空),而没有利用汇率政策妥善处置美元和黄金的关系,成为该体系终结的重要原因。在布雷顿森林体系解体之后,尽管美国经历了一段时期的严重的通货膨胀和经济增速放缓,但是现在美国已经成功地实现了国内低通货膨胀和经济稳定的政策承诺,这种承诺业已成为有效的名义锚。[①] 当然,这并不意味着美国完全放弃了其汇率政策目标,在一些特殊情况下,美国随时可以利用美元政策来维护其国内经济目标和国际收支平衡。但是,由于美国经济总量庞大,出口占美国 GDP 的比重并不是非常高,这意味着美国的经济是相对封闭的,这使得美联储将主要从本国经济需要出发调控货币政策或汇率政策,这引发了国际货币体系下不该有的动荡,尽管这种动荡不一定出自美国货币当局的本意。本节将在下个部分分析 1996—2003 年美国货币政策和汇率政策协调中存在的问题与不足,这对于理解 2007 年爆发的次贷危机、美国对于其他国家货币政策框架的期望和偏好,以及未来中国的货币政策和汇率政策协调有一定的帮助。

4.3.2 次贷危机的货币和汇率政策根源

自 20 个世纪 90 年代后半期,美国经济在很多方面表现良好,通货膨胀得到很好的控制,劳动力市场得到巩固,经济增长恢复到健康水平,但是经济中庞大且不断增加的经常账户赤字问题却引发人们的关注,并一直延续至今。伯南克(2005)认为国外和国内的收入、资产价格、利率和汇率等由经济基本面决定的因素是解释贸易不平衡的决定性因素;相反,与贸易相关的特定因素并不是回答以上问题的关键。

从大约 1996 年至 2000 年初,资产价格在国际金融市场上发挥了关键性的平衡作用。在这一时期,美国新科技的快速发展和广泛采用以及生产率的显著提高,再加上美国所拥有的长期低政治风险、强大的产权保护和良好的管制环

[①] 国际金融危机之前,通货膨胀目标制加自由浮动汇率的政策组合方式在其他工业国同样大行其道。

境，使美国经济对国际投资者产生了强大的吸引力。① 因此，资本快速大量流入美国，推动股价上涨和美元升值，尽管当时其他工业国的股指也在上涨，但是其股市的人均资本化水平低于美国。

金融市场条件的改变促使美国经常账户相应地内在调整。从金融角度（汇率）来看，美元走强使得出口导向的部门（如制造业）受到限制，而鼓励了进口，任其发展造成了贸易失衡；从收入角度看，不断增加的股票市场财富提升了美国消费者在货物和服务方面的消费意愿（其中包括大量的进口），而降低了储蓄的意识。这样 1996—2000 年，美元走强、美国国内财富效应以及外国投资美国意愿增加共同推动了美国经常项目恶化。

2000 年 3 月美国股市衰退后，新的资本投资和融资需求在全球都衰退了，但是全球储蓄增长仍然强劲，事实上，在那些年真实利率不仅在美国，而且在全世界已经相当低。低的真实利率而不再是高股价，成为美国低储蓄率的主要原因。较低的抵押贷款利率支撑了住宅建设，并使购房者从房价上涨中获得利润达到创纪录的水平。房屋价值的提高，以及从 2003 年开始恢复的股市，让美国家庭的财富—收入比达到了 5.4，与 1999 年的峰值 6.2 相差不远，超过了它的长期平均水平（1960—2003 年的均值为 4.8）。此外，美国住房财富膨胀的大部分可以通过兑现再融资和住房资产信用为家庭所用，这使得美国的储蓄率保持在低水平。格林斯潘（2005）指出，美国的抵押债券与美国经常账户赤字之间存在很强的关联性。由于经常账户赤字的持续增加，美国对于国际资本流入的依赖性更强了。

由于美元是全球重要的国际储备货币，一些新兴市场经济体也将美元作为它们管理自己货币币值的参考点，且美国金融市场的深度和复杂度与美国作为投资目的地的吸引力无以能比，使得大量储蓄一旦流出发展中国家，便绝大多数变成美元资产，如美国国债债券。这种美元的外流效应对于美国利率和美元有着不同的影响。一方面，大量的储蓄流入美国，压低了美国的真实利率水平，促进了投资和资产价格膨胀；另一方面，在 20 世纪 90 年代后期，美元的坚挺程度比此前更强了（由于日本经济升级的失败，使得日元国际化受阻，这种国际货币的替换效应也会进一步使美元走强）。这一系列作用，强化了美国经常项目的恶化。但是伯南克（2008）认为，"20 世纪 90 年代后期美元的大幅升值在很大程度上反映了美国生产力水平的大幅提升，这提高了资本收益

---

① 相比之下，美国之外的一些工业国由于人口老龄化、资本有机构成提高，正面临着国内投资机会的枯竭的局面。

率并吸引大量资本流入。资本流入、更加坚挺的美元和与此相关的进口增加，共同促进了美国这一时期的资本投资增长，推动生产和收入的增长，却没有带来经济过热或出现要求利率调升的情况。相反，他认为应该从美国之外，消除美国的经常项目逆差，例如让这些经济体以借款者的自然身份而不是贷款者的身份重新进入国际资本市场。实施金融自由化，并逐步采取更大灵活的汇率制度。这包括美国和其他七国集团国家的政府敦促中国推进汇率市场化改革，以便符合全球的宏观经济调整的整体利益。"

美国经济的基本面果真如其所说的那样健康吗，抑或问题全部来自外部？在经过2003年短短的4年时间后，美国华尔街爆发了次贷危机，并引发了1929年大危机以来最为严重的国际金融危机。从货币政策来看，美国危机前理想的通货膨胀水平，存在系统性的偏差，从新兴市场进口的大量的廉价商品维护了美国良好的一般物价水平，但是美国房地产市场的泡沫在悄然积累。从汇率政策来看，过于坚挺的美元，加快了美国出口导向部门（制造业）的衰退和去工业化进程，使美国的经济过于倚重虚拟经济，而无视本国制造业的萎缩和经常项目恶化的加剧。当然，坚挺的美元有助于吸引国际资本流入美国。从一个更长的视角看，如果美国能够于1997年9月在中国香港举行的国际货币基金组织年会上接受日本关于建立亚洲货币基金的建议，可能就会使亚洲获得更好的应对危机的措施。当时美国财政部不容分说地拒绝了日本的建议，因为前者担心亚洲货币基金会把决策权从华盛顿夺走，而且华盛顿之外作出的决策将比华盛顿的决策更糟。不幸的是，话音未落，几个星期之后，亚洲金融危机就席卷而来（这次危机与此前不久美元对日元的大幅升值关系紧密），这成为此后一些新兴市场经济体积累外汇储备，并由资本输入者转变成为资本输出者的重要原因。作为国际储备货币的发行国的美国如果能够从负责任大国的角度，维护美元汇率的稳定，将很可能不用像现在这样担心新兴市场经济体的储备积累问题。本书认为，在1996—2003年，美国货币政策和汇率政策的失灵，和国际金融危机之前美国华尔街的市场失灵一样，都对这次深远的危机负有责任。

4.3.3 货币汇率政策协调的经验和启示

值得注意的是，1996—2003年美国所经历的住房的增值、家庭财富的增加、本币汇价的坚挺以及经常项目的恶化，并不是美国所独有的，法国、意大利、西班牙、英国①这些在当前的欧洲债务危机中出现问题的经济体,全部在1996年以来经历了本国经常账户向赤字方向的大幅移动。工业国中的主要例外是德国和日本,这两个国家的经常账户在1996—2003年出现了大幅度增长。从财富效应看,经常账户已经移向赤字的经济体总体上经历了住房的增值和家庭财富的增加,1996—2003年,法国的财富—收入比增长了14%,意大利增加了12%,英国增加了27%。相反德国和日本的财富—收入比一直变化不大,因为这个阶段德国和日本经济增长缓慢(德国还实施了有效的住房合作社计划),没有经历住房财富的增长,尽管它们的利率水平很低。从汇率水平来看,经历经常项目恶化的工业国大多经历了名义(及实际)有效汇率的升值,例如美元和英镑名义有效汇率的升值。但德国和日本的名义有效汇率水平则没有明显的升值。在欧元区内部,尽管法国、意大利和西班牙的名义有效汇率和德国是重合的,但是由于地区生产力和竞争力的差异,可能使法国、意大利和西班牙的有效汇率相比与德国的显得过高了,这不利于前者逆差的调整。

和经常项目收支恶化的工业国不同的是,在1996—2003年,发展中国家和地区经常项目改善的经济体中,除了中国和中国香港特区的名义有效汇率有较明显的提高外,包括韩国、泰国、中国台湾地区等东亚经济体以及墨西哥、阿根廷、巴西等美洲国家都有不同程度的名义有效汇率贬值。这可能意味着,不能忽视和低估汇率水平对于新兴市场经济体在经济起飞阶段国际竞争力的支持作用。与此同时,还看到这些出现了贸易收支改善的经济体中,有一部分经济体曾遭遇了货币危机,汇率出现了剧烈波动,例如1997年的泰国、韩国和2002年的阿根廷。

表4-6　　　　　　　　全球经常账户平衡表　　　　单位:10亿美元

经济体	1996年	2003年	经济体	1996年	2003年
工业化国家	46.2	-342.3	发展中国家或地区	-87.5	205
美国	-120.2	-530.7	亚洲	-40.8	148.3
日本	65.4	138.2	中国	7.2	45.9
欧洲地区	88.5	24.9	中国香港	-2.6	17
法国	20.8	4.5	韩国	-23.1	11.9
德国	-13.4	55.1	中国台湾	10.9	29.3

① 在英国的财政赤字比意大利高得多,但是政府公债却比意大利低得多,主要就是因为它是储备货币。这种情况类似于美国,美国能够向全世界借债渡过危机,因为美元是储备货币(林毅夫,2012)。

续表

经济体	1996年	2003年	经济体	1996年	2003年
意大利	39.6	-20.7	泰国	-14.4	8
西班牙	0.4	-23.6	拉丁美洲国家	-39.1	3.8
其他	12.5	25.3	阿根廷	-6.8	3.8
澳大利亚	-15.8	-30.4	巴西	-23.2	4
加拿大	3.4	17.1	墨西哥	-2.5	-8.7
瑞士	21.3	42.2	中东和非洲国家	5.9	47.8
英国	-10.9	-30.5	东欧和苏联	-13.5	5.1

注：1996年和2003年的统计差异项分别为41.3和137.2。

资料来源：向松祚、邵智宾. 伯南克的货币理论和政策哲学 [M]. 北京：北京大学出版社, 2008: 330-331.

通过回顾工业国和发展中国家和地区的宏观经济表现，本书认为"国内财富—收入比过高、汇率过于坚挺、经常账户恶化、对国际资本流入依赖性加大"是开放条件下经济体基本面恶化的表现。在经过一段时期的积累后，可能诱发债务危机、货币危机或者系统性的金融危机。作为一个处于起飞阶段的更大开放的大型经济体，中国需要在货币政策和汇率政策制定和实施过程中借鉴德国和日本的有益经验，防止出现美国、个别欧洲国家和一些遭遇了货币危机的新兴市场经济体出现的问题。首先，需要在维护好本国通货膨胀目标的同时，通过引入新的货币政策工具（例如宏观审慎政策）或者和其他政策配合，防范资产泡沫的膨胀，使中国的财富—收入比处于一个相对合理的区间。其次，需要运用汇率政策维护人民币汇率的基本稳定，特别是在人民币国际化的进程中，要防止由于人民币国际化程度提升背景下人民币相对于美元在实际有效汇率上的过度升值，这将会对中国的出口竞争力和就业状况带来巨大冲击；相反，要使人民币汇率的升值进程尽量安排在一个较长的时间内，顺应中国劳动生产率上升的节奏，使人民币汇率不要出现高估。最后，自主审慎有序开放中国的资本金融项目，防范短期投机资金对于中国金融市场的侵扰以及人民币实际有效汇率稳定的冲击，严格控制私人和主权债务的规模，防止出现货币错配的风险。

5

新常态下货币政策与汇率政策协调的理论分析

在上一章的国际经验回顾中,本书发现受制于国际货币体系的内在缺陷以及外围大型经济体和中心国经济周期的不一致性,容易引发汇率稳定条件下的货币政策两难问题。因此,对于一个拥有相对成熟的货币政策调控体系的大型经济体而言,最好是同时追求货币政策目标(内部稳定、物价目标)和汇率政策目标(外部稳定、汇率和国际收支平衡)。但是当两个政策目标冲突,进而不得不二者择一时,那就首先选择货币政策目标,只把汇率政策目标放在第二位。但是将汇率政策放在第二位绝不等于实质上的"善意忽略",德国和美国的经验表明,不仅要保持国内广义价格的稳定,而且要兼顾有效汇率的水平。重点关注物价稳定,兼顾汇率基本稳定的政策协调方式(政策目标排序方式),是外生冲击下稳定中国宏观经济的合意的调控方式吗?反之,当新常态下面对多种经济冲击时,什么样的货币政策和汇率政策协调方式才能有效稳定宏观经济变量?

本章将基于开放经济下最优货币政策与汇率政策的分析框架,建立新常态下货币政策与汇率政策协调("双目标、双工具")的理论模型。该模型将在原分析框架基础上引入总供给冲击,刻画总供给冲击影响供给侧经济活动、资本流动的机制。基于多目标优化方法,求解不同规则下货币政策、汇率政策应对经济冲击的最优反应函数,比较不同政策协调方式下的福利水平和政策信誉。

5.1 理论基础

货币政策与汇率政策协调研究可以追溯到经济政策的纯理论研究,James

E. Meade（1951）指出若要实现一个政策目标，就要有一个政策工具。主张用财政政策实现就业目标，用货币政策实现国际收支目标。Jan Tinbergen（1952）提出政策目标数量不能超过政策工具数量的规则。Robert A. Mundell（1960）研究政策工具与目标的最优动态配置，得出"有效市场分类原理"，即政策工具必须指派给其能产生最直接效力的政策目标。Robert A. Mundell（1963）开创了开放经济的稳定政策分析，指出在资本自由流动条件下，货币政策无法同时兼顾内外部稳定目标。Robert A. Mundell（1968）认为选择内在一致的经济政策体系，既要考虑Tinbergen规则，又要考虑政策工具的有效性、政策目标和工具的独立性，以及工具的制度约束等因素。

国际金融危机后，经济复苏的乏力引发对通胀目标制以外货币政策框架的理论探讨（周小川，2016）。在比较竞争性的货币政策框架时，要考虑不同政策框架如何与经济结构结合来吸收经济冲击（James Tobin，1983）。对新兴市场而言，Jaromir Benes等人（2015）将资产负债表效应引入包含银行部门的新凯恩斯主义模型，建立了一个研究货币政策和汇率政策的理论框架。A. R. Ghosh等人（2016）指出在通胀目标制或相机抉择框架下，在利率工具之外，引入外汇干预工具能更有效地抵御需求冲击和资本流动冲击。Ostry等人（2010，2011）研究了应对资本流动冲击的管理工具。Alexander Erler等人（2015）和Olivier Blanchard等人（2015）实证分析了央行干预外汇市场的策略和效果。

本章基于A. R. Ghosh等人（2016）关于新兴市场经济体最优货币政策和汇率政策的分析框架，建立新常态下货币政策与汇率政策协调的理论分析框架。在原有分析框架下，引入供给冲击，刻画供给冲击影响供给侧经济活动、资本流动及各种预期的机制。基于多目标优化方法，求解不同协调方式与工具组合下货币政策、汇率政策的最优反应函数，及货币当局总体福利水平和政策信誉状况。基于政策工具的分工方式，研究"货币政策、汇率政策与需求冲击、资本流动冲击"，以及"货币政策、汇率政策与供给冲击"的关系，深化冲击性质、工具属性认识，搭建新古典主义和新凯恩斯主义理论的桥梁。

5.2 理论模型

5.2.1 模型设定

总需求函数被假设为与实际利率 r 负相关，与实际汇率 e 负相关，与需求冲击 u 相关。

$$y_t = -\phi_r r_t - \phi_e e_t - u_t \tag{5.1}$$

总供给函数被假设为与未预期到的通胀（$\pi_t - \pi_t^e$）正相关，与供给冲击 t 有关。其中，供给冲击 t 由于国内外技术差（$k^* - k$）决定，其中 k^* 为国外技术水平，k 为国内技术水平。

$$y_t = \beta_\pi(\pi_t - \pi_t^e) - t \tag{5.2}$$

其中，π 代表实际的通胀，π^e 为预期的通胀，t 代表供给冲击。

该模型的一个重要假设是资本流动与（考虑汇率预期变动的）国内外利率差正相关，也与供给冲击 t 有关。因为资本流动既与国际套利活动有关，也与外汇市场对于技术创新和投资机会的预期有关。这个假设在供给冲击与实际汇率之间建立起联系。

$$\Delta k_t = \gamma_r(r_t - r_t^* + (e_{t+1}^e - e_t)) - t \tag{5.3}$$

经常账户与实际汇率负相关，与总产出负相关：

$$ca_t = -\phi_e e_t - \phi_y y_t \tag{5.4}$$

最后，国际收支恒等式将经常账户、资本账户（不包含国际储备账户）与国际储备的积累（ΔR）联系在一起：

$$ca_t + \Delta k_t = \theta \Delta R_t \tag{5.5}$$

其中，$\theta = R_t/k_t$ 是一个缩放因子。

中央银行被假设可以选择实际利率 r 和（冲销的）外汇干预规模 ΔR_t。外国利率 r_t^*（资本流入冲击对应着 $r_t^* < 0$）、供给冲击 t、需求冲击 u 被假设是不相关的，它们的均值都为 0，方差分别为 $\sigma_{r^*}^2$、σ_t^2、σ_u^2。这三种冲击被假设发生在工资制定者形成对于当前通胀预期（π_t^e）之后，发生在中央银行设定利率及选择外汇干预的规模之前。

为了获得分析结果，本部分采取两阶段的框架：在资本流动仅发生在第 1 期（第 2 期保持不变）的假设下，全部变量在第 2 期都等于 0。因此，我们可以聚焦于第1期。为进一步简化计算，我们进一步假设 $\phi_r = \beta_\pi = \emptyset_e = \gamma_r = \theta = 1$，$\phi_e = \emptyset_y = 0$；这些假设并不改变模型的主要推断。

作为这类模型的标准，中央银行被假设将惩罚对产出目标的偏离，$\bar{y} \geq 0$，其中产出目标可能超过产出的自然水平（$\bar{y} = 0$），还将惩罚对通胀目标的偏离（也被定为0）。当 $\bar{y} > 0$ 时，我们说中央银行有时间一致性问题，由于中央银行不能承诺低通胀因此将使经济产生通货膨胀偏向。即使在均衡时，这种通胀将被工资制定者预期到，因此不能导致更高的产出水平。此外，中央银行还被假设将惩罚实际汇率对符合中期基本面汇率值的偏离（也被定为0）。这种假设主要考虑过度升值对国家竞争力的影响，以及过度贬值对于外债和国际汇率政策协调的影响。基于上述几点，中央银行的目标函数为：

$$W = \text{MAX}_{r,R} -\frac{1}{2}\{(y-\bar{y})^2 + a(\pi)^2 + b(e)^2 + c(R)^2\} \quad (5.6)$$

其中，当产出偏离目标值1%的水平时，权重设定为1。a、b、$c \geq 0$ 为其他权重。

5.2.2 相机抉择对通胀目标制——一种政策工具

我们先比较央行仅有利率一个政策工具情况下，相机抉择货币政策和通胀目标制。此时，央行的目标函数变为

$$W = \max_r -\frac{1}{2}\{(y-\bar{y})^2 + a(\pi)^2 + b(e)^2\} \quad (5.7)$$

（一）仅有利率工具情况下的相机抉择货币政策

在相机抉择政策下，央行利率的一阶条件是：

$$r = \frac{\tilde{b}r^* - (1+a)u + (a+\tilde{b})t}{1+a+\tilde{b}} \quad (5.8)$$

其中，$\tilde{b} = b/4$。政策利率对外国利率冲击、供给冲击作出正向反应，对需求冲击作出负向反应，在每种情况下，只能部分抵消各种冲击。产出、通胀和汇率分别为

$$y = \frac{-\tilde{b}(r^*+u)-(a+\tilde{b})t}{1+a+\tilde{b}}; \quad \pi = \frac{\bar{y}}{a} + \frac{-\tilde{b}(r^*+u)+t}{1+a+\tilde{b}};$$

$$e = \frac{1}{2}\left[\frac{-(1+a)(r^*+u)-t}{1+a+\tilde{b}}\right] \quad (5.9)$$

更高的外国利率，或者一个（负的）需求冲击，或一个（负的）供给冲

击，将降低总产出水平，并使本币实际贬值。更高的外国利率，或者一个（负的）需求冲击将降低通胀，一个（负的）供给冲击将提升通胀。

将公式（5.9）代入公式（5.7）可以得到相机抉择货币政策下央行的福利损失：

$$L_r^D = \frac{E}{2}\left\{\left(\frac{-\tilde{b}(r^* + u) - (a + \tilde{b})t}{1 + a + \tilde{b}} - \bar{y}\right)^2 + a\left((\bar{y}/a) + \frac{-\tilde{b}(r^* + u) + t}{1 + a + \tilde{b}}\right)^2 + \tilde{b}\left(\frac{-(1 + a)(r^* + u) - t}{1 + a + \tilde{b}}\right)^2\right\} \quad (5.10)$$

（二）仅有利率工具情况下通胀目标制

我们认为通胀目标制下央行将承诺使通胀等于通胀目标（该目标为0）。因此，在通胀目标制下，$\pi = 0; \pi^e = 0$。根据公式（5.1）和公式（5.2），政策利率将全部抵消需求冲击和供给冲击。

$$r = t - u; y = -t; e = \frac{-u - r^*}{2} \quad (5.11)$$

因此，在通胀目标制下的预期福利损失为

$$L_r^{IT} = \frac{E}{2}\{(-t - \bar{y})^2 + \tilde{b}(-u - r^*)^2\} \quad (5.12)$$

（三）比较仅有一种工具的两种政策框架

为了比较两种政策框架，可以对一些特殊情形进行比较：

1. 仅有时间一致性问题，没有随机冲击。在没有外国利率冲击、需求冲击或供给冲击的情况下，央行面对时间一致性问题（$\bar{y} > 0$）。

$$(L_r^D - l_r^{IT})\big|_{\sigma_u^2 = \sigma_{r^*}^2 = \sigma_t^2 = 0} = \frac{1}{2}\left(\frac{\bar{y}^2}{a}\right) > 0 \quad (5.13)$$

因为相机抉择框架的价值在于央行可以偏离通胀目标，抵消随机冲击对其他宏观经济目标（产出、实际汇率）的影响。当没有冲击时，相机抉择的价值降低。相反，相机抉择框架将引发通胀偏向问题，导致相对于通胀目标制存在更大的福利损失。

2. 仅有外国利率冲击、需求冲击或供给冲击，没有时间一致性问题。

$$(L_r^D - l_r^{IT})\big|_{\bar{y}=0} = \frac{1}{2}\left(\frac{-(\tilde{b})^2}{1 + a + \tilde{b}}\right)(\sigma_{r^*}^2 + \sigma_u^2) + \frac{1}{2}\left(\frac{a + \tilde{b}}{1 + a + \tilde{b}} - 1\right)\sigma_t^2 < 0$$

$$(5.14)$$

当中央银行面临外国利率冲击、需求冲击或供给冲击，而不存在时间一致性或央行信誉问题时，相机抉择框架的福利损失更小。

当然，如果 $\tilde{b} = 0$（即中央银行不关注实际汇率波动），且不存在供给冲击的情况下，相机抉择框架和通胀目标制框架的福利损失是一样的。但是引入供给冲击后，相机抉择框架的福利损失更小。

总的来看，相机抉择货币政策框架或通胀目标制框架哪个拥有更小的福利损失取决于随机冲击和央行信誉问题的相对水平。

5.2.3 相机抉择对通胀目标制——两种政策工具

接下来，考虑央行可以将外汇市场冲销干预作为政策工具。这种干预在新兴市场国家可能比发达国家更为有效，但是这种干预不是没有成本的，例如冲销的财政成本（例如储备资产和用于冲销的债券之间的利率差异），也会引发经济中信贷配置的潜在扭曲（即当利率固定时，冲销将影响政府债券、其他金融资产以及私人部门信贷之间的相对供给）。考虑到上述原因，我们（通过将 R 纳入中央银行损失函数）假设冲销干预是有成本的。

（一）有两种政策工具情况下的相机抉择货币政策

中央银行通过同时选择 r 和 R 以实现公式（5.6）的最大化，由此可以得到

$$r = \frac{\tilde{b}r^* - (1+a)(1+\tilde{b}/c)u + [a(1+\tilde{b}/c) + \tilde{b}]t}{((1+a)(1+\tilde{b}/c) + \tilde{b})} \quad (5.15)$$

本国利率对外国利率冲击作出正向反应，对需求冲击作出负向反应，对供给冲击作出正向反应，且反应程度大于对外国利率的反应程度。最优的冲销干预政策要求中央银行面对更高的世界利率时（这将导致资本外流）或需求冲击时，出售外汇储备。同样，面对供给冲击时，也要求出售外汇储备，以抵消供给冲击。

$$R = \frac{-(1+a)(\tilde{b}/c)(r^* + u) - (\tilde{b}/c)t}{((1+a)(1+\tilde{b}/c) + \tilde{b})} \quad (5.16)$$

将 r 和 R 代回去后，可以获得简化形式的总产出、通胀和实际汇率。

$$y = \frac{-\tilde{b}(r^* + u) - [a(1+\tilde{b}/c) + \tilde{b}]t}{(1+a)(1+\tilde{b}/c) + \tilde{b}};$$

$$\pi = \frac{\bar{y}}{a} + \frac{-\tilde{b}(r^* + u) - \mp(1+\tilde{b}/c)t}{(1+a)(1+\tilde{b}/c) + \tilde{b}};$$

$$e = \frac{1}{2}\left[\frac{-(1+a)(r^* + u) - t}{(1+a)(1+\tilde{b}/c) + \tilde{b}}\right]$$

央行的福利损失可以写作：

$$L_{r,R}^D = \frac{E}{2}\left\{\left(\frac{-\tilde{b}(r^* + u) - [a(1+\tilde{b}/c) + \tilde{b}]t}{(1+a)(1+\tilde{b}/c) + \tilde{b}} - \bar{y}\right)^2\right.$$

$$+ a\left((\bar{y}/a) + \frac{-\tilde{b}(r^* + u) - \mp(1+\tilde{b}/c)t}{(1+a)(1+\tilde{b}/c) + \tilde{b}}\right)^2$$

$$+ \tilde{b}\left(\frac{-(1+a)(r^* + u) - t}{(1+a)(1+\tilde{b}/c) + \tilde{b}}\right)^2$$

$$\left. + c\left(\frac{-(1+a)(\tilde{b}/c)(r^* + u) - (\tilde{b}/c)t}{(1+a)(1+\tilde{b}/c) + \tilde{b}}\right)^2\right\} \tag{5.17}$$

在讨论拥有两个工具的通胀目标制之前，需要证明增加了新的政策工具将有助于增加福利。通过考察公式（5.10）和公式（5.17）发现，当没有外国利率、需求或供给冲击，$(r^* = u = t = 0)$，且仅有时间一致性问题（$\bar{y} > 0$）的情况下，央行无论在外汇市场上进行冲销干预与否，其福利损失是相同的。换言之，冲销干预不能帮助解决时间一致性问题，它只能帮助抵消需求冲击、供给冲击或资本流动冲击。

当不存在时间一致性问题，但存在随机冲击时，我们进一步比较了公式（5.10）和公式（5.17），可以得到两种政策工具的相机抉择框架与一种政策工具相机抉择框架的福利差别：

$$(L_{r,R}^D - L_r^D)|_{\bar{y}=0} = \frac{1}{2}\left(\frac{(1+a)\tilde{b}}{(1+a)\left(1+\frac{\tilde{b}}{c}\right) + \tilde{b}} - \frac{(1+a)\tilde{b}}{1+a+\tilde{b}}\right)(\sigma_{r^*}^2 + \sigma_u^2)$$

$$+ \frac{1}{2}\left(\frac{a\left(1+\frac{\tilde{b}}{c}\right) + \tilde{b}}{(1+a)\left(1+\frac{\tilde{b}}{c}\right) + \tilde{b}} - \frac{a+\tilde{b}}{1+a+\tilde{b}}\right)\sigma_t^2 < 0$$

当不存在时间一致性问题，无论面对哪种随机冲击，引进有冲销干预都有助于降低央行福利损失，尽管使用冲销干预工具是有成本的。

（二）有两种政策工具情况下的通胀目标制

我们继续假设通胀目标制下央行将承诺使通胀等于通胀目标（该目标为

0)。因此，在通胀目标制下，$\pi = 0; \pi^e = 0$。货币政策因此要抵消需求冲击和供给冲击。

$$r = t - u; y = -t; e = \frac{-u - r^* - R}{2}$$

最优的外汇干预和实际汇率可以记作：

$$R = \frac{-\tilde{b}(u + r^*)}{\tilde{b} + c}; e = \frac{-c(u + r^*)}{2(\tilde{b} + c)} \tag{5.18}$$

因此，需求冲击或世界利率上升（它将引发资本外流）需要通过出售外汇储备加以应对。由于通胀目标被完全实现了，因此在通胀目标和外汇干预下的汇率管理之间没有内生的不一致性。在这一简单的设定中（我们假设 $\phi_e = \phi_y = 0$），政策指派规则是，将利率工具仅用于实现内部平衡，而外汇市场冲销干预兼顾内外部平衡。

在这种情况下，央行的福利损失是

$$L_{r,R}^{IT} = \frac{E}{2} \left\{ (-t - \bar{y})^2 + \tilde{b} \left(\frac{-c(u + r^*)}{\tilde{b} + c} \right)^2 \right\} \tag{5.19}$$

$$L_{r,R}^{IT} - L_r^{IT}) \big|_{\bar{y} = 0} = \frac{1}{2} \left(\frac{-\tilde{b}^2}{\tilde{b} + c} \right) (\sigma_{r^*}^2 + \sigma_u^2) < 0$$

通过比较公式（5.12）和公式（5.19）中 $(u + r^*)$ 前的系数发现，当面对需求冲击或资本流动冲击时，外汇冲销干预有助于减少福利损失。但是面对供给冲击时，外汇冲销干预并不能减少福利损失。

（三）比较使用两种工具的两个政策框架

比较有两种政策工具的相机抉择框架和通胀目标制框架，可以关注一些特定的情形。例如，当没有随机冲击，有时间一致性问题时，通过公式（5.17）和公式（5.19）可以看出：

$$L_{r,R}^D = \frac{E}{2} \Bigg\{ \left(\frac{-\tilde{b}(r^* + u) - [a(1 + \tilde{b}/c) + \tilde{b}]t}{(1 + a)(1 + \tilde{b}/c) + \tilde{b}} - \bar{y} \right)^2$$

$$+ a \left((\bar{y}/a) + \frac{-\tilde{b}(r^* + u) - \mp (1 + \tilde{b}/c)t}{(1 + a)(1 + \tilde{b}/c) + \tilde{b}} \right)^2$$

$$+ \tilde{b} \left(\frac{-(1 + a)(r^* + u) - t}{(1 + a)(1 + \tilde{b}/c) + \tilde{b}} \right)^2$$

$$+ c \left(\frac{-(1 + a)(\tilde{b}/c)(r^* + u) - (\tilde{b}/c)t}{(1 + a)(1 + \tilde{b}/c) + \tilde{b}} \right)^2 \Bigg\}$$

$$L_{r,R}^{IT} = \frac{E}{2}\left\{(-t-\bar{y})^2 + \tilde{b}\left(\frac{-c(u+r^*)}{\tilde{b}+c}\right)^2 + c\left(\frac{-\tilde{b}(u+r^*)}{\tilde{b}+c}\right)^2\right\}$$

$$(L_{r,R}^D - L_{r,R}^{IT})\big|_{\sigma_u^2 = \sigma_{r^*}^2 = \sigma_t^2 = 0} = \frac{1}{2}\left(\frac{\bar{y}^2}{a}\right) > 0 \qquad (5.20)$$

公式（5.20）反映的福利损失的差异是正的，且与公式（5.13）反映的福利损失的差异是相等的。因此当中央银行面对信誉问题，且没有任何随机冲击时，通胀目标制是有优势的，因为该框架强调政策纪律，进而消除了时间一致性问题。

相反，当央行不存在时间一致性问题，但有随机冲击时，福利损失的差异变为：

$$(L_{r,R}^D - L_{r,R}^{IT})\big|_{\bar{y}=0} = \frac{1}{2}\left(\frac{(1+a)\tilde{b}}{(1+a)\left(1+\frac{\tilde{b}}{c}\right)+\tilde{b}} - \frac{c\tilde{b}}{c+\tilde{b}}\right)(\sigma_{r^*}^2 + \sigma_u^2)$$

$$+ \frac{1}{2}\left(\frac{a\left(1+\frac{\tilde{b}}{c}\right)+\tilde{b}}{(1+a)\left(1+\frac{\tilde{b}}{c}\right)+\tilde{b}} - 1\right)\sigma_t^2 < 0 \qquad (5.21)$$

上述公式简化后：

$$(L_{r,R}^D - L_{r,R}^{IT})\big|_{\bar{y}=0} = \frac{1}{2}\left(\frac{c\tilde{b}}{(c+\tilde{b})+\frac{\tilde{b}c}{(1+a)}} - \frac{c\tilde{b}}{c+b}\right)(\sigma_{r^*}^2 + \sigma_u^2)$$

$$+ \frac{1}{2}\left(\frac{a\left(1+\frac{\tilde{b}}{c}\right)+\tilde{b}}{(1+a)\left(1+\frac{\tilde{b}}{c}\right)+\tilde{b}} - 1 < 0\right)$$

福利损失差异表明，当不存在时间不一致性问题，但面对随机冲击时，相机抉择框架比通胀目标制框架更有优势，福利损失更小。

5.2.4 不同协调方式和工具组合下央行福利比较

一方面，我们定义某种货币政策框架下，从使用一个政策工具到两个政策工具的福利损失的变化为某框架下政策工具增加的福利收益。例如在相机抉择框架下：$G_{r\to r,R}^D\big|_{\bar{y}=0} = (L_r^D - L_{r,R}^D)\big|_{\bar{y}=0}$；在通胀目标制框架下：$G_{r\to r,R}^{IT}\big|_{\bar{y}=0} =$

$(L_r^{IT} - L_{r,R}^{IT}|_{\bar{y}=0}$,其中,我们不考虑时间一致性问题($\bar{y}=0$)。另一方面,我们定义使用 1 种政策工具的情况下,政策框架的变化引起的福利损失的变化为政策框架变动的福利收益。例如,$G_r^{IT \to D}|_{\bar{y}=0} = (L_r^{IT} - L_r^{D})|_{\bar{y}=0}$。然后,我们计算获得

$$G_{r \to r,R}^{IT} - G_{r \to r,R}^{D} = \frac{1}{2}\left(\frac{\tilde{b}^2}{\tilde{b}+c} + \frac{(1+a)\tilde{b}}{(1+a)\left(1+\frac{\tilde{b}}{c}\right)+\tilde{b}} - \frac{(1+a)\tilde{b}}{1+a+\tilde{b}}\right)(\sigma_{r^*}^2 + \sigma_u^2)$$

$$+ \frac{1}{2}\left(\frac{a\left(1+\frac{\tilde{b}}{c}\right)+\tilde{b}}{(1+a)\left(1+\frac{\tilde{b}}{c}\right)+\tilde{b}} - \frac{a+\tilde{b}}{1+a+\tilde{b}}\right)\sigma_t^2$$

上面公式简化后得到

$$G_{r \to r,R}^{IT} - G_{r \to r,R}^{D} = \frac{1}{2}\left\{\frac{(\tilde{b})^2}{(\tilde{b}+c)} - \frac{(\tilde{b})^2}{\left[(\tilde{b}+c)+\frac{\tilde{b}c}{(1+a)}\right]\left(1+\frac{\tilde{b}}{1+a}\right)}\right\}(\sigma_{r^*}^2 + \sigma_u^2)$$

$$+ \frac{1}{2}\left\{\frac{a\left(1+\frac{\tilde{b}}{c}\right)+\tilde{b}}{(1+a)\left(1+\frac{\tilde{b}}{c}\right)+\tilde{b}} - \frac{a+\tilde{b}}{1+a+\tilde{b}}\right\}\sigma_t^2 \quad (5.22)$$

其中,公式 (5.22) 中 $(\sigma_{r^*}^2 + \sigma_u^2)$ 的系数大于 0,σ_t^2 的系数小于 0。因此,当面对需求冲击或资本流动冲击时,在通胀目标制框架下增加新工具的福利收益大于相机抉择框架下增加新工具的福利收益;当面对供给冲击时,在通胀目标制框架下增加新工具的福利收益[该收益为 0,见公式 (5.12) 和公式 (5.19) 小于相机抉择框架下增加新工具的福利收益]。

那么,当拥有一个政策工具的通胀目标制框架下增加另一个工具的福利收益,与不增加工具情况下,仅转变为相机抉择框架的福利收益相比如何呢?

$$G_{r \to r,R}^{IT} - G_r^{IT \to D} = \frac{1}{2}\left\{\frac{(\tilde{b})^2}{\tilde{b}+c} - \frac{(\tilde{b})^2}{1+a+\tilde{b}}\right\}(\sigma_{r^*}^2 + \sigma_u^2) + \frac{1}{2}\left(\frac{a+\tilde{b}}{1+a+\tilde{b}} - 1\right)\sigma_t^2$$

上式简化后得到:

$$G_{r \to r,T}^{IT} - G_r^{IT \to D} = \frac{1}{2}\left\{\frac{(\tilde{b})^2(1+a-c)}{(1+a+\tilde{b})(\tilde{b}+c)}\right\}(\sigma_{r^*}^2 + \sigma_u^2)$$

$$+\frac{1}{2}\left(\frac{(a+\tilde{b})}{(1+a+\tilde{b})}-1\right)\sigma_t^2 \quad (5.23)$$

其中，公式（5.23）中（$\sigma_{r^*}^2 + \sigma_u^2$）的系数①大于 0，$\sigma_t^2$ 的系数小于 0。因此，对于最初采取通胀目标制（即不存在时间一致性问题）的央行而言，当面对需求冲击或资本流动冲击时，在原政策框架下增加新工具的福利收益大于单个工具下转变政策框架的福利收益；当面对供给冲击时，在原政策框架下增加新工具的福利收益（收益为 0）小于单个工具下转变政策框架的福利收益。

最后，在不考虑时间一致性问题的情况下，我们比较使用一个政策工具时从通胀目标制框架转向相机抉择框架的福利收益，与使用两个政策工具时从通胀目标制框架转向相机抉择框架的福利收益之间的差异，即比较 $G_r^{IT \to D}|_{\bar{y}=0} = (L_r^{IT} - L_r^D)|_{\bar{y}=0}$ 和 $G_{r,R}^{IT \to D}|_{\bar{y}=0} = (L_{r,R}^{IT} - L_{r,R}^D)|_{\bar{y}=0}$ 之间的差异。

$$G_r^{IT \to D} - G_{r,R}^{IT \to D} = \frac{1}{2}\left\{\frac{(\tilde{b})^2}{1+a+\tilde{b}} + \frac{c\tilde{b}}{(c+\tilde{b})+\dfrac{\tilde{b}c}{(1+a)}} - \frac{\tilde{c}}{c+b}\right\}(\sigma_{r^*}^2 + \sigma_u^2)$$

$$+\frac{1}{2}\left\{\frac{a\left(1+\dfrac{\tilde{b}}{c}\right)+\tilde{b}}{(1+a)\left(1+\dfrac{\tilde{b}}{c}\right)+\tilde{b}} - \frac{a+\tilde{b}}{(1+a+\tilde{b})}\right\}\sigma_t^2$$

上面公式简化后得到

$$G_r^{IT \to D} - G_{r,R}^{IT \to D} = \frac{1}{2}\left\{\frac{(\tilde{b})^2}{(1+a+\tilde{b})} - \frac{(\tilde{b})^2}{(1+\tilde{b}/c)[(1+a)(1+\tilde{b}/c)+\tilde{b}]}\right\}$$

$$(\sigma_{r^*}^2 + \sigma_u^2) + \frac{1}{2}\left\{\frac{a\left(1+\dfrac{\tilde{b}}{c}\right)+\tilde{b}}{(1+a)\left(1+\dfrac{\tilde{b}}{c}\right)+\tilde{b}} - \frac{a+\tilde{b}}{1+a+\tilde{b}}\right\}\sigma_t^2$$

$$(5.24)$$

其中，公式（5.24）中（$\sigma_{r^*}^2 + \sigma_u^2$）的系数②大于 0，$\sigma_t^2$ 的系数小于 0。因此，对于最初采取通胀目标制（即不存在时间一致性问题）的央行而言，当面对需求冲击或资本流动冲击时，在拥有一个政策工具时将通胀目标制框架转

---

① 根据 Atish R. Ghosh 等人（2016）的研究，c 的赋值远远小于 1，因此该公式的符号为正。
② 根据 Atish R. Ghosh 等人（2016）的研究，c 的赋值远远小于 1，因此该公式的符号为正。

变为相机抉择框架的福利收益，大于在拥有两个政策工具时将通胀目标制框架转变为相机抉择框架的福利收益；当面对供给冲击时，在拥有一个政策工具时将通胀目标制框架转变为相机抉择框架的福利收益，小于在拥有两个政策工具时将通胀目标制框架转变为相机抉择框架的福利收益。

5.3 主要启示

国际金融危机引发发达国家和新兴市场经济体关于宏观经济政策角色的再思考。本章建立新常态下货币政策与汇率政策协调的理论模型，分析通胀目标制优于相机抉择货币政策的条件，考察央行（包括实行通胀目标制的央行）是否应该干预外汇市场。

在考量央行政策信誉问题时发现：尽管在当政策信誉高的情况下，相机抉择货币政策是一个较好的选择，但是在政策信誉低的情况下，通胀目标制有助于锚定通胀预期。实行通胀目标制将有助于实现较低的通胀，尽管央行将付出应对资本流动冲击能力受到制约，造成汇率剧烈波动的代价。同时，发达国家中过去和现在实行通胀目标制的央行通常实行浮动汇率制度，主要考虑了防止价格稳定和汇率目标的潜在冲突。新兴市场经济体央行也应采取这种政策协调方式吗？

考虑到新兴市场经济体的结构性特征，"善意忽略"的大幅汇率波动不是新兴市场经济体央行（即使一些经济体实行通胀目标制）的合理选择。如果政策利率和外汇市场干预这两个政策工具是可用的，它们需要被共同用于维护价格稳定和汇率目标。假定央行拥有外汇冲销干预这一可行的政策工具，将汇率稳定在其均衡值附近将不会与通胀目标相互冲突。相反，将外汇干预作为额外补充的政策工具，不论在通胀目标制还是相机抉择货币政策下，都有助于改进福利，只是通胀目标制下改进更大。相应的，例如，当一国出现资本流出动荡时，该国央行可以同时提高政策利率并干预外汇市场以抑制本币快速贬值。实际上，任何政策的实施都不是在真空情况下进行的，央行将不可避免地面对汇率过度偏离中期均衡汇率的情况，在原有货币政策工具的基础上引入外汇干预工具，将有助于提升央行的福利水平和政策信誉。

新常态下，供给冲击、需求冲击和资本流动冲击叠加干扰中国宏观经济平稳运行。在政策利率等货币政策工具的基础上，引入冲销外汇干预，将有助于利用多种政策工具分工应对供给冲击、需求冲击和资本流动冲击等多种经济冲击，提升央行的福利水平和政策信誉。本章内容深化了我们对于新常态下"冲击、目标、工具"这个有机整体的认识水平，为新常态下货币政策与汇率政策协调提供了理论依据，最终有助于实现新常态下货币、汇率调控工具的科学指派和合理分工。

6 新常态下货币政策与汇率政策协调的模拟分析

在此前经验分析和理论分析的基础上，本章将对新常态下货币政策与汇率政策协调进行模拟分析。本章构造了黏性价格下的小国模型和两国模型（前者为后者的特殊化①），校准得到反映中国情况的参数值，模拟不同类型的外生冲击对于特定货币政策规则下的本国宏观经济变量的影响，尝试性地求解不同条件下货币政策和汇率政策的合意的协调方式。第1节，对本章中的模型及其特点进行了简介；第2节，构建理论模型，求解出小国开放经济模型的均衡条件；第3节，小国模型的政策模拟，讨论了采取可替换货币政策规则的黏性价格小国面对源自本国的技术冲击和货币政策冲击时，宏观经济变量的反应；第4节，黏性价格两国模型的政策模拟，讨论了一个经济体面对源自外国的货币政策冲击时，本国宏观经济的变化，及货币政策和汇率政策协调的应对策略。第五节，阐述了主要启示。

6.1 模型简介

许多宏观经济学的最新研究涉及货币模型的发展和评价，这种引进不完全竞争和名义刚性的动态随机一般均衡结构的模型长期以来被认为是真实经济周期（RBC）理论的标志。在所得到的模型中（经常被简称为新凯恩斯）货币

---

① 在本书中，小国模型是两国模型的一个特殊化形式，即考虑一个国家的经济规模 n 趋近 0 时的情况。

设置的变化一般对实际变量拥有不平凡的影响。货币政策因此成为了潜在的稳定工具，也成为经济波动的一个独立源头。并不令人奇怪的是，关于可替换的货币政策规则属性的研究（例如，中央银行应对宏观经济条件变化时改变政策工具设定的范式）已经成为近年来一个成果颇丰的研究领域以及新一代模型的应用领域。本书将借鉴这种方法，讨论黏性价格条件下央行采取不同货币政策规则（含将名义汇率作为汇率锚的情况）下，外生冲击对于本国宏观经济变量的影响。

本章首先设计了一个含有卡尔沃型的交错定价的小国开放经济模型①，并用它作为分析可替换的货币政策规则属性以及宏观经济影响的基础模型。交错定价的模型比提前一期定价的模型允许货币政策更加富于动态效果。最重要的是，和大多数将货币政策假定为遵循外生随机过程的货币总量的已有文献不同，本书重点考察了以短期利率作为政策工具的内生货币政策。由于这个特殊的原因，本书允许将可替换的货币政策规则引入模型。进一步说，本书相信这种方法更加符合现代中央银行的实践，并且较之传统的分析框架，它是较好的政策分析框架。

本书关于偏好和技术的假设，加上卡尔沃型的交错定价结构和完备的金融市场②的假设，为这个小国开放经济给出了一个非常易于控制的分析框架和相对简单的均衡条件。当然，正如下文提及的，这个开放经济均衡条件的系数也取决于这个开放经济的特定的参数（在本书中，例如开放程度和不同产地产品间的可替代程度），尽管这种推动力也包括世界产出的波动（对于小国开放经济而言，它被视作外生的）。

本书利用上述分析框架分析了小国开放经济的不同货币政策规则下源自国内的技术冲击和货币政策冲击对于宏观经济的影响。其中两个考虑的是程序化的泰勒规则。第一个是本国利率有条不紊地对本国通货膨胀（即本国产品价格的通货膨胀）进行反应；然而第二个是假设 CPI 通货膨胀作为本国中央银行反应的对象。第三个则为本书考虑了钉住名义汇率的固定汇率制。

此外，由于本书中的小国模型是在黏性价格两国模型中将本国经济规模取 n 接近于零时的特例，本书为了更好地反映中国逐步发展成为一个大型经济体时的情况，又进一步模拟了黏性价格两国模型下，源自外国的货币政策冲击对

---

① 在黏性物价两国模型的基础上，如果考虑经济规模 n 趋近于零的极限情况，就可以获得开放经济的小国黏性价格模型。
② 该假设通过风险分担条件建立了两国消费和实际汇率的联系。

于本国经济的影响。

6.2 黏性价格小国模型建立和求解

本书将世界经济表示为由一系列单个、离散的小国开放经济组成的连续闭集合。由于每个经济体的规模为0，它的本国政策决定不会对其他世界有任何影响。尽管不同经济体遭遇到不完美的、相互联系的生产力冲击，本书假设它们分享共同的偏好、技术和市场结构。[①] 在详细描述这样一个小国开放经济体中家庭和厂商所面对的问题之前，本书先对记号逐个进行解释。由于本书（首先）关注单个经济的行为以及它和世界经济的相互影响，为了明确记号，本书的模型中使用没有 i 标记的变量表示本国；在下角写 i（其中 i 属于 $[0, 1]$）的变量是属于任意一个经济体 i 的，这个经济体是组成世界经济的一个连续闭集合中一个经济体；最后，上角标带 * 的变量代表任意一个非本国的小国开放经济。

6.2.1 家庭

一个典型的小型开放经济是由代表性的居民组成的，他们寻求效用最大化：

$$E_0\left\{\sum_{t=0}^{\infty}\beta^t u(C_t, L_t, m_t)\right\} \tag{6.1}$$

式中，L_t 表示劳动时间，m_t 表示持有的实际货币（即名义货币量剔除价格因素，$m_t = \dfrac{M_t}{P_t}$），C_t 表示消费品组成的篮子，其中 C_t 是一个合成的消费指数，被定义成：

$$C_t \equiv \left[\delta^{\frac{1}{\eta}}(C_{H,t})^{\frac{\eta-1}{\eta}} + (1-\delta)^{\frac{1}{\eta}}(C_{F,t})^{\frac{\eta-1}{\eta}}\right]^{\frac{\eta}{\eta-1}} \tag{6.2}$$

这里面，$1-\delta \equiv (1-n)o$，表示进口的外国产品在本国消费篮子中的比重。这个比重受到两个因素的影响：一个是本国贸易的对外开放程度 o，另一个是外国的经济规模 $(1-n)$。[②] 其中，$C_{H,t}$ 是本国产品消费指数，记作：

[①] 本书中的模型以张卫平（2012）的模型作为基础，并进行适当的拓展和应用。

[②] 本书中的黏性物价小国模型是建立在黏性价格两国模型基础之上的，其中假定本书中的经济规模 n 趋近于零时，就可以得到开放条件下的小国黏性物价模型。

$$C_{H,t} \equiv \left[\left(\frac{1}{n}\right)^{1/\theta} \int_0^n C(h)^{(\theta-1)/\theta} dh\right] \quad (6.3)$$

式中，$h \in [0, n]$ 表示产品种类。①

$C_{F,t}$ 是进口产品消费指数，记作：

$$C_{F,t} \equiv \left[\left(\frac{1}{1-n}\right)^{1/\theta} \int_n^1 C(f)^{(\theta-1)/\theta} df\right] \quad (6.4)$$

式中，$C_{i,t}$ 相应地是从 i 国进口并被本国家庭消费的产品消费指数。它可以记作类似的函数：

$$C_{i,t} \equiv \left[\left(\frac{1}{1-n}\right)^{1/\theta} \int_n^1 C(f)^{(\theta-1)/\theta} df\right] \quad (6.5)$$

式中，θ 表示（在任何一个给定国家生产的）不同产品之间的替代弹性。

外国家庭的消费篮子与上述本国的式子类似，在此略去。

定义本国的价格水平 P_t 为 1 个单位的本国消费篮子的最小支出，可以得到

$$P_t = [\delta P_{H,t}^{1-\eta} + (1-\delta) P_{F,t}^{1-\eta}]^{1/(1-\eta)} \quad (6.6)$$

式中，本国产品 H 和外国产品 F 本币表示的价格指数为

$$P_{H,t} \equiv \left[\left(\frac{1}{n}\right) \int_0^n P_t(h)^{1-\theta} dh\right]^{1/(1-\theta)}; P_{F,t} \equiv \left[\left(\frac{1}{1-n}\right) \int_n^1 P_t(h)^{1-\theta} dh\right]^{1/(1-\theta)}$$

$$(6.7)$$

同样，外国的价格水平 P^* 为 1 单位本国消费篮子的最小支出：

$$P_t^* = [\delta P_{H,t}^{*1-\eta} + (1-\delta) P_{F,t}^{*1-\eta}]^{1/(1-\eta)} \quad (6.8)$$

同样，本国产品 H 和外国产品 F 的外币表示的价格指数分别是

$$P_{H,t}^* \equiv \left[\left(\frac{1}{n}\right) \int_0^n P_t^*(h)^{1-\theta} dh\right]^{1/(1-\theta)}; P_{F,t}^* \equiv \left[\left(\frac{1}{1-n}\right) \int_n^1 P_t^*(h)^{1-\theta} dh\right]^{1/(1-\theta)}$$

$$(6.9)$$

在本书中，ε_t 代表名义汇率，假设一价定律是成立的，则

$$P_t(h) = \varepsilon_t P_t^*(h), P_t(f) = \varepsilon_t P_t^*(f) \quad (6.10)$$

依据一价定律以及式（6.7）和式（6.9），可以得到

$$P_{H,t} = \varepsilon_t P_{H,t}^*, P_{F,t} = \varepsilon_t P_{F,t}^* \quad (6.11)$$

在本书中，贸易条件 s_t 是本国产品与外国产品之间的相对价格，即利用本国产品作为计价单位度量的 1 单位外国产品的价格。

---

① 每个国家的产品是连续、差异化的。

$$s_t \equiv \frac{P_{F,t}^*}{P_{H,t}^*} = \frac{P_{F,t}}{P_{H,t}} \quad (6.12)$$

本国的价格指数方程可以表示为

$$\frac{P_t}{P_{H,t}} = [\delta + (1-\delta) s_t^{1-\eta}]^{1/(1-\eta)} \equiv g_t \quad (6.13)$$

同时,外国的价格指数方程可以表示为

$$\frac{P_t^*}{P_{H,t}^*} = [\delta^* s_t^{-(1-\eta)} + (1-\delta^*)]^{1/(1-\eta)} \equiv g_t^* \quad (6.14)$$

在本书中,实际汇率 q_t 表示剔除价格因素影响的名义汇率,记作:

$$q_t \equiv \frac{\varepsilon_t P_t^*}{P_t} = \frac{\varepsilon_t P_{F,t}^*}{P_{H,t}} \frac{P_t^*/P_{F,t}^*}{P_t/P_{H,t}} = \frac{s_t g_t^*}{g_t} \quad (6.15)$$

对于本国的家庭而言,当消费篮子 C_t 确定时,篮子内的本国和外国产品的最优消费量可以表示为

$$C_{H,t} = \delta \left(\frac{P_{H,t}}{P_t}\right)^{-\eta} C_t; C_{F,t} = (1-\delta) \left(\frac{P_{F,t}}{P_t}\right)^{-\eta} C_t \quad (6.16)$$

给定篮子 $C_{H,t}$、$C_{F,t}$,本国家庭对于任意产品的最优消费量可以表示为

$$C_t(h) = \frac{1}{n} \left(\frac{P_t(h)}{P_{H,t}}\right)^{-\theta} C_{H,t}; C_t(f) = \frac{1}{n-1} \left(\frac{P_t(f)}{P_{F,t}}\right)^{-\theta} C_{F,t} \quad (6.17)$$

本国家庭的效用函数,即式(6.1)的最大化受到下列预算约束的支配:

$$\sum_{s_{t+1}} Q(s_{t+1}|s_t) B_{t+1}(s_{t+1}) + \varepsilon_t \sum_{s_{t+1}} Q^*(s_{t+1}|s_t) F_{t+1}(s_{t+1}) + M_t =$$
$$B_t + \varepsilon_t F_t^* + M_{t-1} + W_t L_t + LR_t - T_t - P_t C_t \quad (6.18)$$

上述预算约束实际上是一个"约束流",其中的 $t = 0, 1, 2, 3\cdots$一个家庭持有货币、国内风险债券和国外风险债券三类资产,分别记作:M、B、F。其中,假设存在一个完备的 Arrow - Debreu 债券市场,这时风险债券的组合可以完全复制出无风险债券,此时无风险债券是冗余的。用 s_t 表示自然状态,t 期价格为 $Q(s_{t+1}|s_t)$ 的风险债券的拥有者将有权在 $t+1$ 期向该债券的发行者索取 1 货币单位的支付,条件是自然状态与该债券标明的支付状态相同。其中,$B_{t+1}(s_{t+1})$ 表示一个家庭拥有在自然状态 s_{t+1} 下索取 B_{t+1} 单位的本币的权利;$F_{t+1}(s_{t+1})$ 表示一个家庭拥有在自然状态 s_{t+1} 下索取 F_{t+1} 单位的外币的权利。与此同时,假定货币不支付利息,因此第 t 期期末的货币 M_t 在第 $t+1$ 期期初将依旧为 M_t。① 一个家庭在每一期都将它的可支配收入中没有消费掉的部

---

① 在本书中,货币可以被看作仅仅发挥记账单位的功能,尽管它进入了效用函数。

分进行资产配置。一个家庭的可支配收入为所拥有企业的利润 LR_t 加上工资收入 W_tL_t 减去税收 T_t。

假设本书中的家庭拥有如下形式的即期效用函数：

$$u(C_t, L_t, m_t) = \frac{C_t^{1-\sigma}}{1-\sigma} - \frac{L_t^{1+\nu}}{1+\nu} + \chi \frac{m_t^{1-e}}{1-e} \tag{6.19}$$

那么家庭效用最大化问题的一阶条件可以具体表示为式（6.20）、式（6.23）、式（6.24）：

$$C_t^\sigma L_t^\nu = w_t = \frac{W_t}{P_t} \tag{6.20}$$

式（6.20）是家庭最优问题的期内一阶最优条件，即劳动供给方程。这个式子反映出，当实际工资升高时，劳动力要素供给提高。其中，消费的边际负效用 $C_t^{-\sigma}$ 越高，即 C_t^σ 越低，要求劳动的边际负效用越高，劳动供给越多。

$$\beta \left(\frac{C_{t+1}}{C_t}\right)^{-\sigma} \left(\frac{P_t}{P_{t+1}}\right) = Q_{t,t+1} \tag{6.21}$$

式（6.21）是家庭最优问题的跨期一阶条件。

对上述公式的两边取条件预期，并调整形式，可以获得一个传统的随机欧拉公式：

$$\beta R_t E_t \left\{ \left(\frac{C_{t+1}}{C_t}\right)^{-\sigma} \left(\frac{P_t}{P_{t+1}}\right) \right\} = 1 \tag{6.22}$$

式中，$R_t = \dfrac{1}{E_t\{Q_{t,t+1}\}}$ 是在 $t+1$ 期支付给 1 单位本币的无风险 1 期折扣债券的总回报。

$$\frac{1}{R_t} = E_t \left\{ \frac{\beta C_{t+1}^{-\sigma}}{C_t^{-\sigma}} \frac{P_t}{P_{t+1}} \right\} = E_t \left\{ \frac{\beta C_{t+1}^{-\sigma}}{C_t^{-\sigma}} \frac{1}{\prod_{t+1}} \right\} \tag{6.23}$$

式（6.24）反映了一个家庭在消费和储蓄问题上的权衡。参数 $\dfrac{1}{\sigma}$ 反映了跨期替代弹性（即当期消费和下一期消费两者之间的替代弹性）。

$$\chi m_t^{-\varepsilon} C_t^\sigma = \frac{R_t - 1}{R_t} \tag{6.24}$$

式（6.24）是货币需求方程，参数 $1/\varepsilon$ 反映了货币需求对利率的半弹性。本国家庭关于 $B_{t+1}(s_{t+1})$ 和 $F_{t+1}(s_{t+1})$ 的一阶条件可以表示为

$$Q(s_{t+1}|s_t) = pr(s_{t+1}|s_t) \frac{\beta C_{t+1}^{-\sigma}}{C_t^{-\sigma}} \frac{P_t}{P_{t+1}} \tag{6.25}$$

$$\frac{\varepsilon_t}{\varepsilon_{t+1}} Q^*(s_{t+1}|s_t) = pr(s_{t+1}|s_t) \frac{\beta C_{t+1}^{-\sigma}}{C_t^{-\sigma}} \frac{P_t}{P_{t+1}} \qquad (6.26)$$

式中，$pr(s_{t+1}|s_t)$ 为在给定 s_{t-1} 下发生 s_t 的条件概率。

引进符号 $Q_{t,t+1} = \frac{Q(s_{t+1}|s_t)}{pr(s_{t+1}|s_t)}$，它通常被称作定价核（Asset – Pricing Kernel）或者是随机贴现因子（Stochastic Discount Factor），则式（6.25）和式（6.26）可以进一步表示为

$$\frac{\beta C_{t+1}^{-\sigma}}{C_t^{-\sigma}} \frac{P_t}{P_{t+1}} = Q_{t,t+1} \qquad (6.27)$$

$$\frac{\beta C_{t+1}^{-\sigma}}{C_t^{-\sigma}} \cdot \left(\frac{P_t}{P_{t+1}}\right) \cdot \left(\frac{\varepsilon_{t+1}}{\varepsilon_t}\right) = Q_{t,t+1}^* \qquad (6.28)$$

在完备的债券市场的假设下，对于任何一个其他国家的家庭而言，类似于式（6.27）、式（6.28）的一阶条件一定也是成立的，则有

$$\frac{\beta C_{t+1}^{*-\sigma}}{C_t^{*-\sigma}} \left(\frac{P_t^*}{P_{t+1}^*}\right) \cdot \left(\frac{\varepsilon_t}{\varepsilon_{t+1}}\right) = Q_{t,+1} \qquad (6.29)$$

$$\frac{\beta C_{t+1}^{*-\sigma}}{C_t^{*-\sigma}} \frac{P_t^*}{P_{t+1}^*} = Q_{t,t+1}^* \qquad (6.30)$$

结合式（6.27）和式（6.29），可以得到最优风险分担条件：

$$\frac{\varepsilon_{t+1} P_{t+1}^*}{P_{t+1}} \cdot \frac{C_{t+1}^{-\sigma}}{C_{t+1}^{*-\sigma}} = \frac{\varepsilon_t P_t^*}{P_t} \cdot \frac{C_t^{-\sigma}}{C_t^{*-\sigma}} = \psi \qquad (6.31)$$

式中，ψ 是一个常数，它取决于相对净资产头寸的初始条件。式（6.31）表明，1 单位本币或者外币用于购买本国消费篮子所带来的效用和购买外国消费篮子所带来的边际效用之比，是不随时间变动的常数。

结合实际汇率的定义，上述公式可以记作：

$$C_t = \psi C_t^* q_t^{1/\sigma} \qquad (6.32)$$

为了不失一般性，假设本国和其他国家拥有对称的初始条件（净外国资产持有为零且拥有相同的环境），在这种情况下，ψ 等于 1。可以得到

$$\frac{C_t}{C_t^*} = q_t^{1/\sigma} \qquad (6.33)$$

假使不存在消费的本国偏向，购买力平价是成立的，即 $q_t = 1$。此时式（6.31）可以简写为

$$\frac{C_{t+1}}{C_{t+1}^*} = \frac{C_t}{C_t^*} = 1 \qquad (6.34)$$

此时，最优风险分担条件表明外国消费和本国消费之比是个常数。

通过式（6.27）和式（6.28）可以获得本国资产和外国资产的无套利条件：

$$Q_{t,+1} = \frac{\varepsilon_t}{\varepsilon_{t+1}} Q_{t,t+1}^* \tag{6.35}$$

由于 R_t 和 R_t^* 为本国和外国无风险债券的利率，因此，可以获得定价核（或随机贴现因子）与无风险利率之间的关系：

$$\frac{1}{R_t} = E_t Q_{t,t+1}, \frac{1}{R_t^*} = E_t Q_{t+1}^* \tag{6.36}$$

式（6.32）成立，则意味着利率平价是成立的：

$$R_t = R_t^* \frac{\varepsilon_{t+1}}{\varepsilon_t} \tag{6.37}$$

接下来将注意力转向经济的供给方。

6.2.2 厂商

厂商问题是在给定的技术和产品需求的约束下，选择最优的定价和产量。假定产品市场是垄断竞争的，产品 h 由厂商 h 生产，其中 $h \in [0,1]$。本国国内一个典型企业利用线性化的技术生产差异化的产品，其生产函数为

$$Y_t(h) = Z_t[L_t(h)]^\alpha \tag{6.38}$$

Z_t 为技术，其中，$z_t = \log Z_t$ 服从 AR（1）过程，$z_t = \rho_z z_{t-1} - ez$。

垄断厂商面临的需求约束为

$$Y_t(h) = \left[\frac{P_t(h)}{P_t}\right]^{-\theta} C_t \tag{6.39}$$

假定厂商利用交错定价形式设定价格，正如卡尔沃（Calvo，1983）。用参数 $(1-\gamma)$ 表示每一期能够调整价格的企业的比重。γ 相当于价格黏性的程度：γ 越大，价格黏性程度越大；γ 越小，价格黏性程度越小；γ 等于零是弹性价格的极端情况。厂商问题是在需求约束式（6.39）和技术约束式（6.38）下，选择最优的定价 $P_{H,t}^\#$、产出 $Y_{t+k|t}$ 和要素需求 $L_{t+k|t}$，以最大化如下利润流现值的期望：

$$E_t\left\{\sum_{k=0}^\infty \gamma^k Q_{t,t+k}[(1-\tau_t)P_{H,t}^\# Y_{t+k|t} - W_{t+k} L_{t+k|t}]\right\} \tag{6.40}$$

式中，利用 $X_{t+k|t}$ 表示 t 期设定物价的厂商在 $t+k$ 期对应的变量，用 X_{t+k} 表示 $t+k$ 期变量的全部厂商的平均水平。τ_t 为政府部门对垄断竞争厂商征收的销售

税。利润流现值预期的最大化问题,可以划分为两个阶段:第一步是成本最小化;第二步是最优定价。其中,成本最小化问题可以获得成本函数:

$$\zeta(Y_{t+k|t}) = W_{t+k} \left(\frac{Y_{t+k|t}}{Z_t}\right)^{1/\alpha} \quad (6.41)$$

利用 $\varphi_{t+k|t} \equiv \frac{\partial \zeta(Y_{t+k|t})}{\partial Y_{t+k|t}} \frac{1}{P_{t+k}}$,有

$$\varphi_{t+k|t} = -\frac{u_{L,t+k}}{u_{C,t+k}} \frac{1}{Z_{t+k} f'[f^{-1}(Y_{t+k|t}/Z_{t+k})]} \quad (6.42)$$

结合生产函数的具体形式以及家庭的劳动供给方程,可得到

$$\varphi_{t+k|t} = C_{t+k}^{\sigma} L_{t+k}^{\nu} \alpha^{-1} Y_{t+k|k}^{(1-\alpha)/\alpha} Z_{t+k}^{-1/\alpha} \quad (6.43)$$

厂商问题可以写为在需求约束(6.39)式下的最大化利润流:

$$E_t \left\{ \sum_{k=0}^{\infty} \gamma^k Q_{t,t+k} \left[P_t^{\#} Y_{t+k|t} - \zeta(Y_{t+k|t}) \right] \right\}$$

式中,$Q_{t,t+k}$ 为随机贴现因子,即 $Q_{t,t+k} = \beta^k \frac{C_t^{-\sigma}}{C_t^{-\sigma}} \frac{P_t}{P_{t+k}}$。经过推导,可以得到厂商的最优定价 $P_{H,t}^{\#}$ 为

$$P_{H,t}^{\#} = \frac{E_t \left\{ \sum_{k=0}^{\infty} (\beta\gamma)^k C_{t+k}^{1-\sigma} (P_{H,t+k}/P_{t+k}) P_{H,t+k}^{\theta-1} P_{H,t+k} \mu_{t+k} \varphi_{t+k|t} \right\}}{E_t \left\{ \sum_{k=0}^{\infty} (\beta\gamma)^k C_{t+k}^{1-\sigma} (P_{H,t+k}/P_{t+k}) P_{H,t+k}^{\theta-1} \right\}} \quad (6.44)$$

式中,$\mu_t \equiv \frac{\theta}{(\theta-1)(1-\tau_t)}$,如果政府征收的税率 τ_t 为常数,则 μ_t 也是常数。值得注意的是,式(6.44)中的 $\varphi_{t+k|t}$ 是 t 期设定物价的厂商在 $t+k$ 期的实际边际成本,其和全部厂商在 $t+k$ 期的"平均"后的实际边际成本(用 φ_{t+k})是不同的。Goodfriend 和 King(1997)将 $\varphi_{t+k|t}$ 对应的价格加成名为"边际加成"(Marginal Markup),称 φ_{t+k} 对应的价格加成名为"平均加成"(Average Markup),其中:

$$\varphi_{t+k|t} = C_{t+k}^{\sigma} L_{t+k}^{\nu} \alpha^{-1} Y_{t+k|t}^{(1-\alpha)/\alpha} Z_{t+k}^{-1/\alpha} \quad (6.45)$$

$$\varphi_{t+k} = C_{t+k}^{\sigma} L_{t+k}^{\nu} \alpha^{-1} Y_{t+k}^{(1-\alpha)/\alpha} Z_{t+k}^{-1/\alpha} \quad (6.46)$$

两种实际边际成本之间的关系为

$$\frac{\varphi_{t+k|t}}{\varphi_{t+k}} = \left[\frac{Y_{t+k|t}}{Y_{t+k}}\right]^{(1-\alpha)/\alpha} = \left[\frac{P_{t+k}}{P_t^{\#}}\right]^{\theta(1-\alpha)/\alpha} \quad (6.47)$$

将实际边际成本 $\varphi_{t+k|t}$ 用所有厂商平均的实际边际成本 φ_{t+k} 加以替换,可以得到

$$[P_t^{\#}]^{1+\theta(1-\alpha)/\alpha} = \frac{E_t\{\sum_{k=0}^{\infty}(\beta\gamma)^k C_{t+k}^{1-\sigma}\mu_{t+k}\varphi_{t+k}P_{H,t+k}^{\theta/\alpha}\}}{E_t\{\sum_{k=0}^{\infty}(\beta\gamma)^k C_{t+k}^{1-\sigma}P_{H,t+k}^{\theta-1}\}} \quad (6.48)$$

式（6.48）也可以写成"通货膨胀"$\prod_t^{\#} \equiv P_t^{\#}/P_{t-1}$的形式，这种形式是为了在零通货膨胀附近线性近似的方便，这里的$\prod_t^{\#}$也可以理解为可调价的企业与不能调价企业之间的产品的相对价格。

$$[\prod_{H,t}^{\#}]^{1+\theta(1-\alpha)/\alpha} = \frac{E_t\{\sum_{k=0}^{\infty}(\beta\gamma)^k C_{t+k}^{1-\sigma}g_{t+k}^{-1}\mu_{t+k}\varphi_{t+k}(P_{H,t+k}/P_{H,t-1})^{\theta/\alpha}\}}{E_t\{\sum_{k=0}^{\infty}(\beta\gamma)^k C_{t+k}^{1-\sigma}g_{t+k}^{-1}(P_{H,t+k}/P_{H,t-1})^{\theta-1}\}}$$

$$(6.49)$$

式中，$g_t \equiv \frac{P_t}{P_{H,t}}$。所有厂商平均的实际边际成本为

$$\varphi_t = C_t^{\sigma}L_t^{\nu}\alpha^{-1}Y_t^{(1-\alpha)/\alpha}Z_t^{-1/\alpha} \quad (6.50)$$

由于$C_t^{\sigma}L_t^{\nu} = w_t = \frac{W_t}{P_t}$式（6.20），并考虑到本国所有厂商的对称性派生出的$P_{H,t} = P_t(h)$：

所有厂商平均的实际边际成本又可以表示为

$$\varphi_t = \alpha^{-1}w_t g_t Y_t^{(1-\alpha)/\alpha}Z_t^{-1/\alpha} \quad (6.51)$$

用S_{1t}和S_{2t}分别表示式（6.49）之中的分子和分母。S_{1t}和S_{2t}可以写成递归形式：

$$S_{1t} = \prod_{H,t}^{\theta/\alpha}(C_{t+k}^{1-\sigma}g_t^{-1}\mu_t\varphi_t + \beta\gamma E_t S_{1t+1}) \quad (6.52)$$

$$S_{2t} = \prod_{H,t}^{\theta-1}(C_{t+k}^{1-\sigma}g_t^{-1} + \beta\gamma E_t S_{2t+1}) \quad (6.53)$$

这样，式（6.49）可以表示为

$$[\prod_{H,t}^{\#}]^{1+\theta(1-\alpha)/\alpha} = \frac{S_{1t}}{S_{2t}} \quad (6.54)$$

此外，$\prod_{H,t}$和$\prod_{H,t}^{\#}$可以用下面的公式联系在一起：

$$\prod_{H,t}^{1-\theta} = \gamma + (1-\gamma)[\prod_{H,t}^{\#}]^{1-\theta} \quad (6.55)$$

CPI度量的通货膨胀率$\prod_t$和本国产品价格度量的通货膨胀率$\prod_{H,t}$之间的关系为

$$\frac{\prod_t}{\prod_{H,t}} = \frac{g_t}{g_{t-1}} \quad (6.56)$$

由于国外所对应的方程和公式是类似的,所以此处不再赘述。

6.2.3 政策和均衡

由于本书重点考察货币政策与汇率政策的协调,以及相关方法的展示,因此考虑了一个普通的财政政策,即不考虑政府采购以及扭曲税等因素。所以,在本书之中,模型之中的财政政策通过式(6.57)给出的政府的跨期预算约束来描述,这相当于政府通过发行货币来进行转移支付,其中简化的政府预算约束形式中隐含的假定可以参阅张卫平(2012)的分析。

政府预算约束为

$$M_t - M_{t-1} + T_t = 0 \quad (6.57)$$

货币政策以利率规则的形式实施:

$$R_t = \varphi(\prod_t, \nu_t) \quad (6.58)$$

产品市场的均衡条件:

$$Y_t = g_t^\eta \left[\delta C_t + \frac{\delta^*(1-n)}{n} q_t^\eta C_t^* \right] \quad (6.59)$$

$$Y_t^* = g_t^{*\eta} \left[\frac{n(1-\delta)}{1-n} q_t^{-\eta} C_t + (1-\delta^*) C_t^* \right] \quad (6.60)$$

本国和外国劳动市场均衡的条件:

$$L_t = \int_0^1 L_t(i) \mathrm{d}i = \int_0^1 \left[\frac{Y_t(i)}{Z_t}\right]^{1/\alpha} \mathrm{d}i = \left[\frac{Y_t}{Z_t}\right]^{1/\alpha} \int_0^1 \left[\frac{P_t(i)}{P_t}\right]^{-\theta/\alpha} \mathrm{d}i \quad (6.61)$$

式(6.61)可以简写为

$$L_t = \left[\frac{Y_t}{Z_t}\right]^{1/\alpha} D_t \quad (6.62)$$

式中,$D_t \equiv \int_0^1 \left[\frac{P_t(i)}{P_t}\right]^{-\theta/\alpha} \mathrm{d}i$ 反映了不同厂商之间的价格差异程度。根据 Woodford(2003)文献中的命题 6.3 可以知道,$\ln D_t = \frac{\theta}{2\alpha\Theta} var_i\{p_t(i)\}$,其中 $p_t(i) \equiv \ln[P_t(i)/P_t]$。定义 $\Delta_t \equiv var_i\{p_t(i)\}$,在二阶近似的基础上,则有

$$\Delta_t = \gamma \Delta_{t-1} + \frac{\gamma}{\gamma-1} \pi_t^2 \quad (6.63)$$

外国的情况是类似的,故略去。

本国的货币政策方程可以采取不同方程的形式。货币政策方程的设定通常取决于理论研究或者经验研究的具体需要。在本书之中,考察了基于本国产品物价膨胀的泰勒规则,基于 CPI 的泰勒规则和固定汇率规则。如果模型系统的

均衡是可决的,当设定了技术的冲击路径时,可以得到内生变量的均衡路径。

6.3 黏性价格小国模型的政策模拟

6.3.1 参数校准

第一,劳动在产出中的贡献份额 (α) 在不同的经济体中的情况不完全相同,但是一般取值为 2/3。第二,根据费雪方程式可得,家庭的主观贴现率取决于无风险收益率,本书依据中国 1994 年第一季度至 2009 年第四季度的国债收益率均值,取 4% 作为无风险收益,这样对应一个国债年度收益率为 4%,经转换后得到季度主观的贴现率为 $1.04^{-1/4}$,约等于 0.990243,本书 (β) 取值为 0.99。第三,对于家庭部门消费的跨期替代弹性的倒数 (σ),由于不同经济体发展阶段和消费习惯的差别,它的取值都不太一致,不过一般的观点是它大于 1,这里结合许伟和陈斌开(2009)的研究校准该参数为 2。第四,劳动供给对真实工资的弹性的倒数 (ν),一般取值为 1 或 3,本书结合郭庆旺和贾俊雪(2010)的研究结果,校准为 1.2。第五,本国开放程度 (o),一般取值为 [0,1],本书参照黄炎龙、陈伟忠和龚六堂(2011)的成果,校准为 0.32。第六,不能调整价格的厂商的比例 (γ),一般取值为 3/4 或 2/3,本书中取值为 3/4。第七,国内产品之间的替代弹性 (θ),一般取值为 6,本书中取值为 6。第八,国际产品之间的替代弹性 (η),本书根据刘斌(2008)的估计,校准为 3。第九,技术冲击和利率冲击的相关系数和方差,本书借鉴黄炎龙、陈伟忠和龚六堂(2011)的成果,校准为 (0.76,3.5%) 和 (0.87,4.1%)。

6.3.2 不同政策规则下冲击的影响

本部分的外生冲击主要来自本国的技术和本国的利率,外国的利率冲击未予列出,放在后面的两国模型中讨论。下面分两个部分,分别讨论本国的技术冲击及本国的利率冲击时的最优变量的脉冲效应函数图(见图 6-1),图 6-1 中展示了一个单位冲击发生后,在后续的 40 个季度的响应水平。

不同货币政策对小国经济的影响,可以通过不同形式的货币政策方程来分析。本书中采取了三种简单的规则:第一种是固定汇率制度(用 ER 表示);第二种是基于 CPI 的泰勒规则(用 TR1 表示);第三种是基于国内产品价格通

胀的泰勒规则（TR2）。三种简单货币政策规则的形式为

固定汇率制度（ER）：$e_t = 0$；

基于 CPI 的泰勒规则（TR1）：$i = -\log(\beta) + \kappa_1 \pi_t$；

基于国内产品价格通货膨胀的泰勒规则（TR2）：$i = -\log(\beta) + \kappa_2 \pi_{H,t}$。式中，$\kappa_1$ 和 κ_2 都等于 1.31。该参数的数值主要参考了刘斌（2008）的研究成果，该研究估计中国的通货膨胀响应参数为 1.31。i 为名义利率 R 的对数离差，即有 $\exp(i) = R$。

（一）技术冲击的情况

图 6-1 给出了一个正向（有利）的技术冲击后的宏观经济变量的影响。

第一，基于内生变量走势的分析。按照内生变量的走势，三种规则可以大致分为两组：固定汇率政策 ER 为一组；两种泰勒规则为另一组。一方面，固定汇率政策没有改变本国物价水平和名义汇率的长期水平；在两种泰勒规则下，一个正向的技术冲击最终带来了本国物价水平和名义汇率的永久性的降低（名义汇率逐步升值）。另一方面，固定汇率政策没有引起名义利率的波动；在两种泰勒规则下，一个正向的技术冲击在最初时引起了名义利率的大幅降低。

第二，基于内生变量波动幅度的分析。按照图 6-1 所列出的变量的波动幅度看，固定汇率政策下的变量波动幅度最小；基于 CPI 的泰勒规则下的波动幅度居中；第三种是基于国内产品价格通货膨胀率的泰勒规则，其波动幅度最大。实际上，以 CPI 为基础的泰勒规则所释放的均衡动态，使它可以在一定程度上被视作以国内产品价格为基础的泰勒规则和固定汇率制的某种复合制度（De Paoli，2009）。以名义汇率为例，固定汇率在稳定名义汇率的同时，稳定了实际汇率，而加大了产出缺口，使产出水平在短期没有达到更高的水平。在两种泰勒规则下，有着更加大的名义汇率波动（固定汇率下名义汇率显得过于平稳），降低了产出缺口的波动幅度（最优配置的偏离程度），获得了短期更高的产出水平。两种泰勒规则的不同之处在于，基于 CPI 的泰勒规则相对于基于本国产品价格膨胀率的泰勒规则而言，名义汇率和实际汇率对技术冲击的反应更为缓和。这是由于一个正向的技术冲击对本国 CPI 的影响相对于国内产品价格通货膨胀率（π_H）要小（本国贸易条件的恶化部分抵消了 π_H 对于 CPI 的负向影响），这意味着基于本国产品价格膨胀率的泰勒规则下，本国的货币政策更加宽松，要求名义利率更大幅度地降低，而这就要求本币存在一个更大幅度的贬值，以形成一个与名义利率相称的升值空间。

第三，对于货币政策和汇率政策协调的启示。

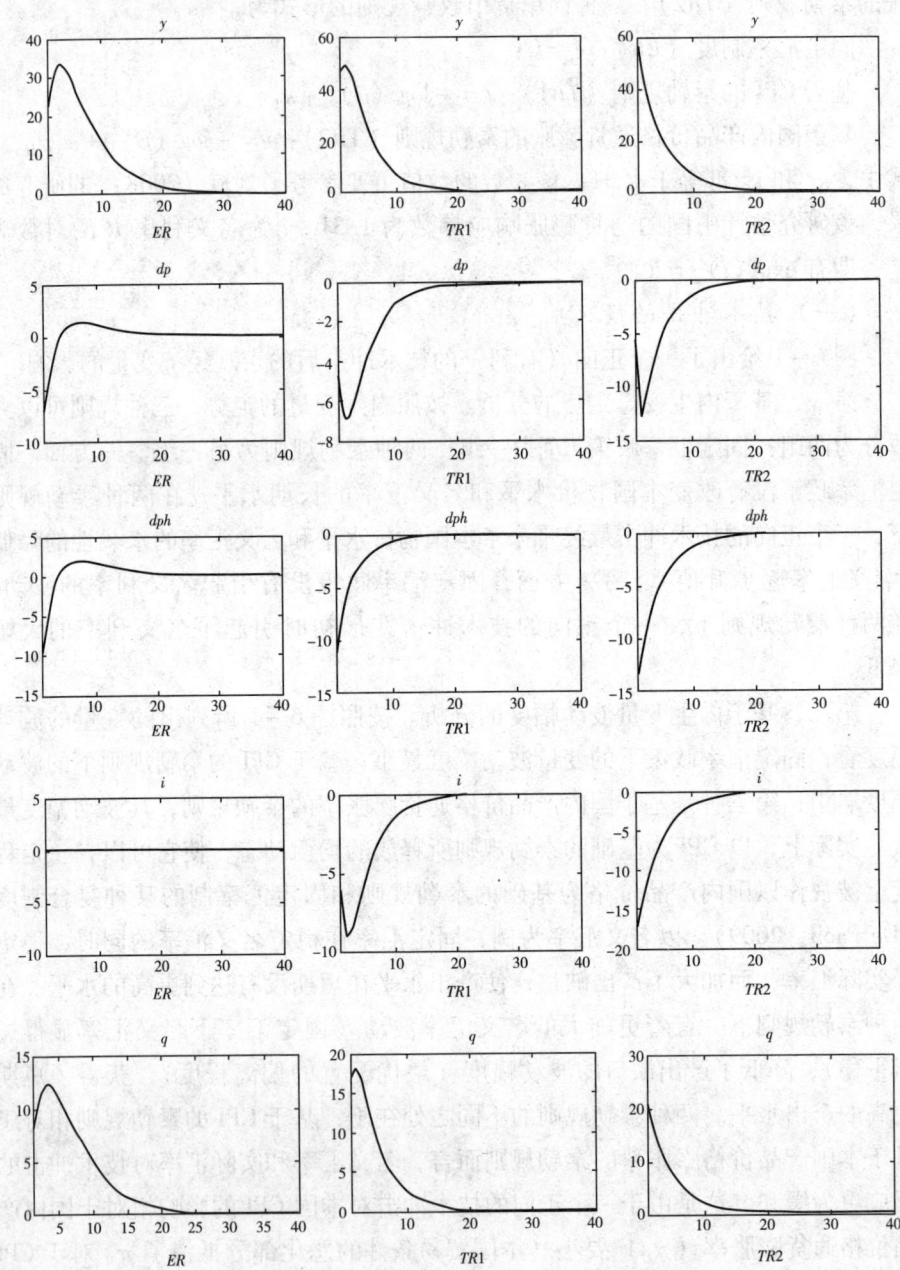

注：图中 y 代表产出水平，dp 代表 CPI，dph 代表国内产品价格通货膨胀率，i 代表名义利率的对数离差，q 代表实际汇率，e 代表名义汇率，s 代表贸易条件，pr 代表一般价格水平。

图 6-1 三种不同货币政策规则下技术冲击的影响

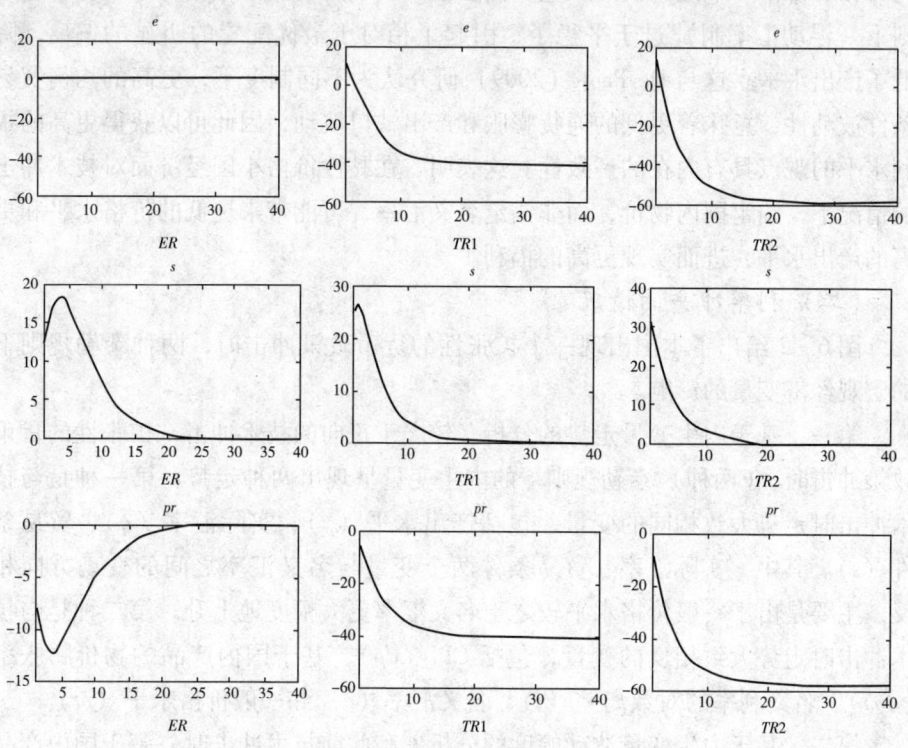

注：图中 y 代表产出水平，dp 代表 CPI，dph 代表国内产品价格通货膨胀率，i 代表名义利率的对数离差，q 代表实际汇率，e 代表名义汇率，s 代表贸易条件，pr 代表一般价格水平。

图6-1 三种不同货币政策规则下技术冲击的影响（续）

技术冲击会导致通货膨胀水平的降低。在实行两种泰勒规则时，价格水平的降低释缓了货币政策的压力，使利率具有降低的趋势，在外部均衡上，技术冲击导致本国货币具有升值的压力，贸易条件具有改善的趋势。在实行固定汇率制时，价格水平长期中又恢复到了最初的水平，无法释缓货币政策的压力，因此利率依然保持原来的水平，在外部均衡上，技术冲击无法改变本国的名义汇率，贸易条件虽然具有改善的趋势，但是这种改善主要源自最初国内价格的降低，且改善程度小于两种泰勒规则下的程度。

值得指出的是，从价格水平看，在固定汇率制下，由于名义汇率是高度稳定的，那么技术正向冲击所引起的实际汇率的升值过程，要通过国内价格水平的上升来表现，相对于两种泰勒规则下（浮动汇率制），国内的价格水平显得过高了。从产出缺口看，由于假设名义价格的黏性，阻止了相对生产力冲击变化时相对价格水平足够快的反应,固定汇率制下的名义汇率相对于两种泰勒规则下(浮动汇率制)过于平稳了,引起了相对于最优配置的明显的偏离,降低了产出水平。这与 De Paoli(2009)研究认为不同制度下,更高的均衡贸易条件波动性,意味着更低的通货膨胀和产出缺口波动,因此可以获得更高的福利水平的观点具有内在的一致性。这表明,在黏性价格小国经济面对技术冲击的情况下,锚定国内物价,而非锚定名义汇率,可能带来更低的价格水平和更高的产出水平,进而实现更高的福利。

(二)利率冲击的情况

图 6-2 给出了本国出现一个扩张性的货币政策冲击时,两种泰勒规则下的宏观经济变量的影响。

第一,基于内生变量走势的分析。较之于正向的技术冲击,扩张性的货币政策冲击时,(两种)泰勒规则下的内生变量呈现出两种走势:第一种是与技术冲击时走势大致相同的变量,包括产出水平(y)、实际汇率(q)、贸易条件(s)。其中,实际汇率、贸易条件两个变量与名义汇率之间的变动方向相反,主要是由于一般价格水平较之于名义汇率更大幅度地上升。第二种是与技术冲击时走势大致相反的变量,包括 CPI(dp)、基于国内产品的物价膨胀率(dph)、名义利率的对数离差(i)、名义汇率(e)和一般价格水平(pr)。

第二,基于内生变量波动幅度的分析。和此前技术冲击时,基于国内产品价格膨胀率的泰勒规则下,所有变量的波动率更大的情形不同。在货币政策冲击时,一些变量在基于 CPI 的泰勒规则下波动率更大,这些变量包括:名义利率的对数离差(i)、名义汇率(e)、一般价格水平(pr)。这是由于一个扩张性的货币政策冲击对本国 CPI 的影响相对于国内产品价格通胀率(π_H)要大(本国贸易条件的恶化加剧了 π_H 对于 CPI 的正向影响),这意味着基于 CPI 的泰勒规则下,本国的货币政策更加紧缩,要求名义利率更大幅度地提高,而这就要求本币存在一个更大幅度的升值,以形成一个与名义利率相称的贬值空间。

第三,对于货币政策和汇率政策协调的启示。当本国受到扩张性的货币政策冲击时,会导致通货膨胀水平的上升。在实行两种泰勒规则时,价格水平的上升加大了货币政策压力,使得利率上升。在外部均衡上,货币政策冲击导致本国货币的名义汇率具有贬值的压力,但是由于价格水平上升的幅度更大,致使贸易条件将会逐步得到改善。比较两种泰勒规则,可以发现,由于贸易条件最初恶化提高了国内的 CPI 水平,则在基于 CPI 的泰勒规则下,货币政策的紧缩程度会更高,这会引起名义利率更大幅度地上升,以及本币长期之中更大幅度的贬值。这表明，在货币政策冲击时，过度追求 CPI 的目标，可能导致名义汇率更大的波动幅度。

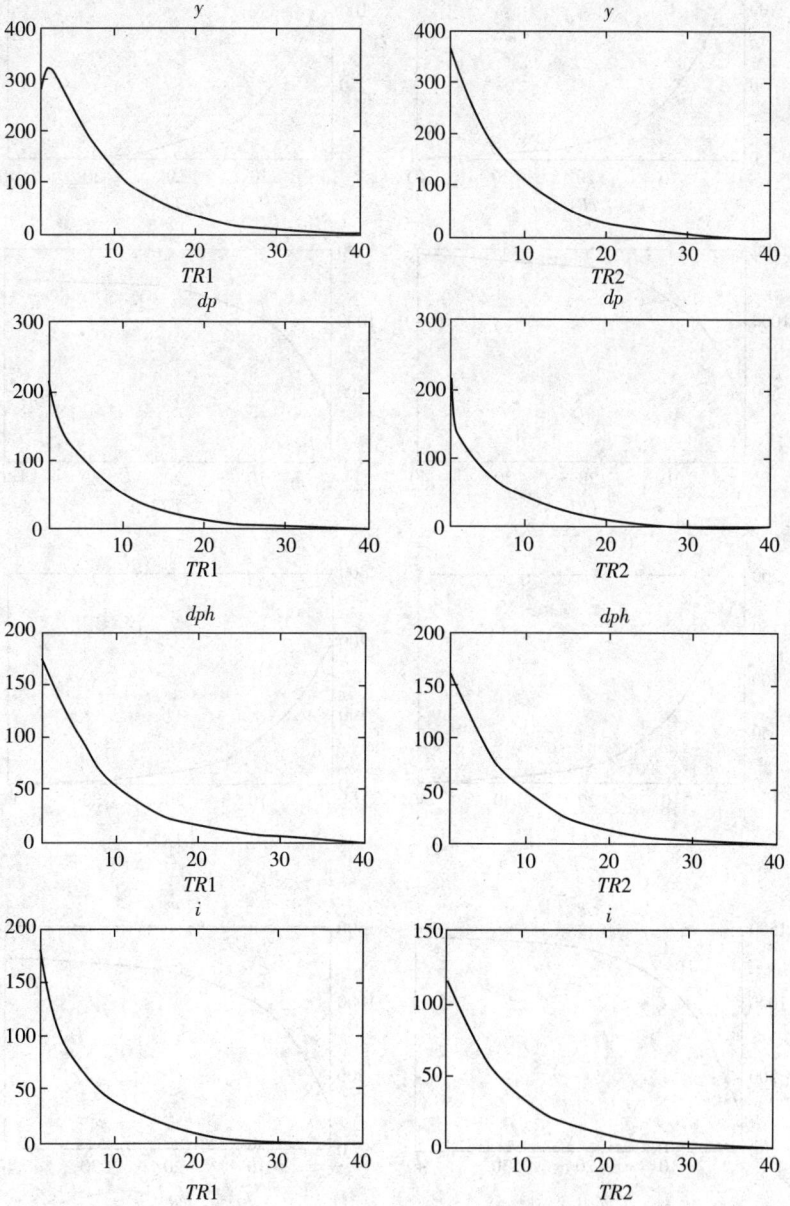

注：图中 y 代表产出水平，dp 代表 CPI，dph 代表国内产品价格通货膨胀率，i 代表名义利率的对数离差，q 代表实际汇率，e 代表名义汇率，s 代表贸易条件，pr 代表一般价格水平。

图 6-2　二种不同货币政策规则下货币政策冲击的影响

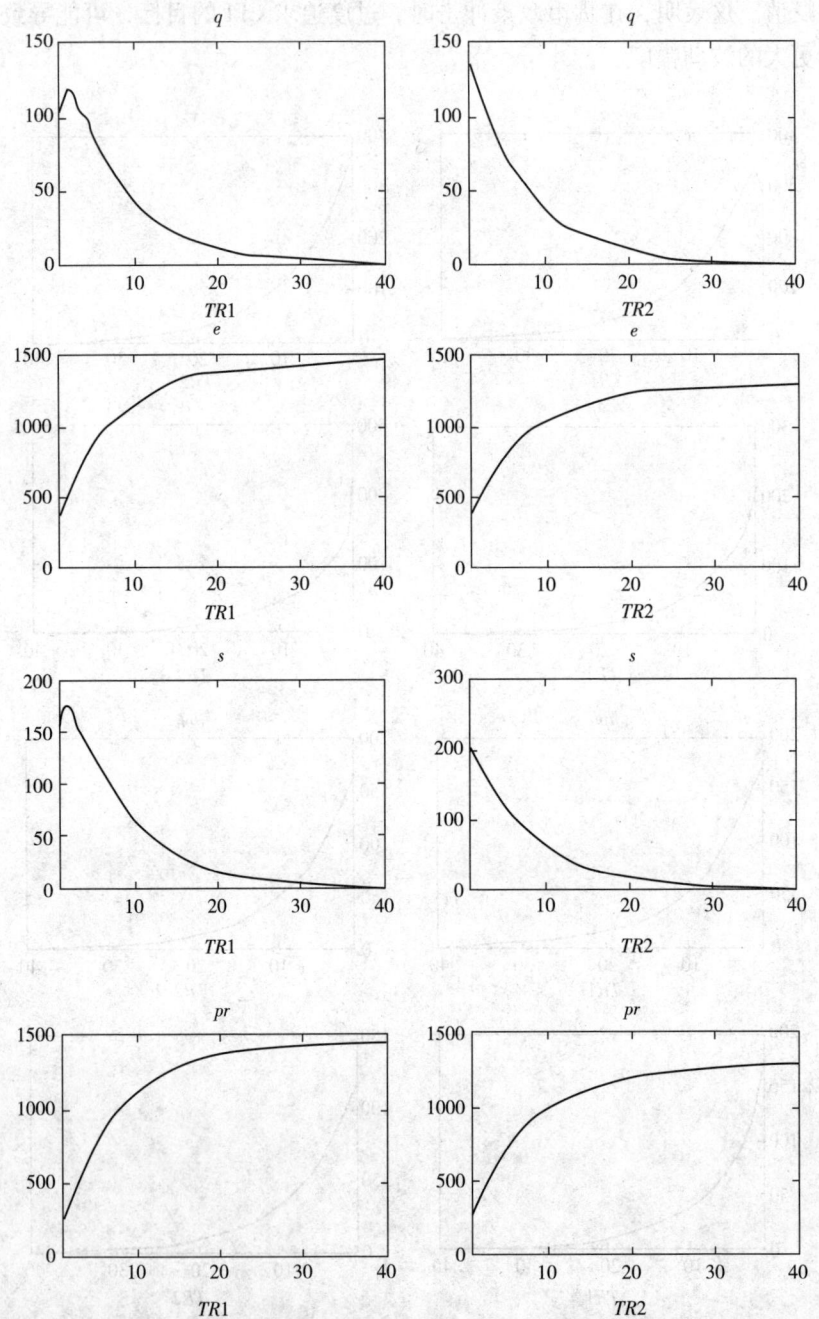

注：图中 y 代表产出水平，dp 代表 CPI，dph 代表国内产品价格通货膨胀率，i 代表名义利率的对数离差，q 代表实际汇率，e 代表名义汇率，s 代表贸易条件，pr 代表一般价格水平。

图 6-2　两种不同货币政策规则下货币政策冲击的影响（续）

6.4 黏性价格两国模型和政策模拟

在分析了一个黏性价格小国模型的内部冲击之后,本部分利用黏性价格两国模型,反映一个大国当面临来自外国的货币政策冲击时的宏观经济的反应。由于上文中提及,小国模型只是反映一国经济规模 n 取趋于零时的特例,因此,本书依然利用上文中的理论模型,并给出两国黏性价格模型系统。

6.4.1 黏性价格两国模型

表 6–1 反映的是黏性价格两国模型系统,FMP 和 FMP^* 分别表示本国和外国采取的货币政策方程。

表 6–1   黏性价格两国模型系统

本国	外国
$\frac{1}{R_t} = E_t\left\{\frac{\beta C_{t+1}^{-\sigma}}{C_t^{-\sigma}}\frac{1}{\prod_{t+1}}\right\}$	$\frac{1}{R_t^*} = E_t\left\{\frac{\beta C_{t+1}^{*-\sigma}}{C_t^{*-\sigma}}\frac{1}{\prod_{t+1}^*}\right\}$
$L_t^\nu C_t^\sigma = \omega_t$	$L_t^{*\nu} C_t^{*\sigma} = \omega_t^*$
$\chi m_t^{-\varepsilon} C_t^\sigma = \frac{R_t - 1}{R_t}$	$\chi m_t^{*-\varepsilon} C_t^{*\sigma} = \frac{R_t^* - 1}{R_t^*}$
$\varphi_t = \frac{1}{\alpha}\omega_t g_t Y_t^{(1-\alpha)/\alpha} Z_t^{-1/\alpha}$	$\varphi_t^* = \frac{1}{\alpha}\omega_t^* g_t^* Y_t^{*(1-\alpha)/\alpha} Z_t^{*-1/\alpha}$
$[\prod_{H,t}^{\#}]^{1+\theta(1-\alpha)/\alpha} = S_{1t}/S_{2t}$	$[\prod_{F,t}^{*\#}]^{1+\theta(1-\alpha)/\alpha} = S_{1t}^*/S_{2t}^*$
$\prod_{H,t}^{1-\theta} = \gamma + (1-\gamma)[\prod_{H,t}^{\#}]^{1-\theta}$	$\prod_{F,t}^{*1-\theta} = \gamma + (1-\gamma)[\prod_{F,t}^{*\#}]^{1-\theta}$
$\frac{\prod_t}{\prod_{H,t}} = \frac{g_t}{g_{t-1}}$	$\frac{\prod_t^*}{\prod_{F,t}^*} = \frac{g_t^*}{g_{t-1}^*}$
$Y_t g_t^{-\eta} = \delta C_t + \frac{\delta^*(1-n)}{n} q_t^\eta C_t^*$	$Y_t^* g_t^{*-\eta} = \frac{n(1-\delta)}{1-n} q_t^{-\eta} C_t + (1-\delta^*) C_t^*$
$L_t = \left[\frac{Y_t}{Z_t}\right]^{1/\alpha} D_t$	$L_t^* = \left[\frac{Y_t^*}{Z_t^*}\right]^{1/\alpha} D_t^*$
FMP	FMP^*
$C_t = q_t^{1/\sigma} C_t^*$	$C_t = q_t^{1/\sigma} C_t^*$

其中,$g_t \equiv [\delta + (1-\delta) s_t^{1-\eta}]^{1/(1-\eta)}$; $g_t^* \equiv [\delta^* s_t^{-(1-\eta)} + (1-\delta^*)]^{1/(1-\eta)}$; $q_t = s_t g_t^*/g_t$。
内生变量:
$\{Y, C, L, \bar{\omega}, m, R, \prod, \prod_H, \prod_H^{\#}, \varphi; Y^*, C^*, L^*, \bar{\omega}^*, m^*, R^*, \prod^*, \prod_F^*, \prod_F^{*\#}, \varphi^*; s\}$

资料来源:张卫平. 货币政策理论:基于动态一般均衡方法 [M]. 北京:北京大学出版社,并经作者处理。

6.4.2 参数校准

在这里,部分参数的校准值与小国模型中参数值一致,因此,只给出参数值,不再介绍参数选取依据。其中,第一,劳动在产出中的贡献份额(α)校准为2/3。第二,家庭的主观贴现率(β)为0.99。第三,家庭部门消费的跨期替代弹性的倒数(σ)为2。第四,劳动供给对真实工资的弹性的倒数(ν)为1.2。第五,不能调整价格的厂商的比例(Gamma)为3/4。第六,国内产品之间的替代弹性(θ)为6。第七,国际产品之间的替代弹性(η)校准为3。第八,本国开放程度(o)为0.32。

此外,一部分参数值发生了变化或在小国模型中没有给出,这里继续介绍如下:第九,真实货币需求对利率的弹性的倒数(ε)一般取值为2或者3,在本书中校准为3。第十,实际余额在家庭效用函数中的权重(χ),一般取值为0.05,本书中取值0.05。第十一,本国经济规模(n),本书取值为1/3。本书估算了2012年末中国和美国的GDP,发现中国的经济总量为美国的一半左右①,因此设定了本国经济规模。第十二,以美国作为外国货币政策(利率)冲击的代表,这里借鉴了黄炎龙、陈伟忠和龚六堂(2011)的成果,校准为(0.70,2.0%)。

6.4.3 外国扩张性货币政策的影响

本部分的外生冲击源自外国的货币政策(利率)冲击。图6-3中反映了外国一个单位扩张性货币政策冲击发生后,在后续的40个季度中本国和外国宏观经济变量的响应水平。

在本书中,假设本国和外国都采取基于各自本国产品物价通货膨胀率的泰勒规则,货币政策规则的形式表示为

本国的货币政策(记作D):$i = -\log(\beta) + \kappa_1 \pi_{H,t}$

外国的货币政策(记作F):$i^* = -\log(\beta) + \kappa_2 \pi_{H,t}^*$

式中,κ_1等于1.31。该参数的数值主要参考了刘斌(2008)的研究成果,该研究估计中国的通货膨胀响应参数为1.31。i为名义利率R的对数离差,即有$\exp(i) = R$。κ_2等于1.5。该参数的取值,本书直接使用校准的Taylor(1993)的研究成果,其中对通货膨胀的响应参数为1.5。

---

① 根据美国国家经济研究局统计的数据,2011年末,美国GDP为15 924 184百万美元,中国的GDP为7 426 090百万美元。

6 新常态下货币政策与汇率政策协调的模拟分析 167

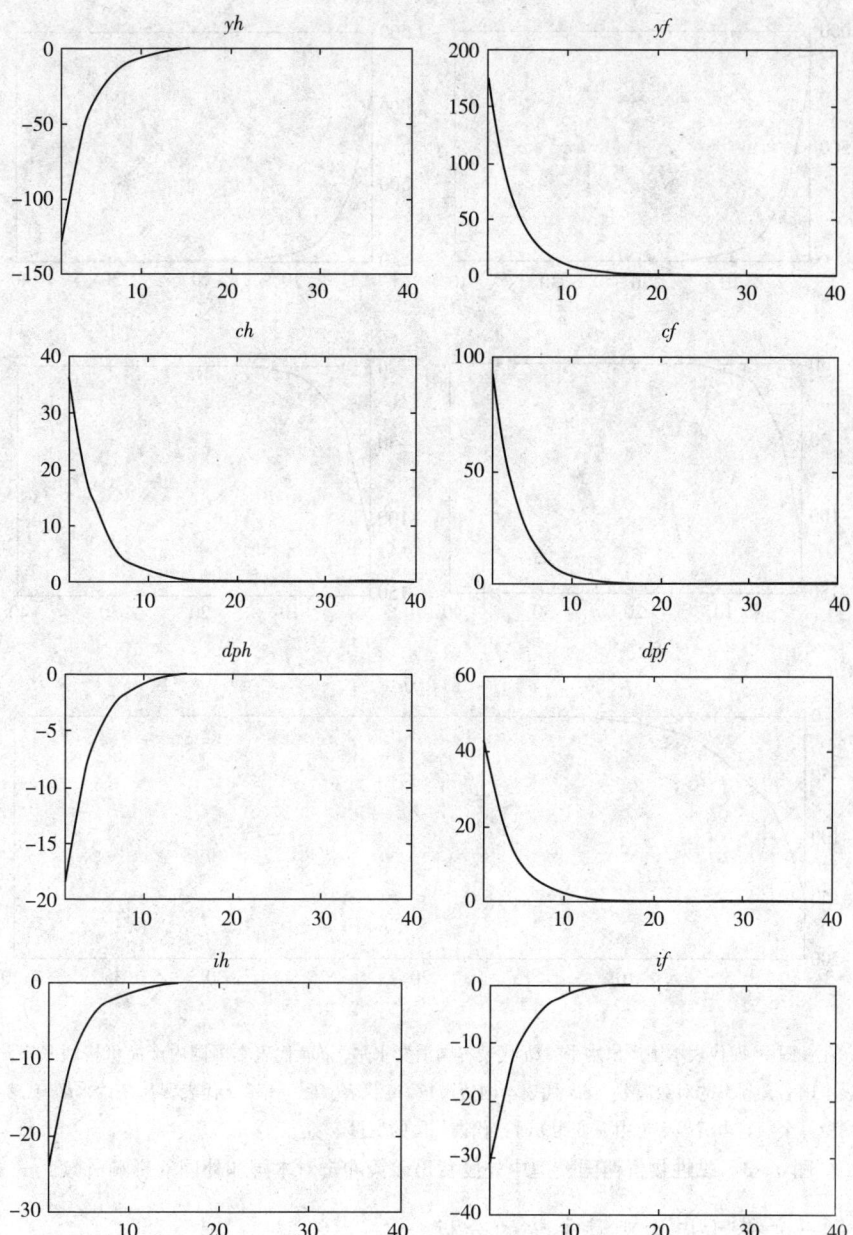

注：图中 yh 代表本国产出水平，ch 代表本国消费水平，dph 代表本国国内产品价格通胀率，ih 代表本国名义利率的对数离差，mh 代表本国货币量，q 代表实际汇率，s 代表贸易条件，tbh 代表本国的贸易余额。当后缀字母由 h 变为 f 时，代表外国的变量。

图 6-3 黏性物价两国模型中外国货币政策冲击对本国和外国的影响

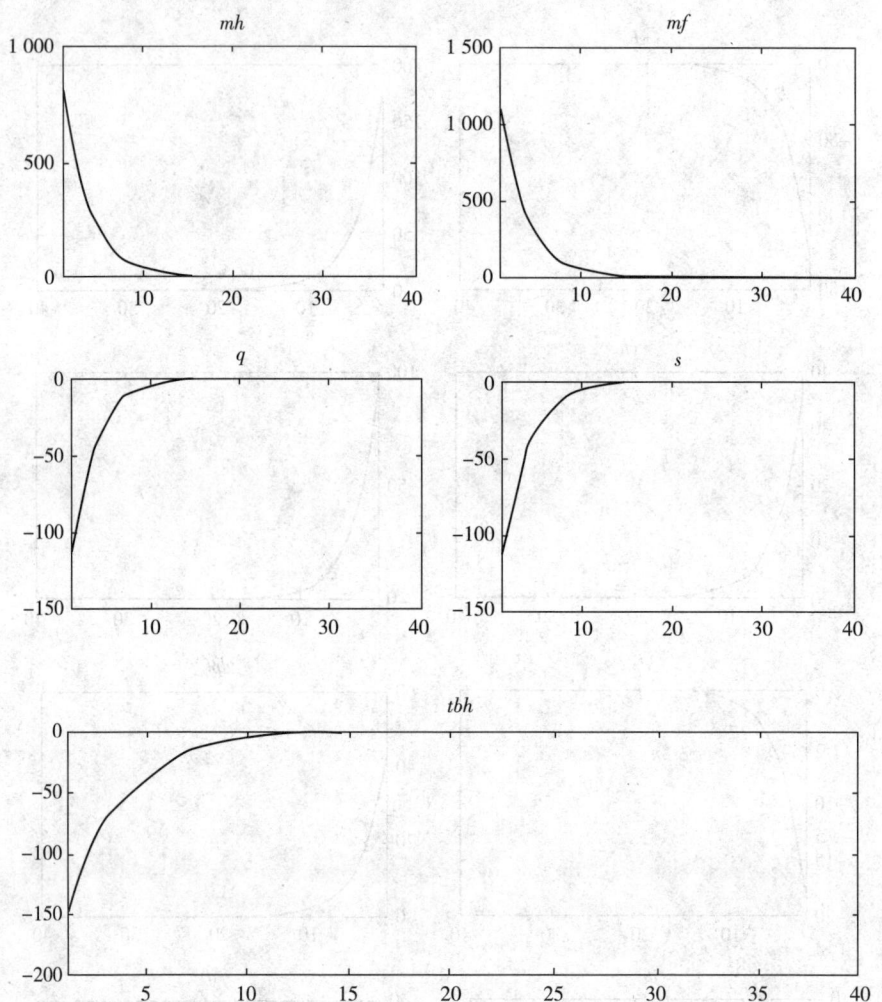

注：图中 yh 代表本国产出水平，ch 代表本国消费水平，dph 代表本国国内产品价格通胀率，ih 代表本国名义利率的对数离差，mh 代表本国货币量，q 代表实际汇率，s 代表贸易条件，tbh 代表本国的贸易余额。当后缀字母由 h 变为 f 时，代表外国的变量。

图 6-3 黏性物价两国模型中外国货币政策冲击对本国和外国的影响（续）

（一）基于内生变量走势的分析

当源自外国的扩张性货币政策冲击发生后，同时增加了两国的消费水平，降低了两国的利率水平，提高了两国的货币量。但是外国的货币政策冲击，在提高了外国的产出水平、外国国内产品价格的通货膨胀率的同时，降低了本国的产出水平和本国国内产品价格的通货膨胀率。事实上，这种冲击对于两国的消费水平的影响方向总是一致的。但是冲击对两国的产出（也包含就业）、基于国内产品价格的通货膨胀率、名义利率的影响方向不一定是一致的。在外国扩张性货币政策的冲击下，外国的产出水平（含就业）是增加的，基于外国国内产品价格的通货膨胀率是提高的，名义利率是降低的，但是本国产出（就业）、基于本国国内产品价格的通货膨胀率以及名义利率的变动依赖于参数σ^{-1}和η的相对大小。

表6-2 不同参数条件下外国扩张性的货币政策冲击对本国变量的影响方向

参数相对值	本国产出	本国就业	基于本国产品物价的通货膨胀率	本国名义利率
$\eta > \sigma^{-1}$	下降	下降	下降	下降
$\eta = \sigma^{-1}$	不变	不变	不变	不变
$\eta < \sigma^{-1}$	上升	上升	上升	上升

针对产出水平而言，外国扩张性的货币政策一方面会降低以本国国内产品物价膨胀率为度量的实际利率（如图6-3所示，名义利率下降了20%以上，而基于本国国内产品的价格通货膨胀率下降的幅度低于20%），这会增加本国家庭当期对国内产品的需求；另一方面，外国扩张性的货币政策会改善本国的贸易条件（s上升，主要受到外国实际汇率贬值的影响），这会降低外国对本国产品的需求。这两种影响是相反的，前一种影响的强弱和σ^{-1}的大小有关，后一种影响的强弱和η的大小有关。如果国际产品替代弹性大于消费的跨期替代弹性，则对本国产品的总需求就会减少，本国产出（含就业水平）以及基于国内产品价格的通货膨胀率就会降低；如果国际产品替代弹性小于消费的跨期替代弹性，则对本国产品的总需求就会增加，本国产出（含就业水平）以及基于国内产品价格的通货膨胀率就会增加；如果国际产品替代弹性和消费的跨期替代弹性恰好相等，则两种影响的作用相互抵消，本国产出（含就业水平）和基于国内产品价格的通货膨胀率就不会发生变动。

实际汇率q与是否存在消费的本国偏向有关。如果不存在消费的本国偏向，实际汇率就不会对货币政策冲击作出反应。如果存在消费的本国偏向，则外国扩张性的货币政策冲击会导致外国实际汇率的贬值和本国实际汇率的升值，事实上，这就是外国央行利用扩张货币政策实现竞争性贬值的一种表现。在本书中，由于存在本国偏向，因此，实际汇率发生了变动。

本国的贸易余额（tbh）的变动方向取决于国际产品之间的替代弹性η和1的相对大小。如果η是小于1的，那么外国扩张性的货币政策冲击会造成外国产出的增加，对应一个较大的贸易条件恶化，外国的实际收入减少，因此要求贸易余额降低，本国的贸易余额上升；如果 η 是等于 1 的，那么外国产出增加和外国贸易条件恶化的变动幅度相同，外国的实际收入不变，因此外国和本国的进出口规模依然保持平衡；如果 η 是大于 1 的，那么外国扩张性的货币政策会提高外国的产出，对应着一个较小的外国贸易条件恶化，因此，外国的实际收入是增加的，外国家庭跨期消费平滑的行为要求当前的外国贸易余额增加，以求当前增加的收入"均匀"地分摊到未来各期。在本书中，η 等于 3，因此，外国扩张性的货币政策冲击导致了本国贸易余额的降低。

上面的分析反映出，如果以本国产出水平作为标准，那么当国际产品替代弹性大于消费的跨期替代弹性时，源自外国的扩张性的货币政策是一种"以邻为壑"的政策。如果以本国的贸易余额作为标准，那么当国际产品替代弹性大于 1 时，外国的扩张性的货币政策同样是一种"以邻为壑"的政策。由于在本书中，σ 为 0.99 的倒数接近于 1，因此，以上两个标准几乎是等同的。又由于本书中采取的国际产品替代弹性为 3，因此，源自外国的扩张性货币政策是一种"损人利己"型的政策。

此外，依然以产出作为标准，当国际产品替代弹性小于消费的跨期替代弹性时，外国的扩张性的货币政策是"利己利人"型政策。但是需要注意的是，一方面，当本国的经济周期和外国的经济周期不一致时，例如本国经济过热，而外国经济不景气时，如果外国执行扩张性的货币政策，可能加剧国内的经济过热，因此，单纯以产出作为标准并不一定合适，此时本国将会出现更高的通货膨胀压力，会给本国的货币政策目标带来挑战。另一方面，由于两国黏性价格模型中是基于家庭的效用函数建立的模型，产出水平增加带来了消费数量的增加，使家庭获得了正的效用，但是在产出增加的同时还消耗了投入（这里是劳动），这会产生负的效用，因此，产出水平的扩张不一定意味着本国福利水平的增加。

（二）基于内生变量波动幅度的分析

在本书的政策模拟中，当面对源自外国的货币政策冲击时，外国的产出水平、消费水平、基于国内产品价格的通货膨胀率、名义利率水平以及货币量的波动幅度要大于本国对应变量的波动水平，当然其中基于国内产品价格的通货膨胀率的变动方向是相反的。

（三）对于货币政策和汇率政策协调的启示

在上文分析中，源自外国的扩张性的货币政策冲击可能会对本国的产出水平（含就业）、名义利率水平、基于本国产品物价通货膨胀率以及国际贸易余额产生不同的影响，这主要取决于国际产品替代弹性和消费的跨期替代弹性之间的大小关系。

在本书中，当国际产品替代弹性大于1（严格地说是1/0.99）时，外国的扩张性货币政策会降低本国的产出水平（含就业）、名义利率水平、基于本国产品的物价通货膨胀率，以及本国的国际贸易余额。与此同时，本国的实际汇率将升值，外国的实际汇率将贬值。这是外国实施的一种"以邻为壑"的货币政策。而这种外国扩张性货币政策在影响本国宏观经济的过程中，发挥关键作用的一个变量在于通过影响实际汇率的变动，进而影响两国之间的贸易条件的变化。具体而言，是在降低外国利率的同时，实现外国实际汇率贬值，导致本国的出口降低，进而加大国内的通货紧缩和国际贸易余额的降低。假设此时本国经济处于通货膨胀周期尚好，如果本国经济处于通货紧缩阶段，外国的这种扩张性货币政策引发的竞争性贬值，将使本国经济陷入更加严重的衰退。在这种情况下，本国可以采取扩张性的货币政策或者稳定实际汇率的汇率政策（或者两种政策组合的方式），来防止本国货币升值过度引发的外需下降，进而防止宏观经济进一步衰退和国际贸易余额的降低。

当国际产品替代弹性小于1（严格地说是1/0.99）时，外国的扩张性货币政策会提高本国的产出水平（含就业）、名义利率水平、基于本国产品的物价通货膨胀率，以及本国的国际贸易余额。与此同时，本国的实际汇率将升值，外国的实际汇率将贬值。在一定条件下，外国实施的是一种"利己利人"的货币政策。一方面它压低了本国的实际利率，刺激了本国的消费，另一方面本国贸易条件改善并没有大幅降低外国需求，因此促进了产出的增加和国内产品物价通货膨胀率的提高。假设此时本国经济处于通货紧缩阶段尚好，如果本国经济处于通货膨胀阶段，外国的扩张性货币政策将加大国内通货膨胀的压力。在这种情况下，本国应该启动紧缩性的货币政策或者提高本国实际汇率的汇率政策（或者两种政策组合的方式），来防止由于国内实际利率降低下的消费上升和本国货币升值不足引发的外需上升，进而防止宏观经济过热和国际贸易顺差的进一步加大。

6.5 主要启示

在本章中，通过政策模拟的方式，分别讨论了黏性价格小国模型受到源自本国国内的技术冲击和货币政策冲击时的宏观经济的影响，特别在技术冲击的情况下讨论了固定汇率制和两种泰勒规则下的宏观经济的不同反映。考虑到本书中的小国模型是黏性价格两国模型的一种变形,以及中国正逐步成为一个大型经济体的现实情况,本书又讨论了黏性价格两国模型下,当一个经济规模为本国2倍的大国采取扩张性货币政策时,本国宏观经济受到的影响。之所以选择外国出现扩张性货币政策冲击,主要是为了刻画和反映后金融危机时代,美国、欧盟等大型经济体采取的包括量化宽松在内的扩张性货币政策对中国经济的影响。结合本书研究中国货币政策和汇率政策协调这一主题,本章主要获得了以下结论和启示。

第一,当黏性价格小国经济体受到本国的一个单位的正向技术冲击时,导致了本国通货膨胀水平的降低。当本国实行泰勒规则(是浮动汇率制下锚定国内物价的货币政策)时,在内部均衡上,价格水平的降低释缓了货币政策的压力,使利率具有降低的趋势;在外部均衡上,技术冲击导致了本国货币升值,贸易条件具有改善的趋势。在实行固定汇率制(锚定名义汇率)下,价格水平长期中又恢复到了最初的水平,无法释缓货币政策的压力,因此利率依然保持原来的水平,在外部均衡上,技术冲击无法改变本国的名义汇率,贸易条件虽然具有改善的趋势,但是这种改善主要源自最初国内价格的降低,且改善程度小于泰勒规则下的程度。

当比较两种固定汇率和泰勒规则下的宏观经济表现时:其一,从价格水平看,在固定汇率制下,由于名义汇率是高度稳定的,那么技术正向冲击所引起的实际汇率的升值过程,要通过国内价格水平的上升来表现,即相对于泰勒规则时国内的价格水平显得过高了,这与蒙代尔(2003)对于中国香港地区通货膨胀过高的论述具有内在的一致性,他认为中国香港地区一度出现的通货膨胀正是这一地区名义汇率高度稳定的条件下实际汇率升值的表现。其二,从产出缺口看,由于假设名义价格的黏性,阻止了相对生产力冲击变化时相对价格水平足够快的反应,固定汇率制下的名义汇率相对于泰勒规则(浮动汇率制)显得过于平稳了,引起了相对于最优配置的明显的偏离,降低了产出水平。这与 De Paoli(2009)研究认为不同制度下,更高的均衡贸易条件波动性,意味着更低的通货膨胀和产出缺口波动,可以获得更高的福利水平的观点具有内在的一致性。这表明,在黏性价格小国经济面对技术冲击的情况下,锚定国内通货膨胀目标,而非锚定名义汇率,可能会带来更低的价格水平和更高的产出水平,进而实现更高的福利。

第二,当黏性价格小国经济体受到本国的一个单位的扩张性货币政策冲击时,会导致国内通货膨胀水平的上升。在实行泰勒规则时,价格水平的上升加大了货币政策压力,使得利率上升。在外部均衡上,货币政策冲击导致本国货币的名义汇率具有贬值的压力,但是由于价格水平上升的幅度更大,致使贸易条件逐步将会得到改善。比较以 CPI 为基础和以本国产品价格膨胀率为基础的两种泰勒规则下宏观经济的反映,可以发现,由于贸易条件最初恶化提高了国内的 CPI 水平,则在基于 CPI 的泰勒规则下,货币政策的紧缩程度会更高,这会引起名义利率更大幅度的上升,以及本币长期之中更大幅度的贬值。这表明,在受到货币政策冲击时,较之于基于本国产品物价膨胀率的泰勒规则,以 CPI 为基础的泰勒规则使得本币的名义汇率的波动幅度显得过大了,和固定汇率时名义汇率的高度稳定形成鲜明的对比。蒙代尔(2003)认为,货币扩张速度的小变化也会改变通货膨胀预期和资产偏好,从而对汇率产生重大影响,汇率反过来影响实际经济和贸易平衡。通过紧缩货币政策来降低通货膨胀率的过程,很少是一个平稳顺利的过程,一般而言,它都会导致实际汇率升值到长期均衡水平以上。因此,典型的通货紧缩过程最终往往是以货币危机和急剧的货币贬值而结束。如果允许汇率浮动,它就要随着投机资本流动的变幻莫测而调整,成为所有价格中最敏感、最变动不息的价格。这种现象又从反面说明,执行泰勒规则(浮动汇率制下的一种货币政策规则)尽管有助于实现更高的福利,但是这并不等于在追求国内物价稳定的同时可以完全无视汇率的剧烈波动,即不能彻底地放弃汇率名义锚。

第三,在黏性价格两国模型中,外国的扩张性货币政策的冲击对于本国宏观经济的影响方向,和国际产品替代弹性与消费的跨期替代弹性的相对大小有关系。当国际产品替代弹性大于消费的跨期替代弹性时,外国的扩张性货币政策是一种"以邻为壑"的政策,而获得这种政策溢出效应的关键点在于外国利用扩张性货币政策实现了竞争性贬值,受此影响,本国的产出水平和国际贸易余额会有下降的压力。当本国宏观经济处于失业状态时,需要采取扩张性的货币政策或者稳定实际汇率的汇率政策(或者两种政策组合的方式),来防止本国货币升值过度引发的外需下降,进而防止宏观经济进一步衰退和国际贸易余额的降低。当国际产品替代弹性小于消费的跨期替代弹性时,外国的扩张性货币政策可能会进一步加剧本国原有的通货膨胀压力,这时本国需要启动紧缩性的货币政策或者让本国实际汇率升值的汇率政策(或者两种政策组合的方式),来防止由于国内实际利率降低下的消费上升和本国货币升值不足引发的外需继续上升,进而防止宏观经济过热和国际贸易顺差的进一步加大。

总之,当面对源自一个经济体内部的技术冲击时,泰勒规则(本质上对应着一种浮动汇率制)对于有助于在黏性价格的条件下,利用贸易条件的波动来化解相对生产力冲击变化时价格水平不能足够反映的问题,进而更加接近最优配置。但是这并不意味着仅仅关注内部物价目标，而忽视汇率的波动，事实上，由于过度追求低通货膨胀的目标，可能诱发汇率剧烈波动，甚至爆发货币危机的风险。这一点可以从一个经济体面对内部的货币政策冲击时，采取基于 CPI 的泰勒规则，将诱发更大幅度的汇率调整中看出。

在开放经济条件下，外生冲击并不总是源自一个经济体的内部，当一个经济体面临着源自外部某个大国的货币政策冲击发生时，这个经济体可以采取货币政策和汇率政策协调的方式来应对这种外部冲击，进而维护好该国的内部均衡和外部均衡目标。

7

新常态下新型货币政策和汇率政策协调的建立

本章立足于中国货币政策和汇率政策协调实践中的长期性、趋势性特征，以及新常态下中国货币和汇率政策协调中的难点问题，结合国际经验、理论和模拟分析，尝试性地建立一种新型的货币政策和汇率政策协调方式，以适应新常态下货币和汇率政策调控的需要。第1节探讨了中国货币政策和汇率政策协调的目标转变趋势，阐述了新趋势的原因和内在逻辑；第2节阐述了新型政策协调下汇率政策目标由美元汇率锚到混合汇率锚的转变思路，分析了这一思路的合理性、可行性以及混合汇率锚的相对低位；第3节阐述了新型政策协调下货币政策目标由货币总量目标到通货膨胀目标的思考，重点分析了货币总量目标和通货膨胀目标分别作为中国内部稳定短期和长期名义锚的合理性，并就通货膨胀目标和现行多目标制的货币政策框架的关系，以及协调两个名义锚（通胀目标和混合汇率锚）的原则进行了阐述。

7.1 新世纪至新常态货币政策与汇率政策协调演变趋势

从政策目标的角度来分析中国新型货币政策和汇率政策协调方式的建立，一个最直接的原因是政策目标在货币政策和汇率政策协调（特别是建立新型政策协调）中的重要地位。首先，政策目标的潜在冲突是货币政策和汇率政策协调的根源。正如上文提及的，在中国多目标的货币政策框架下，货币政策目标和汇率政策目标在特定的经济条件下可能会有潜在冲突，因此，政策协调的一个重要目的在于让两个政策目标更好地兼容。其次，考虑到政策目标在政策制定和实施中的关键地位，本书认为政策目标协调是建立新型政策协调方式的一个起点。卡尔·E. 瓦什（2001）认为人们往往按中央银行直接控制的工具、操作目标、中间目标到最终目标的次序来描绘政策调控，但是政策设计的运转顺序恰恰相反：即从政策的最终目标，到与最终目标相匹配的中间目标值，再到实现中间目标所要求的操作目标值，最后才是能够得出操作目标意愿值的工具安排。这足以反映政策目标在建立新型政策协调过程之中的重要地位。最后，政策协调所涉及的内容十分广泛，例如政策目标的协调、政策工具的搭配等，考虑到篇幅的原因，本书只能择其重点，从政策目标协调角度探讨新型政策协调的建立，而忽略了一些其他内容。总之，本章从政策目标出发，分析了适合未来中国宏观调控的新型货币政策和汇率政策协调方式。考虑到宏观调控的完善只能采取"在线修复"的特点，本书认为这种新型的政策协调方式不会贸然实施，以违背其设计初衷。相反，伴随着中国经济环境的变化，在继续使用当前的调控体系确保短期的政策有效性的同时，在长期中逐步转向更具弹性、更适合未来中国经济需要的政策协调。

7.1.1　政策协调转变的趋势

自 1994 年中国汇率并轨以来，中国的货币政策和汇率政策协调经历了几次周期性的调整，但是自 2005 年 7 月中国实施汇率形成机制改革以来，货币政策和汇率政策协调的政策目标转变的趋势是比较清晰的。政策协调的目标在维护好通货膨胀、就业、经济增长、汇率（基本）稳定、国际收支平衡等多重目标的同时，更加突出通货膨胀目标的地位，并渐进式地转换了汇率稳定的内涵，即由人民币对美元双边名义汇率的高度稳定向人民币对一篮子货币汇率的基本稳定转换。伴随着政策协调目标的变化，本书提出了一个由传统政策协调方式（美元汇率锚+货币总量目标）逐步向新型政策协调方式（混合汇率锚+通货膨胀目标）转变思路。具体而言，从货币政策看，逐步由货币总量目标向与中国国情相适应的（非公开的）通货膨胀目标过渡，在综合运用数量型调控和价格型调控（以及宏观审慎管理）的过程中，逐步提高价格型调控（利率调控）的作用。从汇率政策看，逐步由美元汇率锚向多种篮子货币组成的混合汇率锚过渡，逐步减少中央银行的外汇市场干预，但不放弃有效汇率基本稳定的目标。

7.1.2　政策协调转变的原因

中国货币政策和汇率政策协调目标的转变，和中国正在逐步成为一个更为开放、经济规模更为庞大的经济体有着根深蒂固的关系。

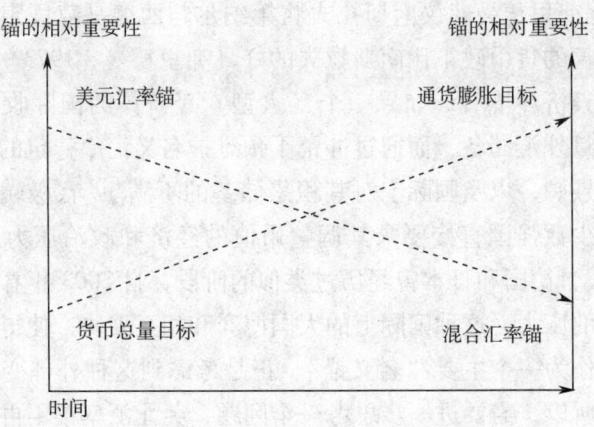

图 7-1 政策协调中名义锚的变动趋势

从国内的经济条件看，中国存在着"更开放""更封闭""更成熟""更现代"四个趋势。第一个趋势是指伴随着中国经济逐步向现代化经济转变，中国将逐步实现资本和金融项目的更高水平的开放，这将导致维持（不同程度的）盯住人民币对美元汇率变得愈发困难。第二个趋势是指伴随着中国国际收支更加平衡，中国经济又显得愈发"封闭"，因此，宏观政策调控将更加关注内部稳定，而非外部稳定。第三个趋势是指伴随着经济的高度发展，中国经济逐步向成熟经济体的状态迈进，国内的总供给曲线将变得更加陡峭，这使得通货膨胀目标变得更加突出。第四个趋势是指伴随着中国金融体系更加现代化，中国的货币政策框架更加现代化，因此，中国有更强的调控能力来直接关注国内通货膨胀目标（以及增长率的潜在水平），而不用再像以前一样将汇率目标作为整体政策的基础，以利用稳定的汇率目标作为长期内（相对）通货膨胀的一种替代性"名义锚"。事实上，在货币政策体系不够成熟或货币政策纪律不够充分的条件下，（固定）汇率政策有利于发展中国家有效遏制高通货膨胀。根据这种观点，作为反通货膨胀政策体系（还包括财政改革和其他政策的调整）的一个重要组成部分，固定汇率的优势是比承诺保持物价稳定更加鲜明、更加可信和更加容易解释的一种方式。这种关系，在 1997 年以前的中国以及很多发展中国家在治愈本国高通货膨胀这一问题上发挥过作用。事实上，蒙代尔（2003）指出，当小国货币用固定汇率与大国货币挂钩，而大国的通货膨胀水平可以接受，小国就为本国其他的宏观经济政策确定了方向（既然确定了固定汇率，就要实施相应的货币政策和预算约束）。因此，20 世纪 70 年代，当弗里德曼建议南斯拉夫将第纳尔与西德马克固定时，他直截了当地指出：西德的货币政策比南斯拉夫的好（弗里德曼，1973）。

从国外的经济环境看，如果一个（大型）经济体的国际收支出现长期的顺差，积累大量外汇储备，而通过冲销干预维护名义汇率稳定的话，将可能面对其他国家的嫉妒，以及国际上对其积累储备的不满。① 在极端的情况下，它甚至可能面临少数强国直接要求其调整币值的经济和政治压力。② 20 世纪 60 年代至 80 年代，德国和日本曾经历过类似的阶段，自 2003 年春，中国逐步迎来了汇率问题的压力。这种国际上的大国博弈和相互妥协，使得原有的美元汇率锚不再适宜作为一个主要"名义锚"。正是考虑到这种外部变化中掺杂了非经济的因素，所以，需要进一步思考一个问题，美元汇率锚不再适合作为主要的"名义锚"，是否就意味着需要汇率方面的锚，显然从逻辑上看，这不是一个对等的意思。无论是新兴市场经济体对于外汇波动幅度和汇率水平的影响，还是欧洲地区的货币一体化现象，表明在美元本位制的今天，对于大多数经济体，特别是新兴市场经济体而言，汇率锚是必要的。

正是考虑到中国经济发展阶段和外部环境的变化，本书认为中国新型的货币政策和汇率政策协调形成的过程是由两个方面组成的：一方面将逐步将原来处于次要地位、不太精确的货币总量目标逐步转化为处于主要地位、更加精确的国内通货膨胀目标；另一方面逐步将原来明确的、处于主要地位的美元汇率锚逐步转化为隐性的、处于次要地位的混合汇率锚。在下一节中，本书将详细阐述这种复合式变化方式的主要考虑。

7.1.3 政策协调转变的逻辑

新型的货币政策和汇率政策协调是适应企业自主权不断扩大、市场在资源配置中的作用不断增强的内在要求的。中国的经济体制改革从微观经营机制改革入手，通过逐步增强微观主体自主决策和配置资源的能力，使市场在配置资源中发挥越来越重要的作用。而微观经营机制和资源配置方式的变化也必然要

---

① 在国际金融危机之前，关于人民币汇率存在低估的呼声很高，不仅美国、欧洲和日本持有这种观点，而且很多新兴市场经济体也大多持有这种观点（王松奇，2011）。包括汇率在内的一系列问题，让发达国家和一些发展中国家一度不愿意给中国更大的空间（查琳·巴尔舍夫斯基，2011）。

② 20 世纪 60—70 年代，有大量顺差的德国和日本，在 1971—1973 年遇到了美国要求其调整币值的强大压力，这种压力部分表现为美国对其进口品课征 10% 的附加关税，美国保证在币值适当调整后废除它，日本和德国在来自美国的压力下，于 1971 年和 1973 年两次被迫调整币值。但是这种明显的施压的策略极为少见，而且只能由少数强国所为，从历史经验看，这种强国的强迫干预行为往往导致币值的变动。

求宏观调控机制进行调整。这构成了中国渐进式改革推进的内在基本逻辑，反映在货币政策方面就是对间接调控机制和价格型调控手段的运用逐步加强，反映在汇率政策方面就是中央银行的入市干预频率逐渐降低，市场供求在形成汇率水平中发挥更为基础性的作用（周小川，2013）。

7.2 新型政策协调下的汇率政策：从单一汇率锚到混合汇率锚

本节介绍了新型货币政策和汇率政策协调下的汇率政策目标：混合汇率锚的内涵、合理性、存在性及其未来地位。

7.2.1 BBC 制度与混合汇率锚

2005 年 7 月中国汇率形成机制改革所采取的新的汇率制度，属于所谓的"货币篮、波动区间和爬行盯住"（Basket, Band and Crawl，也被称为 BBC 制度）汇率制度类别。原则上看，BBC 汇率制度可以使得汇率有管理地浮动。在新制度下的过渡性安排和智利、以色列等新兴市场经济体的经验相一致，这些经济体最终获得了持续的经济增长，并且伴随着低通货膨胀、金融稳定、完全的货币可兑换以及更为纯粹的浮动汇率制度。

考虑到中国政府在长期内增强人民币资本项目可兑换性的目标，有必要允许人民币相对于贸易伙伴国货币进行波动，这种波动需要采取有管理的方式。通向这一制度转型，需要经过两个步骤。第一步是转变为实行一种真正意义上的盯住一篮子货币汇率制度，其中各种货币的权重和中国与该国贸易的比重（以及货币的国际化程度）具有相关性。

新制度具有两个直接和重要的优点：第一，由于存在货币篮子中权重的不确定性以及双向浮动区间，给预期人民币汇率变动的投机资本一种震慑力，防止了短期汇率浮动的不可管理；第二，有限的波动性，给企业、居民、金融机构认识和适应浮动汇率制度提供了必要的时间，允许国内外汇市场在每日不确定性的条件下不断成长。不断发展的外汇现货和期货市场，让市场力量在汇率决定中发挥更加重要的作用。

当然，此时的货币篮汇率锚还不是真正意义上的混合汇率锚，从某种意义上说，它只是混合汇率的雏形。从外汇市场干预看，这种类型的一篮子盯住等价于人民币对美元的可移动盯住，因为盯住汇率的每日价格取决于美元与货币篮中其他货币的双边汇率。在目前这种带有货币波动区间的制度下，这些波动区间会随着时间的推移而发生变化，它们最终由美元对货币篮子中其他货币的汇率波动所决定。外汇干预仍然可以在人民币对美元市场上进行，这与2008年IMF实际汇率分类法是一致的，IMF认为中国汇率制度为爬行盯住（美元）。

实施这种货币篮区间是第一步，此后将是随着时间的推移，逐渐扩大波动区间，其最终目的是通过浮动区间的不断扩大，逐步降低外汇市场的干预频率。如果这一区间被逐步扩大，那么从区间中点起始的爬行升降，或者波动区间的上下界限就会相应地扩大，就能适应人民币的逐渐升值，从而实现内外部均衡。这种逐渐扩大目标区做法的一个优点在于能够有效地控制风险，同时使得市场参与者和机构投资者能够逐步适应货币频繁兑换和汇率频繁波动这种充满不确定性的市场环境（何帆、王世华，2006）。伴随着人民币与美元汇率之间可移动盯住的逐步弱化，原有的美元汇率锚将随之弱化，并逐步转化为一个由篮子货币汇率组成的混合汇率锚，类似于名义有效汇率的基本稳定，而不是人民币与美元汇率的基本稳定。

7.2.2 混合汇率锚的合理性

结合中国经济发展阶段，中国央行在退出美元汇率锚的过程中，不应该直接过渡到自由浮动汇率制度，相反应该继续实行有管理的浮动汇率制度，利用汇率政策维护好混合汇率锚的基本稳定。

（一）混合汇率锚和转变经济发展方式

国际金融危机之后，中国加快向内需型经济体转变，加快发展服务业和提高消费比重，成为经济转变发展方式的重要内容。在提振内需的同时，中国政府从来没有忽视对外经济交往的重要作用。在每年中央政府的工作报告中，往往会公布上一年度进出口贸易总额和外国直接投资利用的情况，反映出中国政府对于这个方面的重视。从中国现实情况看，除了推进内部改革，理顺价格关系外，促进中国消费比重提升的一个重要途径，在于继续深度参与世界分工、承接后危机时代的全球产业转移，提升中国实体经济的国际竞争力和产品的附加值。因为从逻辑上看，只有高附加值的产业才能支撑起规模庞大的、具有较高收入的中产阶级群体，才能不断提高消费和繁荣国内的服务经济。在转变中国经济发展方式的过程中，中国需要防范两个趋势：一个是资产价格的泡沫，另一个是本币有效汇率的高估，这两个因素很可能导致本国制造业的国际竞争力下降以及国内过高的消费水平，并导致经常项目的恶化。这会产生两个后果,一个是类似于部分欧洲经济体的情况,公共债务危机和国内高福利引起的结构性调整的压力;另一个是类似于美国的情况,经济过度虚拟化和制造业的空心化。基本稳定的混合汇率锚,有助于中国继续增加制造业的产品附加值,提升经济增长的质量。

(二) 混合汇率锚和全球实体经济复苏

后危机时代,全球金融业朝着支持实体经济并提高金融业就业水平这一传统定位回归。本书认为中国维护人民币有效汇率的稳定,正是支持中国乃至全球实体经济复兴的一种金融安排,因为混合汇率锚能够促进国际贸易和国际(长期)投资的发展。从国际贸易方面看,美国前中央银行行长保罗·沃尔克认为,"具有讽刺意味的是,他观察到近几年各国耗费了大量精力和政治资本,把已经很低的关税降到了最低水平,结果本来唾手可得的贸易及效率上的利益又被汇价波动抵消了。发达经济体在讨论发展问题和颂扬新兴市场经济体经济自由化成就的时候,没有大讲特讲它们从更稳定的外汇市场上得到多少利益。"从国际(长期)投资方面来看,只要在一个区域内汇率真正固定(或稳定),资本在区域内的流动就几乎总是有益的。只要人们对汇率有完全的信心,资本流动就总是沿着正确的方向。一旦汇率不确定,资本流动就会出现问题。回顾一下战后实施固定汇率的国家。从1948年(日本在当年实施了10换1的货币改革)到20世纪70年代,日元与美元的汇率绝对维持在1美元等于360日元的水平。那时,美国与日本之间从来没听说过什么不好的资本流动(蒙代尔,2003)。

(三) 混合汇率锚与货币政策的独立性

混合汇率锚是一种更加富有弹性的汇率政策所关注的目标,由于它旨在维护人民币有效汇率的基本稳定,这表明混合汇率锚是有弹性的,这就为实施独立的货币政策提供了必要的空间。此外,考虑到维护货币篮汇率的基本稳定,在实现汇率完全浮动之前,将继续实行特别的金融账户自由化措施。这又反过来防止了资本和金融项目过快开放,汇率发生剧烈动荡时,货币政策又不得不从国内宏观经济管理目标转移到汇率管理上来的情形的出现。因此,在保持必要的资本管制的条件下,混合汇率锚和货币政策独立性的兼容是比较容易实现的。

7.2.3 混合汇率锚的存在性

在开放经济条件下有一种观点:干预外汇市场毫无用处,因为外汇市场日常交易量如此巨大,中央银行的任何干预都将被外汇市场的巨大交易量所淹没。20世纪七八十年代日本获得的一个经验是，在浮动汇率制下，央行仅靠违背市场主要趋势的强行干预是不能操纵汇率的。日本央行花了数十亿美元才吸取了这个教训，短期资本流动、利率差异，甚至政治动态等很多不确定的因素都可能成为短期汇率走势中的关键因素（刑天丰雄，1996）。[①] 或许是这样的经历，让此后日元对美元汇率经历了较大的波动，并成为1997年亚洲金融危机的重要原因之一。中国可以谋求有效汇率的基本稳定吗？本书将从三个方面加以解释。

（一）必要的资本管制基本有效

由于资本管制的存在，中国国内的外汇市场与国际金融市场存在一定的隔离，根据BIS的数据，目前中国国内外汇市场的日均交易量不足全球日均外汇交易量的1%。这也是中国可以利用外汇干预、维护汇率政策目标的原因。尽管中国的资本和金融项目的开放程度逐步加大，但是国内外的大部分研究表明，中国的资本管制还是基本有效的（余永定，2012）。此外，即使未来中国基本实现了资本和金融项目的开放，也不意味着中国成为一个资本自由流动的国家。事实上，包括发达经济体在内，没有任何一个经济体是100%资本和金融项目自由兑换的。[②] 包括IMF也没有认定资本金融项目的7大类40项的清单中，全部做到还是做到多少项就可被认为是资本项目可兑换，因此它本身是一个模糊性的目标（相反，IMF对经常项目可兑换给出了明确的定义）。正因如此，中国资本项目的开放，将采取必要监管[③]，防止国际游资冲击中国的汇率和经济基本面。

（二）树立央行维护汇率稳定的信誉

从实践角度看，降低外汇干预成本，获得央行预期目标的关键在于建立央

[①] 日本前中央银行行长刑天丰雄曾和日本国内最棒的外汇交易人员谈话，他请交易员说出交易时所考虑的因素，对方提及非常短期的，有些是中期的，有些是长期的因素。当进一步问及长期因素按照多长时间划分，对方停顿了几秒钟，十分严肃地回答说，也许就是10分钟吧，这反映了当今国际金融市场发展的方式。

[②] 最近几年，美国对反洗钱和反恐怖主义融资限制了跨境资金自由；美欧对部分国家实行经济制裁；G20峰会也开始收紧瑞士等一些国家的"避税天堂"，但这些国家仍然被视为资本项目可兑换的国家。

[③] 这些监管包括：第一，中国在实现资本项目可兑换的过程中，和欧美一样，要坚持反洗钱、反恐怖主义融资以及限制"避税天堂"的方向。第二，中国需要坚持使用宏观审慎工具，防止出现严重的货币错配。第三，引进外资投资国内的股票和债券市场需要逐步地放开，并且需要通过一个机构来实现，目前的QFII就是这样操作的。中国欢迎外资对股票和债券市场进行中长期投资，不欢迎对冲基金等热钱的冲击。此外，中长期投资的撤出也需要有序，不能短时间内集聚撤出，这样对新兴市场冲击很大。第四，需要清理在转变中间出现的各种摩擦和漏洞。第五，在出现金融或经济危机时，中国应保留采取IMF所认可的特殊手段的权利（周小川，2012）。

行的信誉，提升维护混合锚的能力，使投机交易不敢妄动。1998年中期，欧洲各国决定锁定它们相互之间的汇率，投机交易荡然无存。因为市场确信中央银行对锁定汇率是严肃认真的，中央银行为了支持锁定的汇率，将不惜进行无限制的干预，结果任何干预都不需要了（蒙代尔，2003）。美国前中央银行行长保罗·沃尔克也曾表达过官方信誉对于维护汇率稳定的看法，他认为，"在某种意义上，相对较宽而又可调整的汇率波幅，是固定汇率和浮动汇率两个极端之间的折中。尽管这种折中有分析上的感召力，但却不易提出口号式的政策，也不易得到政治和公众的支持。人们要提一个问题：当要求保护汇率波动范围时，如果10%是合适的话，那么11%或12%或更大就不合适吗？如果为了省去那么几个百分点，难道真的值得在外汇市场上花钱、修改货币政策和努力平衡预算吗？回答是肯定的。问题的关键不在于上面所说的百分比，而在于政府能否成功地引导市场本身去稳定汇率，这种努力的成败显然取决于官方的信誉。当信誉建立起来时，市场将会顺着而非逆着政府的意向去保持某种意义上的均衡。"事实上，无论是亚洲金融危机和国际金融危机期间人民币不参与竞争性贬值的大国声誉①、拥有全球最多的外汇储备规模，以及汇率形成机制改革进程中对于自主、渐进、可控三原则的坚守，都为树立中国央行的信誉和维护人民币汇率的基本稳定创造了条件。

表7-1　　2011年中国和其他11个大中型经济体的储备资产规模

单位：百万SDR,%

序号	经济体	储备资产规模	相当于中国储备的百分比
1	中国	2 087 330	—
2	日本	820 373	39.3
3	俄罗斯	296 673	14.2
4	巴西	228 243	10.9
5	欧洲（十七国）	218 426	10.5
6	印度	177 330	8.5
7	美国	98 330.6	4.7
8	印尼	69 476.4	3.3

---

① 时任国务院总理朱镕基在1997年12月与新西兰总理会谈时，明确宣布人民币不贬值，支持亚洲国家渡过难关。众所周知，中国自身遭受了金融风波的冲击，平衡国际收支有难度，国内还发生了广国投破产、海发行关闭等一系列事件，国内金融稳定形势比较严峻，但是还是宣布了人民币不贬值，体现了负责任的大国的态度（周小川，2012）。

续表

序号	经济体	储备资产规模	相当于中国储备的百分比
9	英国	51 983.2	2.5
10	德国	47 415.5	2.3
11	法国	34 403.7	1.6
12	南非	27 885.1	1.3

资料来源：OECD 官方网站的数据库，后经过作者整理。

（三）开放程度高的经济体拥有混合汇率锚的证据

如果将 1994—2012 年本国货币的实际有效汇率和名义有效汇率的标准差求均值[1]，可以发现，有效汇率最稳定的前两个经济体分别是实行自由浮动汇率制度的德国和实行有管理浮动汇率制度的新加坡。德国和新加坡是两个资本和金融项目开放程度较高的经济体，如果按照日本 20 世纪七八十年代的经验，德国和新加坡也应在"无海图"的大海中"漂泊"，但是由于这两个经济体采取了必要的措施，获得了混合汇率锚。从新加坡的经验看，它采取的 BBC 汇率制度使之可以利用在货币篮子的不同组成货币的权重中创造不确定性来遏制投机。从德国的经验看，它采取了区域货币一体化的方式，获得了更加庞大和稳定的货币区，让投机资金不愿意冲击德国货币，即使出现过投机行为，也是攻击货币区中相对较弱的货币，最终使得德国获得了一个（隐性）混合汇率锚，一种近似的理解是，德国按照 1∶1 的汇率钉住了欧元区所有其他经济体的货币，因而本质上也可以理解成钉住了一种混合汇率锚。

此外，很多经济体实现了通货膨胀目标制和有管理浮动汇率制度的组合方式，这包括一个多元化的群体，例如哥伦比亚、加纳、印尼、罗马尼亚和泰国。由于恐惧汇率的自由浮动，这些经济体采取外汇市场干预的方法，"逆对风向"理顺外汇市场的短期波动。这种货币政策框架和汇率制度组合的变种是印度储备银行采取的方式。尽管它没有采取一个正式的通货膨胀目标，但是其高级官员无论如何会提供一个合适的通货膨胀目标区间，以引导通货膨胀预期。与此同时，印度储备银行十分积极地管理汇率，而且它们的高级官员认为这是一种相对务实的态度，给予他们一定的自由程度去实施有效的货币政策（Gill Hammond，Ravi Kanbur，Eswar S. Prasad，2009）。

---

[1] 具体数据参见本书第 7 章中的国际经验借鉴部分。

(四) 2005 年 7 月汇改以来人民币名义有效汇率波动方差趋于降低

自 2005 年 7 月中国实行人民币汇率形成机制改革以来，人民币名义有效汇率的波动方差有降低的趋势，这符合人民币汇率在均衡合理水平上基本稳定的汇率政策目标，从一个侧面反映出人民币有效汇率稳定这一混合汇率锚的存在性。将 1994 年至 2012 年 12 月 228 个月划分为不同时段，研究和分析人民币名义有效汇率的波动方差，有助于理解人民币由盯住美元单一货币到盯住一篮子货币的转变趋势。本书计算了 1994 年 1 月至 2012 年 12 月、1994 年 1 月至 2005 年 6 月、2005 年 7 月至 2012 年 12 月、2010 年 1 月至 2012 年 12 月 4 个时间段的名义有效汇率方差，利用后三个时间段的有效汇率方差比上 1994 年 1 月至 2012 年 12 月最长时间段的汇率方差，获得的比值分别为 0.946、0.684、0.340，呈现出递减的趋势，与之类似的经济体包括德国、美国。反之，日本、新加坡的三个比值则出现了先增加后降低的趋势。中国名义有效汇率的方差趋于降低，反映出中国正由过去追求人民币美元双边名义汇率的高度稳定，向追求人民币有效汇率基本稳定的方向转变，一方面利用相对灵活性的汇率安排，支持开放条件下货币政策的有效性；另一方面不放弃维护人民币有效汇率在达到合理均衡水平后保持基本稳定的外部稳定目标，在金融服务实体经济的核心精神下，利用必要的汇率政策，维护外部稳定金融秩序，促进实体经济和国际经贸往来的发展。

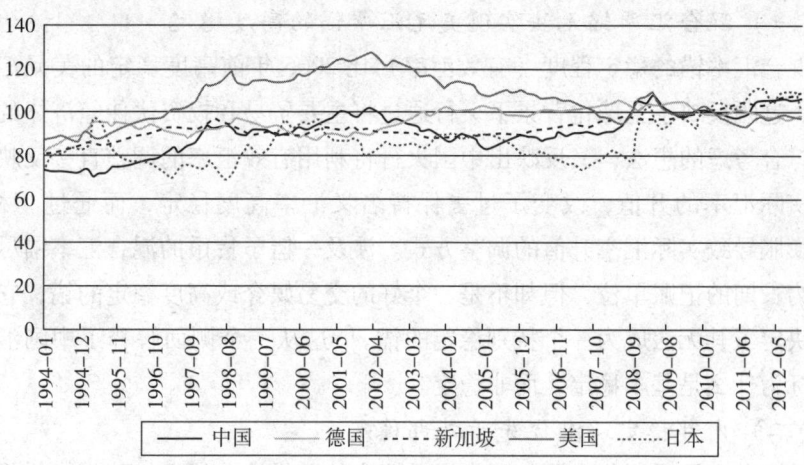

资料来源：BIS 官方网站数据库。

图 7-2 中国、德国、新加坡、美国、日本五个经济体的名义有效汇率

表7-2 中国、德国、新加坡、美国、日本五个经济体的
名义有效汇率波动方差的考察

经济体	中国	德国	新加坡	美国	日本
1994年1月至2012年12月：(1)	9.335767	5.380561	5.848582	10.70169	10.2303
1994年1月至2005年6月：(2)	8.839536	4.602134	3.262737	12.22697	6.968209
2005年7月至2012年12月：(3)	6.387892	2.487096	5.191563	5.022156	12.28636
2010年1月至2012年12月：(4)	3.175311	1.760852	3.049045	2.5536	4.765665
(2)／(1)	0.946846	0.855326	0.557868	1.142526	0.681134
(3)／(1)	0.684239	0.462237	0.887662	0.469286	1.200977
(4)／(1)	0.340123	0.327262	0.521331	0.238616	0.465838

资料来源：BIS官方网站数据库，后经过作者自行整理。

7.2.4 混合汇率锚的地位作用

多目标制的货币政策框架下，货币政策和汇率政策协调问题又是一个政策目标优先排序的问题。考虑到两个方面的因素，混合汇率锚无法像2005年汇改前美元汇率锚一样，在政策协调中作为一个显性的、主要的锚而存在（由于货币总量目标不够精确和稳定）；相反，它只能扮演一个隐性的、次要的锚的角色。

（一）混合汇率锚无法实现美元汇率锚的高度稳定

混合汇率锚的稳定程度（有效汇率）比2005年前高度稳定的美元汇率锚要低，这既反映了全球化背景下央行通过将主要贸易和投资伙伴经济体的汇率因素综合考虑的想法，又反映出中国央行将利用有效汇率的调整直接反映本国货币实际汇率的升值，改变了过去保持名义汇率高度稳定，而通过（相对）通货膨胀导致实际汇率升值的调整方式。涉及一篮子货币的混合汇率锚尽管能够作为长期的记账单位，但却不是一个好的交易媒介或高度稳定的锚，它的属性也决定了其无法成为一个特别稳定的锚。① 这从一个侧面解释了中国汇率政策目标为什么是基本稳定，而非稳定。

（二）内部稳定逐渐优先于外部稳定

伴随着中国国际收支更加平衡以及国家的总供给曲线更加陡峭，使得中国

---

① 根据国际清算银行的计算，2011年人民币名义有效汇率升值4.95%，实际有效汇率升值6.12%；2005年人民币汇率形成机制改革以来至2011年12月，人民币名义有效汇率升值21.16%，实际有效汇率升值30.34%。

的内部稳定逐渐优先于外部稳定，这体现在多目标制的货币政策框架中，就是通货膨胀目标，较之于经济增长、就业水平、国际收支平衡、汇率基本稳定等目标更加突出。因此，未来旨在反映内部稳定的货币政策锚将占据更加主要的地位，汇率锚将逐步降低到次要地位。

考虑到未来货币政策锚将作为主要锚出现在货币政策和汇率政策协调之中，本书将在下一节中全面阐述新型政策协调下货币政策目标：通货膨胀目标。

7.3 新型政策协调下的货币政策：从货币总量目标到通货膨胀目标

伴随着美元汇率锚向一个隐性的、基本稳定的混合汇率锚转化，给货币政策目标带来两方面的影响。一方面，汇率升值压力得到舒缓且汇率政策更加具有弹性的新条件下，货币政策（特别是利率政策）可以从汇率压力中分离出来，让其更加关注国内经济目标，从而使得货币政策更加集中地履行总体宏观调控职能；另一方面，需要利用现有的货币总量锚，或者一个新的名义锚来取代过去美元汇率锚的地位，发挥一个主要锚的作用。根据货币经济学的理论，一个稳定的名义锚将有助于引导公众预期，降低中央银行实现其政策目标的成本。本书认为应当将原来处于次要地位、不太精确的货币总量锚逐步升级为一个处于主要地位、更为精确的通货膨胀目标锚（这种通货膨胀锚不完全等同于通货膨胀目标制），替代过去美元汇率锚的主导地位，这可能是新型货币政策协调下货币政策目标的一个好的选择，而且它符合多目标制货币政策框架下更加关注通货膨胀目标的趋势。

7.3.1 货币总量目标——现行的名义锚

根据 IMF 2006 年的分类，中国的货币政策框架属于货币总量目标类型，这反映出货币总量目标作为一个名义锚在中国货币政策执行中的地位。在较长时间内，考虑到中国的银行体系与实体经济的关系，中国货币政策调控重点监测和分析的指标是 M_2 和新增人民币贷款。在一些年份，新增人民币贷款甚至比 M_2 受到更多关注。进入 21 世纪以来，在每年中央政府工作报告、中央经济工作会议文件和中央银行年度报告及第四季度的货币政策执行报告中，大都会给出新一年广义货币 M_2 增速的预测值①（预测值不等同于货币总量目标，周小川，2012）。在表 7-2 中可以清楚地看到，除了 2009 年、1996 年等个别年份外，绝大多数年份的 M_2 增速预测值与 M_2 的实际增速是比较接近的，反映出 M_2 增速预测值具有一定的货币总量目标的作用。

表 7-3　　　　历年中国央行 M_2 增速预测值和 M_2 实际增速　　　　单位：%

年份	M_2 预测增速	M_2 实际增速
2016	13.00	11.30
2015	12.00	13.30
2014	13.00	12.20
2013	13.00	13.60
2012	14.00	13.80
2011	16.00	13.61
2010	17.00	19.73
2009	17.00	27.68
2008	（从紧）	17.82
2007	（稳健）	16.74
2006	16.00	16.95
2005	15.00	17.57
2004	17.00	14.67
2003	16.00	19.58
2002	13.00	16.80
2001	—	17.60
2000	—	12.30
1999	—	14.70
1998	—	14.80
1997	—	17.30
1996	9.70	25.30
1995	—	29.50
1994	—	34.50
1993	—	37.31

注："—" 表示数据缺失。
资料来源：根据各年中央政府工作报告及中国国家统计局数据整理获得。

---

① 这一点与加入欧元区之前的德国有十分类似之处，而德国在此之前被认为是货币总量目标制的经济体。

对于货币总量目标的重视，还与 21 世纪以来绝大多数时间（国际金融危机时期除外）的经济特征有关，国际收支持续顺差和外汇储备大量积累所引发的银行体系流动性过剩和通货膨胀压力，给货币政策带来极大挑战。在逐步加大汇率弹性的过程中，中央银行需要利用公开市场操作和存款准备金率等数量型工具进行大规模的流动性对冲，确保货币政策目标的实现。这也是采取货币总量目标的原因之一。

近年来，为了适应国内金融市场快速发展，信托、债券、股票等金融资产快速发展的新环境，中央银行开始监测一个力图能够全面反映金融活动与经济关系的中间指标，即社会融资规模。避免由于过度关注贷款规模而形成的"按下葫芦浮起瓢"的现象。[1] 这反映出中央银行希望通过设立更能反映货币总量真实水平的监测指标，调和金融创新与货币总量目标有效性之间的矛盾。[2]

货币总量目标是货币政策的一个中介目标，对中介目标的分析、调节和管理，仍然应当服务于货币政策最终目标的需要。此外，由于金融创新不断发展，货币供应量与通货膨胀率、经济增长和名义消费之间的关系正在变得更弱和模糊，因此，发达国家货币供应量作为宏观经济调控基础的做法几乎全面受挫，而这正是这一名义锚被发达经济体逐步弃用的原因。因此，考虑到面对更加成熟和现代化的金融体系，中国央行需要根据总需求、总供给的变化对政策目标体系进行全面评估，并选择运用适当的货币政策工具组合进行调控，以实现货币政策最终目标。从目前的趋势看，中央银行在现有的多目标货币政策框架下，将进一步突出通货膨胀目标的地位。[3] 在金融宏观调控的工具选择上，在采用数量型调控、价格型调控以及宏观审慎政策相结合调控模式的基础上，并将更加重视价格型调控。考虑到金融体系、货币政策目标和调控工具的变化，本书认为在长期中货币总量目标不适宜作为维持内部稳定的名义锚。

---

[1] 2010 年全年新增人民币贷款 7.95 万亿元，同比少增 1.65 万亿元，但是实体经济通过银行承兑汇票和委托贷款从金融体系新增融资达 3.47 万亿元，占社会融资规模的 24.2%，同比多增 2.33 万亿元。

[2] 但是从发展趋势看，伴随着国内市场经济体制的不断完善，利率、汇率等改革将继续推进，中国货币政策将更有条件逐步增强以利率为核心的价格型工具的作用，从偏重数量型调控向更多运用价格型调控转变。

[3] 中国人民银行行长周小川认为即使全球经济逐步回归常态，中国还是会用多重目标制，不过，低通货膨胀的权重将更加高于其他三个目标。

7.3.2 通货膨胀目标——未来的名义锚

将通货膨胀目标替代长期货币政策和汇率政策协调中的货币总量目标，作为一个主要名义锚，和混合汇率锚相协调的原因主要包括以下几个方面。

（一）通货膨胀目标比货币总量目标更加精确

通货膨胀目标是货币政策的最终目标，货币总量目标为中介目标，由于各种货币总量增长速度之间的比率以及每个货币总量增长速度与通货膨胀率之间的关系变动范围太大，所以货币目标（货币供应量）是一个笨拙而不精确的政策工具。在特定的条件下，货币总量目标存在优势。其一，当存在很高的通货膨胀时，类似于利率工具调控可能会显得力度不够，因此，直接利用货币总量目标会产生立竿见影和引导预期的作用。历史上美联储前主席保罗·沃尔克在应对美国高通货膨胀时认为："我们拥有世界上最优秀的利率方面的人才，而且他们被赋予了很多的权利，但是还是无法确定一个正确的联邦基金率以确保货币供应走上正轨，并调节经济活动。……的确，我们的重点应该从控制货币价格转向控制货币的数量了。……只要人们知道当我们要控制货币时，就意味着我们要对付通货膨胀，我们就有机会对普通人的行为产生影响。"其二，当货币政策框架不太成熟时，货币总量目标简洁明确且易于实施，历史上德国的央行在制定 M_2 增速时，通常会在经济增速目标的基础上加上几个百分点，这种现象似乎中国也出现过。其三，针对货币目标和利率目标的 IS-IM 分析表明，如果总需求变动的来源主要是商品市场，那么使用货币总量目标则更好（汉达，2005）。从长期发展趋势看，伴随着中国经济更加趋于平衡，国内的货币政策框架更为成熟，中国的通货膨胀水平将控制在一个相对理想的水平，当通货膨胀率较低的时候（比如每年低于 30%），从货币目标（即货币供应量目标）转向更精确的通货膨胀目标肯定要好得多（蒙代尔，2003）。此外，从发达经济体目前的常见操作是利率目标来看，货币部门（而非商品部门）很可能是宏观经济冲击的主要来源。因为根据 20 世纪 70 年代末和 80 年代初的经验，直接以货币总量为目标，会提高利率水平和波动性，货币总量目标被许多经济学家认为是造成经济波动的来源，因而被央行放弃。当然，货币总量作为经济的指示器，依然被货币政策制定者参考。

（二）顺应全球货币政策目标选取的趋势

经济学家对将通货膨胀目标作为货币政策的最终目标可能很少存在异议。自 20 世纪 80 年代开始，很多发达市场经济体的货币政策调控体制出现了趋同的现象，即趋向于采取所谓的（弹性）通货膨胀目标制，注重"CPI 单一目标"和"短期利率调节的单一手段"。这一现象的背后,是 20 世纪 70—80 年代新古典学派(现代古典学派)在理性预期和货币中性方面所取得的理论性突破,最终说服了美国、加拿大、新西兰的中央银行以及英国的央行逐渐放弃多重目标,将主要的精力乃至全部精力集中到对通货膨胀目标的控制上。通货膨胀目标的主要优点在于直接瞄准政策目标且确定了优先次序。通货膨胀目标,或者更加严格地说,是通货膨胀率对于中期内目标值的偏离程度最小化,将非通货膨胀条件下的稳态增长率维持在潜在的水平,这和中国宏观经济调控目标是一致的。此外,由于货币总量目标被证明只能在短期有效或者很难成功,因此被逐步放弃。

(三)适应未来中国经济发展环境的变化

通货膨胀目标作为名义锚,顺应国内总供给曲线更加陡峭的趋势。随着危机后外需逐步走弱、国内劳动年龄人口增长放缓以及转变发展方式等的影响,中国经济的潜在增长能力会有所放缓。这意味着就业对增长速度的硬约束会小一些,而由于供给曲线可能会变得更陡一些,物价对需求扩张的敏感度会更高,这使得通货膨胀目标较之于经济增长、就业等目标更加突出(周小川,2013)。此外,从中国货币政策和汇率政策协调的角度看,通货膨胀目标这个精确的锚的设立,将有助于混合汇率锚基本稳定(或不特别稳定)引发的名义锚的缺失,适应中国向一个内需型经济体转变趋势下中国货币政策调控的长期趋势。

7.3.3 隶属多目标货币政策的通胀目标

通货膨胀目标是货币政策和汇率政策协调中的一个名义锚,它不等同于通货膨胀目标制或通货膨胀目标单一规则,它是隶属于多目标制货币政策框架下的一个主要的(可能是隐性的)名义锚。

(一)多目标制货币政策框架将长期坚持

伴随着中国货币政策框架的逐步成熟和完善,中国央行正积极构建符合中国需要的多目标制的货币政策框架。目前,根据 IMF 的分类,美国、日本实行的货币政策框架类别为"其他"类别,本质上属于一种混合的货币政策规则,而非单一规则。以美国为例,在关注通货膨胀情况的同时,还要关注汇率水平、黄金价格、失业率等其他指标。从长期看,作为未来全球(潜在的)最大的经济体,中国的货币政策框架类型很可能是"其他"类型,而非通货膨胀目标制,这与未来人民币国际化的战略是相适应的。从美国的经验看,由于美元在国际货币体系中的非常特殊的地位,对于美国而言,如果主要外国货币对美元汇率升值,而且黄金的美元价格上涨,那么几乎可以断言,美国货币政策太松。如果出现相反的情况,则表明货币政策过度紧缩,汇率和黄金价格是美国通货膨胀率的先导指数。[①] 因此,从长期来看,中国货币政策很可能依据多个指标,而非单一的通货膨胀目标。从短期看,考虑到中国国内的总供给和总需求仍易出现较明显的结构失配[②],中国仍然需要大量依靠对外贸易和跨境投资来改善均衡状况和提高全要素生产率。在关注国内通货膨胀目标的同时,还要考虑汇率因素。因此,通货膨胀目标不等同于通货膨胀目标制。

(二) 政策目标关系处理是政策协调的核心

考虑到政策目标在政策制定和执行过程中的重要地位,本书认为通货膨胀目标和混合汇率锚关系两个政策目标之间关系的处理,正反映了货币政策和汇率政策协调的核心问题,即不同政策目标之间的优先排序问题。正如之前反复提到的,通货膨胀目标将在货币政策和汇率政策协调中发挥一个主要名义锚的作用,混合汇率锚将作为一个次要的名义锚。因此,通货膨胀目标和多个政策目标可以通过类似的优先排序,尽可能地降低政策目标的冲突,进而实现货币政策和汇率政策的协调,因此,通货膨胀目标和多目标制的货币政策框架是兼容的。

(三) 确保通货膨胀目标和其他政策目标协调的原则

在开放经济条件下,政策目标既包括通货膨胀目标(反映内部稳定),又包括汇率目标(反映外部稳定)。因此,需要一定的原则来指导政策协调,防止政策目标冲突。

第一,丁伯根原则。诺贝尔经济学奖获得者,荷兰经济学家丁伯根(J. Tinbergen)提出将政策目标和工具联系在一起的主张,指出要实现 N 个独立的政策目标,至少需要相互独立的 N 个有效的政策工具,这一观点被称作丁伯根原则。如果经济具有线性结构,决策者有 N 个目标,至少需要 N 个线性无关的政策工具,才可能实现这 N 个目标。就开放经济而言,这一结论具有鲜明的政策含义:当只运用货币政策这一种工具不能很好地应对通货膨胀目标和汇率目标时,可以找到新的政策工具(如汇率政策)来进行合理搭配,维护两个目标;反过来同理,如果获得了两个相互独立的政策工具,是可以维

[①] 美联储 1979 年和 1983 年之间所犯的错误最鲜明地说明了这一点。1979 年和 1980 年,美元价值下降、黄金价格飙升,而通货膨胀率分别达到 11.3% 和 13.5%。

[②] 其原因在于:一是高储蓄、高投资的 GDP 结构模式,使得短期性的产出缺口较容易通过投融资来加以弥补;二是由于某些行业仍存在过度管制,导致易于出现部分行业产能过剩,而另一部分行业产能不足的失配现象;三是价格体系仍存在部分扭曲以及原有计划经济传统的影响。

护好两个政策目标的。这一点对于中国的货币政策和汇率政策协调具有一定的启示,即在条件允许的情况下,如果能够同时实现内部均衡和外部均衡是最好的了。

丁伯根原则对目标的实现过程具有如下特点:一是假定各种政策工具可以由决策当局集中控制,从而通过各种工具的配合实现政策目标。这一点与货币政策和汇率政策同被中国的央行控制是一致的。二是没有明确地指出哪种工具在调控中侧重于哪个目标的实现。蒙代尔(R. Mundell)在20世纪60年代指出的关于政策指派的有效市场分类原则部分弥补了上面提到的不足(姜波克,2009)。

第二,有效市场分类原则。蒙代尔对于政策调控的研究基于这样一个出发点:在许多情况下,不同的政策工具实际上掌握在不同的决策者手中。如果这种决策者不能紧密协调这些政策,而是独立地进行决策的话,就不能实现最佳的目标。蒙代尔得出的结论是:如果每一工具被合理地指派给一个目标,并且在该目标偏离其最佳水平时按规则进行调控,那么在分散决策的情况下仍有可能实现最佳调控目标。对于中国货币政策和汇率政策协调的问题,尽管它们被控制于同一个央行手中,但是考虑政策目标和政策工具不尽相同,也会出现不能紧密协调的问题。因此,蒙代尔的思考同样可以起到指导作用。

关于每一个工具应如何指派给相应的目标,蒙代尔提出了"有效市场分类原则"。这一原则的含义是:每一个目标应当指派给对这一目标有着最大影响力,因而在影响政策目标上有相对优势的工具。如果在指派问题上出现错误,则经济会产生不稳定并且距离均衡点越来越远。蒙代尔提出的特定工具实现特定目标的这一指派问题,丰富了开放经济的政策调控理论,它与丁伯根原则一起确定了开放经济下政策协调的基本思想,即针对内外均衡目标,确定不同政策工具的指派对象,并且尽可能地进行协调,以实现内外均衡(姜波克,2009)。

第三,合理搭配原则。各种经济政策,虽然手段有所不同,但是解决的问题可能是相似的,也就是说当一个不平衡现象出现时,可能会有多种政策能够解决该问题。在进行宏观经济调控时,选择政策的着眼点在于以最小的经济和社会代价达到政策目标。采用什么样的政策来调节内外部失衡,要取决于内外部失衡的性质,失衡时国内社会和宏观经济的结构和状况,还取决于内部均衡和外部平衡之间的相互关系,最后,对于新兴市场经济体和发展中国家而言,还要取决于是否有利于经济的持续稳定增长。由此看来,正确的政策搭配,是实现内外均衡的核心。

第四，顺势而为原则。顺势而为原则是指在调控过程中要正确认识、判断市场力量并加以巧妙利用。在政策协调的调整中，随着其他条件的不同，相同的政策安排可能导致不同的结果，这会加大政策调控在数量和时机选择上的难度。市场预期、政策时滞和超调现象的存在，意味着在选择政策工具以实现政策目标的过程中，需要综合考虑政策的长期效果和短期作用，要引导市场预期，使政策工具以最小的成本实现政策目标。进行中国的货币政策和汇率政策协调需要考虑到作为一个发展中的大国在经济转型阶段的特殊性，因势利导，顺势而为，将短期宏观调控与中长期的经济结构调整结合起来，在保持经济和物价水平基本稳定的同时，加快结构调整和改革，夯实长期可持续发展的坚实基础。这几个原则对于实现通货膨胀目标和其他政策目标（尤其是混合汇率锚）的协调相处、运用自如具有一定的帮助和指导。

7.4 新常态下政策协调的渐进式转变和配套改革措施

7.4.1 政策协调渐进转变

在发达的金融体系和国际资本自由流动的情况下，通货膨胀目标通常是由独立的中央银行来维护的。中央银行通过使用公开市场操作或基准利率调控来实现短期利率这一间接性的工具的变动，维护通货膨胀目标。伴随着中国金融改革的深入，以及金融市场越来越紧密地融入全球经济，中国应该在更长的时间中获得一个处于主要地位的内部稳定锚（通货膨胀目标）和一个处于次要地位、隐性的名义锚（混合汇率锚）。这个目标应该作为中短期货币政策和汇率政策协调的指导。

但是考虑到这种政策协调方式在短期内对中国并不完全合适，如果贸然实施可能引发风险：这背离了新型政策协调的初衷。因此，可以仿效中国汇率形成机制改革的渐进式原则，采取一种二元方法，其目的在于短期内保持控制，同时在长期内逐步转向新的政策协调方式。这种二元方法包括：一是继续使用数量型工具、价格型工具和宏观审慎政策，在维护好当前多重目标的同时，越来越多地使用价格型工具，促进通货膨胀目标的实现（还要关注资产价格）；二是继续保持必要的资本管制，使名义双边汇率更加富有弹性的同时，维护好有效汇率的基本稳定。

显然，这一方面要对金融改革和自由化的过程进行协调和排序，另一方面要更加侧重于间接型调控工具（特别是价格型工具），这两个方面都十分重要。这种渐进式转变的思路在于，在继续使用当前政策协调方式的同时，直至获得更好的方法，可以追求与中国经济内外部环境和发展阶段更加匹配的内外稳定目标。

借鉴 Obstfeld（2006）和 Ito（2006）的研究，本书认为中国货币政策和汇率政策协调渐进式转变过程中，需要经历以下过程（含配套的改革）：

（1）实行管理浮动汇率制，保持对短期资本流入、流出的管制，开放经常账户交易并便利双向的长期直接投资。在短期资本管制的情况下，国内金融机构的资产负债表所面对的汇率风险有限，金融机构、企业、公众也可以逐步熟悉和适应浮动汇率。利用货币政策工具（数量型工具、利率型工具）及宏观审慎政策，防范通货膨胀和资产泡沫。

（2）增强国内金融机构体系，逐步实现金融市场的自由化，促进存贷款利率市场化。伴随着利率市场化程度的提高，可能导致更具弹性和更高的利率水平（至少在某些领域），并对汇率升值形成压力，需要在维护短期资本管制的同时，对汇率波动进行管理，防止实际汇率过度波动（采取一定波幅限制的货币篮制度）。

（3）逐步开放资本账户交易，首先是长期金融交易，其次是短期金融交易；转向更为灵活的有管理浮动汇率制度（干预频率降低），增加名义汇率的灵活性，维护有效汇率基本稳定。同时，在综合运用多种政策工具的同时，更多地运用价格型货币政策工具，维护好国内的通货膨胀目标（并兼顾资产价格泡沫）。

（4）国内市场成熟、稳定时，实现人民币资本项目可兑换，实行以通货膨胀目标为核心（隐含有效汇率目标）的现代的多目标货币政策框架。

当然这只是一个大致的步骤和次序，一些配套改革的次序可以同时推进。

7.4.2 配套的改革与措施

（一）舒缓汇率压力

在更加关注国内通货膨胀目标的同时，宏观经济政策制定者不能忽略汇率对整体经济的影响。但是有些类型的汇率政策可能与宏观经济总体调控要求相冲突。一种政策工具不能用来实现超过一个以上的经济目标。因此，利用利率来维护通货膨胀目标和汇率有时是没有意义的。出于宏观调控的目的，考虑其他不同的具体工具作为替换通常会有帮助。当存在资本管制和市场干预的可能时，宏观政策（包括）利率能够被指派给内部稳定目标，同时，使用选择性的干预来控制汇率。

外汇市场干预过程本身是否会威胁货币政策目标，不仅仅是汇率水平本身的问题，还涉及市场对于汇率预期所形成的汇率压力。这种压力会加剧错误的汇率水平所产生的长期影响。如果利率实际上变成了钉住汇率，或者受到汇率的影响，那么这就与长期追求的更多地利用价格型工具来维护通货膨胀的愿景相背离了。此外，金融体系的改革一般会导致更具弹性或者更高的利率水平（之前可能被压抑了）。金融改革也会不可避免地给资本管制带来更多的风险，并使得汇率两难问题更加突出，推迟金融改革和存贷款利率市场化的步伐。

因此，舒缓汇率压力，有助于使得货币政策（利率政策）从汇率压力中分离出来，让其更加关注内部稳定的目标。但是要对利用资本流出自由化（特别是短期资本流出自由化）来缓解汇率压力的办法加以关注。考虑到银行体系中存在规模巨大、流动性强的资金，一旦市场对于人民币升值预期发生逆转，将使汇率压力发生逆转，资本流出的自由化会导致货币危机。因此，要对外资在短期内、集中性的流出进行防范。此外，可以考虑利用结构性改革来舒缓汇率升值压力，防止人民币过度升值。这其中包括生产要素价格改革、生态环境保护、取消或限制带来扭曲的补贴和退税政策，等等。

（二）利率市场化改革

资金价格市场化是建立和完善货币政策传导机制的关键环节。利率市场化改革大致包括逐步放宽利率管制、培育基准利率体系、形成市场化利率调控和传导机制、建立存款保险制度以及发展利率风险管理工具等内容。

从利率中介目标看，回顾过去十多年来的货币政策调控实践，中央银行往往首先考虑运用价格型调节工具，但当价格型工具受到特定制约时，则需灵活运用数量型工具和宏观审慎性政策工具。一方面，利率是无法下降到零利率以下的。2009年第一季度人民银行在面对零下界利率选择时，为避免流动性陷阱效应，较多地使用了数量型工具。另一方面，在全球化和开放宏观格局下，利率政策需要考虑利率平价问题，做好境内外的协调。

当前汇率压力逐步得到舒缓，为进一步推进存贷款利率市场化改革创造了条件。2012年6月以来，存贷款利率浮动区间进一步扩大，存款利率浮动区间的上限调整为基准利率的1.1倍，贷款利率浮动区间的下限调整为基准利率的0.7倍。当然，逐步放开利率浮动区间是不够的，还要培育资金价格市场化的竞争机制，使利率切实反映资金市场的状况。在完善金融机构体系的同时，需要改善国内公司治理和监管性框架，大力拓展替代性融资渠道（包括企业债券市场和资本市场的国际板），防止出现提高存贷款利率、扩张信贷规模的现象(王国刚,2012)。

(三) 完善宏观审慎框架

国际金融危机爆发后,一些经济学家认为美国房地产泡沫和美联储宽松货币政策之间的关系在于长期的通货膨胀目标制和宏观经济高增长、低通货膨胀运行之间的矛盾。冷战结束后,30亿劳动力进入全球市场经济体系,在此后的近20年中,全球范围内出现了大量廉价商品和低通货膨胀。廉价劳动力涌入全球经济带来的天赋效应,使西方银行家误以为货币政策创造了全球低通货膨胀的奇迹,也正是这个思维盲点,使得基于消费价格指数的货币目标理论层出不穷,但是忽略了资产价格的重要作用。中央银行家没有及时选择反周期的货币政策来节制经济过热,任凭泡沫不断膨胀,而这种行为的本质正是政府失灵。

宏观审慎政策以防范系统性金融不稳定为目标,重点针对金融体系的顺周期现象实施逆周期式的调节。① 宏观审慎政策是国际上反思危机教训、弥补传统金融管理制度缺陷的一个"集大成者"。实践中,中国中央银行在实施宏观审慎政策方面也有一定的基础,注意运用信贷政策、差别准备金、调整按揭成数等手段,这些做法实际上都蕴含着宏观审慎管理的理念。2011年又引入了差别准备金动态调整制度,将信贷投放与宏观审慎要求的资本水平相联系,同时考虑了各金融机构的系统重要性、稳健状况以及经济景气状况,并制定了透明的规则,有利于引导和激励金融机构自我保持稳健(周小川,2013)。因此,在维护内部稳定时,需要重点关注国内通货膨胀目标,兼顾国内资产价格(及家庭财富—收入比),使内部稳定目标真正反映内部稳定的内涵和要求。

本章探讨了新型货币政策和汇率政策协调所关注的内部稳定目标和外部稳定目标,本书将在下面的两章中分别利用政策模拟和国际经验分析的方法,证明长期运用处于主要地位的、精确的通货膨胀目标和处于次要地位的、基本稳定的混合汇率锚两个名义锚对于维护中国内外部稳定的合理性。

---

① 从逻辑上,以逆周期式的调节为核心的宏观审慎管理是十分合理的,但是从实践的角度看却非常难,从过去的经验看,无论是一个金融机构、一个企业或者是一个政府,往往在经济形势好的时候,乘势而上;在形势不好的时候,"勒紧腰带"。这是笔者在一次学术会议中聆听的国内一家大型金融机构副总裁发言中提及的观点。

8

中国货币政策和汇率政策协调效果的实证分析[①]

  在开展经验、理论和模拟的综合分析后，本书利用计量经济学的相关方法，对中国货币政策和汇率政策的实际效果进行实证分析，以反映政策协调是否有效。在前文分析中，货币政策和汇率政策在不同经济环境下的协调方式存在差异，考虑到篇幅有限，本书运用自回归分布滞后模型，实证分析汇率政策抑制通货膨胀的效果。

  国际金融危机爆发后，主要经济体纷纷采取扩张性政策刺激经济复苏，由于此次危机的影响复杂且深远，使全球经济陷入两个不太令人满意的世界，包括高失业率、增长乏力的发达经济"世界"和高通胀率、泡沫风险的新兴市场"世界"。从当前经济环境中走出并实现高质量增长，对各国宏观经济政策提出了新的要求。从2010年10月至2011年9月，中国居民消费价格水平在外部输入性通胀、内部货币体系长期失衡等复杂因素影响下步入上升通道，高位运行的存款准备金率在节制物价上行过程中，无法有效缓解中小企业融资难题。货币政策在维护国内货币金融环境稳定和促进经济转变发展方式的多重目标下，处于两难的境地。

  应对政策目标之间的冲突，需要遵循"N种目标，N种工具"的宏观调控法则，引入新的政策工具，使之与货币政策搭配组合，确保调控目标的实现。从国内2010年10月以来通胀的根源以及经济开放度不断提高等现实条件看，汇率政策在实现内外部均衡、维持国内物价合理稳定方面发挥着日益重要的作

  [①] 本部分基于：林文浩、孙薇. 后危机时代我国汇率政策对通货膨胀的影响[J]. 现代财经，2012（7）：10.

用。特别是伴随着国内市场化程度和对外开放度不断提升,汇率变动对于进口价格和国内消费价格指数的影响程度(即汇率传递效应),成为实施货币政策过程中需考虑的重要内容。本章通过构造自回归分布滞后(ARDL)模型,定量研究了2005年7月汇率改革前后,人民币名义有效汇率变动对中国一般价格水平的影响程度,分析和阐述了经济开放度、市场化程度、汇率弹性、通胀水平提高背景下,人民币名义有效汇率升值对缓解外部冲击、维护国内价格稳定,进而促进经济转型和实现经济高质量增长的政策内涵。本章首先对相关研究进行综述,而后介绍本章计量方法、模型构造及数据来源,然后介绍了模型的实证结果,最后阐述了模型结论及政策含义。

8.1 研究基础

汇率变动影响国内价格的研究伴随开放条件下宏观经济学的发展而不断深入,从最初的成因研究(Krugman,1987;Froot and Klemperer,1989;Baldwin,1988;Dornbusch,1987),逐步扩展至汇率对国内物价水平,包括消费价格、生产者价格等指标影响的实证研究。从大量的经验研究看,大多数以发达经济体为样本的实证研究,支持汇率传递效应下降或不显著观点,这一方面与发达经济体近年来低通货膨胀环境有关(Taylor,2001;Choudhri and Hakura,2001;Bailliu and Bouakez,2004),另一方面与黏性价格和厂商盯市定价(PTM)行为有关。而对新兴市场经济体的研究中,绝大多数的研究支持汇率传递效应没有下降或较为显著的观点(Ito etal,2005;Fuentes,2007;Khundrakpam,2007等)。

与此同时,学者们还研究了经济开放度、汇率弹性以及通货膨胀率等变量与汇率传递效应之间的关系。就经济开放度而言,McCarthy(1999)、Goldfajn和Werlang(2000)、Soto和Selaive(2003)以及Khundrakpam(2007)认为,汇率对一般物价的传递程度与经济开放度趋于正相关,经济越开放,进口和出口对国内消费影响越大,从而汇率变化对国内一般物价的影响越发显著。Ghosh和Rajan(2007)认为,一国对外开放度对汇率传递的影响具有双重性,一方面,对外开放度越大,使国内物价水平受外界影响大,从而使得汇率变动对本国物价水平的影响越大;另一方面,由于造成本国进口商品市场更激烈的竞争,从而迫使企业自己吸收汇率变动的影响,导致较小的汇率传递效应。

就汇率弹性而言,Taylor(2000)、Goldfajn和Werlang(2000)、Gagnon和

Ihrig（2001）、Olivei（2002）、Frankel 等（2005）、Khundrakpam（2007）认为，伴随汇率政策和汇率形成机制的变化，汇率传递系数将发生变化，汇率传递效应与汇率变动的持久性正相关。Hakura（2001）、Devereux 和 Engel（2002）、Devereux 和 Yetman（2002）、Campa 和 Goldberg（2005）、Bacchetta 和 Van Wincoop（2005）认为，汇率波动程度较低的货币更容易成为计价货币，从而更可能出现低水平的汇率传递效应。Devereux 和 Yetman（2010）用标准差作为波动性的替代变量，证明汇率的波动性与通货膨胀的波动性之间存在正的非线性关系。

就通货膨胀而言，Taylor（2000）首先提出了将通货膨胀环境的变化与汇率传递程度联系起来。Mihaljek 和 Klau（2001）、BIS（2002）、CaZorzi 等（2005）、Otani 和 Shirota（2003）以及 Barhoumi 和 Jouini（2008）证明了通货膨胀率与汇率传递效应存在正相关关系。

考虑到开放条件下汇率传递和货币政策复杂性之间的关系，一些学者基于新开放宏观经济学框架讨论了汇率传递不完全情况下的最优货币政策选择，丰富了汇率传递研究的政策含义。Devereux（2001）在小国模型的框架下，认为汇率对进口价格不完全传递时的最优货币政策是稳定非贸易品价格。Sutherland（2005）利用两国模型研究汇率传递不完全对最优货币政策和汇率政策的影响时，认为最优货币政策需要考虑汇率波动的因素，其中最优货币政策是否包括稳定汇率，取决于汇率传递度、经济规模和开放情况、劳动供给弹性、外国货币政策和外生冲击来源等因素。

近年来，国内学者对人民币汇率传递效应问题进行了有益的探索，研究往往集中于不完全汇率传递的实证考察。封北麟（2006），范志勇、向弟海（2006），刘亚、李伟平、杨宇俊（2008），施建淮、傅雄广、许伟（2008），倪克勤、曹伟（2009），王晋斌、李南（2009）等学者研究了人民币汇率波动对国内消费价格水平的影响。与此同时，陈浪南、何秀红、陈云（2008），潘锡泉、项后军（2010），周杰琦（2010），王晋斌、李南（2009），黄寿峰、陈浪南、黄榆舒（2011）等学者从汇率传递效应的结构性变化入手，重点分析了 2005 年 7 月汇率形成机制改革前后汇率传递效应的变化，认为人民币汇率弹性加大，对国内物价水平的影响变得更加显著。

8.2 理论分析

从理论上看，汇率政策影响通货膨胀的机制，主要通过国际贸易、货币调控、货币兑换三个渠道实现。首先，从国际贸易渠道看，在国际收支顺差和低汇率弹性的条件下，加大汇率弹性，将使本币升值，进而降低包括大宗商品在内的各种进口产品的价格，有利于屏蔽输入性通货膨胀对国内物价的冲击。其次，从货币调控渠道看，长期的国际收支顺差以及对于低弹性汇率的维护，增大了外汇占款的被动投放。加大汇率弹性，将从根本上扭转资本金融项目管制和中央银行冲销干预所造成的货币体系长期失衡，降低基础货币投放。同时，上述两个渠道又会影响全社会对于通货膨胀的预期，最终一起对国内的一般物价水平造成影响。最后，通过货币兑换渠道可以了解20世纪90年代中期波兰货币兹罗提的案例。当时波兰出现了严重的通货膨胀，通货膨胀率超过700%，其货币兹罗提迅速贬值，在这种情况下，要想将通货膨胀降低下来，唯一的办法就是改革汇率体制。随即，波兰宣布兹罗提与美元挂钩，解除外汇管制，本来波兰居民已经对兹罗提失去了信心，但是当央行进行汇率体制改革，公众可以根据意愿自由兑换本国货币后，该国居民恢复了对本国货币的信心，随后将通货膨胀控制住了（周小川，2012）。图8-1反映了汇率政策影响通货膨胀的传导机制。

结合中国经济所面临的情况，以上三个渠道具有较为充分的解释力。一方面，从当前全球经济形势看，货币政策促进逆差国家（地区）充分就业的主要途径在于提高顺差国家（地区）的价格（Mundell，2003），中国需要利用汇率政策，有效屏蔽发达经济体"以邻为壑"的扩张性货币政策；另一方面，从长期来看，意在维护低弹性汇率所引发的基础货币超发，与国内通货膨胀及通货膨胀预期关系紧密。加大汇率弹性，将从根本上解决汇率目标、物价目标难以兼顾的内在矛盾，提高货币政策自由度。再者，伴随着汇率政策的运用，使人民币汇率更加接近均衡水平，则有助于实现本币的可兑换，而可兑换又与控制通货膨胀，维护人们对于本币的信心发生互动关系（周小川，2012）。

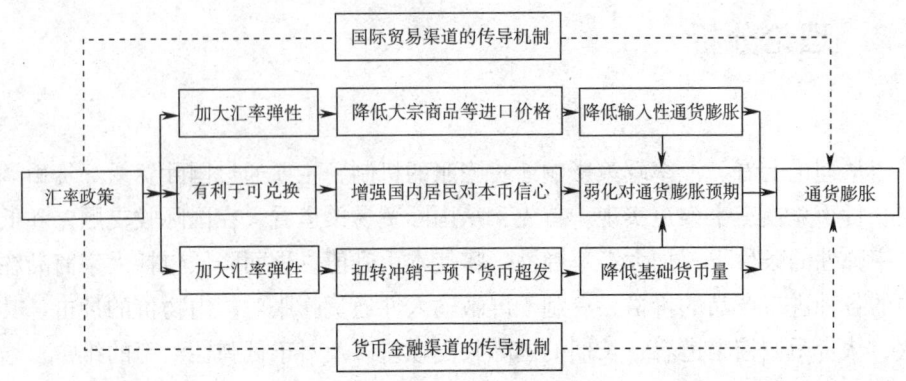

图 8-1　汇率政策影响通货膨胀的传导机制

8.3　模型构建

8.3.1　计量方法选取

伴随着汇率对物价影响研究视角和内容的变化,学者们逐渐放弃了早期不考虑变量的时间序列特性,并采用单方程回归的方法,而更多地采用考虑了变量时间序列性质及其之间内生性关系的方法。考虑到向量自回归(VAR)和误差修正模型(ECM)中变量可能存在多个协整关系,给汇率传递效应的解释造成不确定性,本章选取自回归的分布滞后模型(ARDL)作为研究方法。ARDL 通过将给定时期内国内物价水平的累计变化与同一时期内的名义汇率,以及国内、国外其他控制变量的累计变化进行回归分析,从而得到汇率和其他控制变量对物价变动的长期和短期影响,计量结果一方面克服了 VAR、ECM 等模型造成的不确定性,另一方面多变量对物价的长期和短期影响,可服务于短期国内通货膨胀治理以及中长期人民币汇率形成机制改革研究。

8.3.2　分布滞后模型

汇率对国内价格的影响具有直接、间接效应两种,前者是指汇率变动引起进口价格变动,而进口产品作为中间投入品和最终消费品的一部分,将直接影响生产者价格和消费者价格。后者是指汇率变动影响净出口、货币供应量、跨境资本流动等,进而影响总需求和总供给,形成国内一般价格水平的变动。在此基础上，本章借鉴 Goldberg 和 Knetter（1997）、Bailliu 和 Fujii（2004）、Jeevan Kumar Khundrakpam（2007）的研究，给出汇率变动对国内价格水平影响的一般模型：

$$P_t = \alpha + \delta X_t + \gamma E_t + \theta D_t + \varepsilon_t \tag{8.1}$$

式中，P_t 表示国内一般价格水平；X_t 表示国外控制变量（通常是国外出口商的价格或成本）；E_t 表示名义有效汇率；D_t 表示国内控制变量（通常是和国内经济发展相关的变量，例如国民收入、货币供应量等）。

本章仿照 Amit Ghosh 和 Ramkishen S. Rajan（2008）的建模方法，构建以国内一般物价水平（P）为被解释变量，国外价格指数 P^*［依照 Campa 和 Goldberg（2005）定义的国外价格指数 P^* 作为国外控制变量的代理变量，$P_t^* = (NEER_t * P_t/REER_t)$，其中，NEER 代表名义有效汇率，REER 代表实际有效汇率］；名义有效汇率（NEER）；国民经济产出缺口（Y）；货币供应量（M）①，作为解释变量的理论模型，其形式如下：

$$P_t = \beta_0 + \beta_1 P^* + \beta_2 E_t + \beta_3 Y_t + \beta_4 M + \varepsilon_t \tag{8.2}$$

参考 Reginaldo pinto Nogueira Junior（2006）的分析框架，并结合理论模型，得到如下反映汇率传递效应的方程：

$$\Delta P_t = \beta_0 + \sum_{i=1}^{n} \beta_1 \Delta P_{t-i} + \sum_{i=0}^{n} \beta_2 \Delta P_{t-i}^* + \sum_{i=0}^{n} \beta_3 \Delta E_{t-i}$$
$$+ \sum_{i=0}^{n} \beta_4 Y_{t-i} + \sum_{i=0}^{n} \beta_5 \Delta M_{t-i} + \varepsilon_t \tag{8.3}$$

式中，Δ 代表差分，n 代表滞后项。

8.3.3 数据选取描述

（一）数据的选取和处理

1999 年至 2011 年以来，国内的价格市场化程度、汇率弹性以及对外开放度不断提升。国内学者研究表明，2005 年 7 月前后，汇率变动对国内物价水平的影响存在结构性变化的特点，因此，本章利用 1999 年 3 月至 2005 年 6 月，以及 2005 年 7 月至 2011 年 9 月作为两个样本时间，通过两阶段的 ARDL 模型，研究汇率改革前后的人民币名义有效汇率对国内价格水平的影响。其中，（1）选取 CPI 作为国内一般物价水平的代理变量，由于国内尚没有公布

---

① 国内控制变量引入货币供应量一方面考虑了货币供应量与物价水平的联系，且加入货币供应量后，增强了模型的解释力；不选取国内利率的原因，是国内利率的市场化程度较低。

CPI定期比数据,因此,本章利用1999年3月至2011年9月的CPI同比数据和2001年的环比数据得到定基比数据(P),其中令2002年1月为100。①(2)选取NEER作为汇率的代理变量(E)。②(3)利用NEER、REER和CPI定基比数据,计算得到国外价格指数P^*。③(4)因为国内没有公布国民收入的月度数据,所以通常选取工业增加值作为国民经济产出的代理变量。自2006年12月以来,由于统计调整不再公布工业增加值,因此利用工业增加值的同月和累计同比增长率来推算工业增加值,在利用$X12$进行季节调整后,利用HP滤波技术(平滑参数1 400)获得工业增加值的循环因素(Y),作为产出缺口。④(5)利用M_1作为货币供应量的代理变量(M)。⑤

(二)数据的描述

在图8-2中,国内物价水平和国外物价水平呈现出总体上扬的态势,较

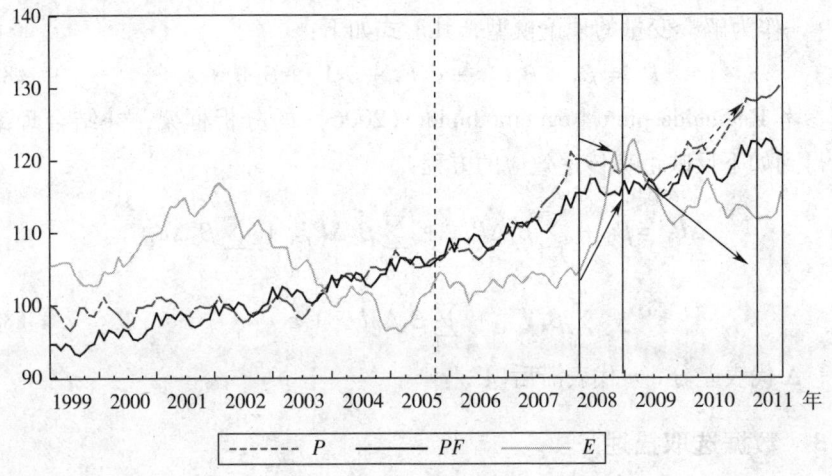

注:图中实线箭头表示名义有效汇率的走势,虚线箭头表示CPI定基指数的走势。

图8-2 国内CPI定基指数(P)、国外价格指数(PF)和名义有效汇率(E)的走势

---

① 资料来源:Wind数据库。
② 资料来源:BIS官方网站。
③ 其中REER来源于BIS官方网站。
④ 主要数据来源于中国国家统计局官方网站。
⑤ 数据来源于中国人民银行官方网站。以上各种数据序列,除工业增加值循环因素外,全部使用$X12$进行季节调整。

之于国外物价变动,自 2006 年年中开始,国内物价波动的幅度加大,先后经历了 2006 年年中至 2007 年的价格快速上涨、2008—2009 年价格回落,和 2010 年 10 月至 2011 年 9 月价格的快速上涨三个阶段。较之于国内外价格水平,名义有效汇率波动幅度较大,呈现出双峰态势。从 1999 年 3 月至 2003 年,名义有效汇率先升高后降低,同期国内物价水平较为稳定,2004—2007 年名义有效汇率和国内物价水平大致呈现出同方向的变动趋势,进入 2008 年以来,名义有效汇率和国内价格水平变动呈现出相反趋势的特点十分明显。

8.4 实证分析

8.4.1 数据分析和检验

(一)平稳性检验

为了避免非平稳的经济变量在回归分析过程中带来的伪回归问题,首先对时间序列进行平稳性检验。本章采用 ADF 的检验方法,对两个阶段的 P、ΔP、P^*、ΔP^*、E、ΔE、Y、M、ΔM 逐个进行单位根检验。检验结果显示,P、P^*、E、M_1 的原序列都是非平稳的,但一阶差分后在 10% 的显著性水平下都是平稳的,所以这些变量都是一阶单整的,即满足 I(1)。汇改之后,Y 在 10% 的显著性水平下是平稳的。

表 8-1　　　　　　　　　各个变量的单位根检验

变量	2005 年 7 月汇改之前,各数据的平稳性检验					2005 年 7 月汇改之后,各数据的平稳性检验				
	ADF 统计量	1% 临界值	5% 临界值	10% 临界值	结论	ADF 统计量	1% 临界值	5% 临界值	10% 临界值	结论
P	-1.10	-4.09	-3.47	-3.16	非平稳	-2.36	-4.09	-3.48	-3.17	非平稳
ΔP	-7.60	-3.52	-2.90	-2.59	平稳	-2.61	-3.53	-2.90	-2.59	平稳
P^*	-1.75	-4.09	-3.47	-3.16	非平稳	-2.33	-4.09	-3.47	-3.16	非平稳
ΔP^*	-6.93	-3.52	-2.90	-2.59	平稳	-4.59	-3.52	-2.90	-2.59	平稳
E	-0.44	-3.52	-2.90	-2.59	非平稳	-1.40	-3.52	-2.90	-2.59	非平稳
ΔE	-6.87	-3.52	-2.90	-2.59	平稳	-5.45	-3.52	-2.90	-2.59	平稳
M_1	-1.34	-4.09	-3.47	-3.16	非平稳	-2.09	-4.09	-3.48	-3.17	非平稳
ΔM_1	-10.73	-3.52	-2.90	-2.59	平稳	-2.62	-3.53	-2.90	-2.59	平稳
Y	-1.46	-3.52	-2.90	-2.59	非平稳	-2.76	-3.52	-2.90	-2.59	平稳

资料来源:作者自行整理。

(二) 协整检验

根据平稳性检验的结果，考察汇改前后两个阶段 ΔP、ΔE、ΔM_1、Y 之间的协整关系。第一，确定 VAR 的最优滞后阶数，为 3 阶，这成为确立此后 ARDL 模型滞后阶数的主要依据之一。第二，利用 Johansen 检验方法，检验了 5 个变量之间的协整关系，在汇改之前阶段，发现至少存在 3 种协整关系，在汇改之后阶段，发现至少有 5 种协整关系，这使得利用 VAR 方法研究时各个变量之间的关系是不确定的。

(三) 格兰杰因果检验

格兰杰因果检验结果表明，2005 年 7 月汇率改革之后，各变量之间的格兰杰因果关系出现了变化（见表 8-2）。第一，汇改前后，E 变成了 P 的格兰杰原因，但 P 始终不是 E 的格兰杰原因，这可能是因为汇率改革加大汇率波动弹性，汇率变动对国内物价水平变动影响加强；第二，汇改前后，M_1 始终是 P 的格兰杰原因，P 作为 M_1 格兰杰原因的显著性增强，这可能由于国内货币政策调控水平以及市场参与主体的预期能力提升，M_1 对 P 的变化作出反应；第三，汇改前后，Y 始终是 P 的格兰杰原因，P 作为 Y 格兰杰原因的显著性增强，这可能由于价格市场化程度提高，价格机制在资源配置中的作用逐渐加强；第四，汇改前后，P^* 变成了 P 的格兰杰原因，P 变成了 P^* 的格兰杰原因，这可能因为开放度的提升，使得国内国外价格的联系更加紧密。这些变动定性地反映出国民经济各变量的内生性、联动性逐渐加强。

表 8-2　　汇率改革前后各变量的格兰杰因果检验

	2005 年 7 月汇改之前阶段				2005 年 7 月汇改之后阶段			
原假设	E 不是 P 格兰杰原因	M_1 不是 P 格兰杰原因	Y 不是 P 格兰杰原因	P^* 不是 P 格兰杰原因	E 不是 P 格兰杰原因	M_1 不是 P 格兰杰原因	Y 不是 P 格兰杰原因	P^* 不是 P 格兰杰原因
Prob.	0.40182	0.0258	4.80E-05	0.96308	0.0005	0.0354	0.07738	0.056
原假设	P 不是 E 格兰杰原因	P 不是 M_1 格兰杰原因	P 不是 Y 格兰杰原因	P 不是 P^* 格兰杰原因	P 不是 E 格兰杰原因	P 不是 M_1 格兰杰原因	P 不是 Y 格兰杰原因	P 不是 P^* 格兰杰原因
Prob.	0.64062	0.29628	0.10433	0.26828	0.59884	0.01974	0.00209	0.00151

资料来源：作者自行整理。

8.4.2　两阶段实证分析

综合考虑调整后的 R^2、AIC 与 SIC 的准则，以及此前 VAR 模型中最优滞后阶数，将本模型的滞后阶数设定为 3。对模型的残差项进行单位根检验、J-B 正态性检验、序列相关性 LM 检验以及 White 异方差检验后，结果表明残差项是平稳、正态的，不存在自相关和异方差。表明回归分析的结论可靠。①

（一）实证结果的分析

从短期影响和长期影响的比较看，第一，汇率改革之后，人民币名义有效汇率变动对国内物价水平的影响有增强趋势。一方面，短期汇率传递系数在汇改前后由不显著变为显著，其中，滞后一期项对国内物价水平的系数为 -0.09864；另一方面，根据 Campa 和 Goldberg（2005）给出的长期汇率传递效应衡量方法（长期汇率传递系数 = $\dfrac{\sum_{i=0}^{3}\beta_{3i}}{1-\sum_{i=1}^{3}\beta_{1i}}$），可以发现长期汇率传递系数同样在汇改前后由不显著变得显著，达到了 -0.1909。这表明在有管理的浮动汇率制度下，汇率弹性加大后，名义有效汇率升值（贬值）与国内物价水平上升（下降）具有更强的负相关关系。这在一定程度上解释了图 8-2 反映的 2008 年以来名义有效汇率和国内价格水平变动呈现出的显著反向变化关系。第二，汇改之后，两个国内控制变量对国内物价水平的长期影响强度呈现出相反的变化，产出缺口长期影响趋于增强，M_1 变化长期影响趋于减弱。这背后的原因在于，在国内经济总量的膨胀，以及各个宏观经济变量内生化增强的情况下，物价水平受到内生经济周期波动的影响更为显著，M_1 变化（货币数量调控）尽管依然肩负熨平价格波动的重要职责，但由于本轮通货膨胀根源的特殊性以及宏观经济内生性增强，单纯依靠货币数量调控干预物价水平，将面临更长的时滞和更大的挑战。第三，汇改之后，国外价格变动对国内价格的长期影响减弱了，这背后的原因是汇率弹性加大后，国外价格的变动对国内价格的传递效应部分地被波动的汇率吸收了。

表 8-3 汇率改革前后两个阶段模型中各变量对国内价格的短期影响和长期影响

期限	短期效应				长期影响			
变量	ΔE	ΔY	ΔM	ΔP^*	ΔE②	ΔY	ΔM	ΔP^*
期数	滞后0-4期	滞后0期	滞后1期	滞后0期	0至3期和	0至3期和	0至3期和	0至3期和
汇改前模型	—	-0.108603	1.600103	1.034958	0.010561	0.042463	2.523437	1.248516

① 其中，汇改前后两阶段模型回归的结果省略。
② 此处的长期影响不显著，因为四个短期影响全都不显著。

续表

期限	短期效应				长期影响			
变量	ΔE	ΔY	ΔM	ΔP^*	ΔE①	ΔY	ΔM	ΔP^*
期数	滞后1期	滞后1期	滞后0期	滞后2期	0至3期和	0至3期和	0至3期和	0至3期和
汇改后模型	-0.09864	0.062776	0.40785	-0.86189	-0.1909	0.112832	0.694422	0.074836

资料来源：作者自行整理。

（二）通货膨胀环境、汇率波动、对外开放度以及时间对汇率传递效应影响分析

从国外的研究文献看，汇率对一般物价的影响程度和通货膨胀水平、汇率波动率以及经济开放度具有正相关关系。考虑到实证结果中，人民币NEER长期和短期传递效应显著上升，因此，需要回顾过去的151个月，对国内经济的变动趋势进行简要回顾，因为除了2005年7月汇率改革这一特定事件之外，两个样本阶段中通货膨胀环境、汇率波动率以及对外开放度，伴随着中国经济的不断发展，发生了显著的变化：

第一，国内价格市场化程度由1999年的94.8上升到2005年的95.6，货币化程度由1999年的1.34上升到2010年的1.81。价格市场化和货币化程度提高，加大了国内物价水平的内生性，引发国内通货膨胀环境出现变化，2000—2004年5年间的物价上涨幅度的算术平均值为0.002817；2006—2010年5年间的物价上涨幅度的算术平均值为0.027606，这表明汇改后国内的通货膨胀水平更高。第二，伴随着汇改之后，人民币对美元升值，人民币名义有效汇率波动方差也有所增加，1999—2004年的6年间，NEER的波动方差算术平均值为2.03353；2005—2010年的6年间，NEER的波动方差算术平均值为2.761779。第三，伴随着经济全球化的不断深入，中国的总体开放度不断提高，已经由2001年的56.35上升到2006年的121.20，未来伴随着中国资本金融项目开放度的稳步提升，中国的开放程度将进一步提高，加大了外部冲击对国内价格的潜在影响。② 实证结论与国内基本情况共同说明，人民币汇率对国内物价水平的影响程度与通货膨胀水平、汇率波动性和开放度同样具有正相关关系，这与国外研究的结论一致。

---

① 此处的长期影响不显著，因为四个短期影响全都不显著。
② 上述数据源自《中国价格统计年鉴》、人民银行官网、国家统计局官网、BIS网站，后经作者自行整理。

8.5 主要启示

本章主要考察了2005年7月汇率改革前后两个阶段，人民币名义有效汇率变动对国内一般物价水平的影响，讨论兼顾了国民经济产出缺口、货币供应量以及国外价格水平对国内价格水平的影响。研究结论表明：

第一，汇改之后，名义有效汇率升值（贬值）与国内物价水平上升（下降）具有更强的负相关关系。表明名义有效汇率变动对国内物价水平的影响有增强趋势。其中短期汇率传递系数在汇改后变得更加显著，达到-0.099；长期汇率传递系数在汇改后变得更为显著，达到-0.19。

第二，自2005年7月以来，产出缺口对国内物价的长期影响趋于增强，由0.042提高为0.11；M_1变化对国内物价的长期影响趋于减弱，由2.52下降为0.69，这表明在宏观经济内生性增强的条件下，依靠货币数量调控干预物价水平的难度将加大，这符合中国货币政策更少强调流动性数量控制，更加关注利率的变动，以及允许更大汇率弹性的改革方向，这将为货币政策适应当前的宏观经济条件提供更大的回旋余地。

第三，人民币名义有效汇率对国内物价水平的影响程度与国内通货膨胀水平、汇率波动性和开放度呈现出正相关关系。这意味着在通货膨胀水平、汇率波动性和开放度不断提升的新环境中，运用汇率政策和货币政策协调的方式，一起干预国内物价水平将获得更显著的效果。

本章的研究结论对于中国的汇率制度改革、货币政策实施以及各个政策工具的协调具有重要启示，主要体现在以下几个方面：

第一，伴随着国内市场化程度和对外开放度的不断提升，国内宏观经济变量的内生性正不断加强，面对复杂的政策目标，需要加大政策协调和配合的机制。加大人民币对美元双边汇率的弹性，将使汇率由目标属性向政策工具属性转变。名义有效汇率升值，将在节制输入性通货膨胀的同时，提高货币政策的自由度，使之从治理通货膨胀和支持中小企业融资的两难中走出，开始有能力顾及国内经济的结构性调整，化解广大中小企业的融资困境。此外，有助于从根本上扭转低弹性双边名义汇率和冲销干预形成的货币超发对国内物价和通货膨胀预期的影响。

第二，由于受制于量化宽松政策本身与作为市场经济核心的价格机制存在内在的矛盾，美国的两轮量化宽松政策对于提高就业率效果甚微，但是全球流动性泛滥，在一定程度上加大了新兴市场国家的通货膨胀水平，面对动荡复杂的国际形势，中国适时、适度地扩大人民币汇率波动弹性，利用高通货膨胀和高汇率波动下较为显著的汇率传递效应，节制输入性通货膨胀的影响。历史上，20世纪六七十年代的德国、日本都面对着与今日中国极为类似的权衡取舍，只是德国坚决抵制通货膨胀，及时放大汇率弹性，实现了经济平稳增长，而日本由于迟滞了汇率浮动，放纵了通货膨胀，而于之后陷入极端紧缩货币诱发的严重衰退，这值得中国借鉴。

第三，从内部看，目前人民币适度升值，不仅有助于使资源从"不经济"的低端外向型部门流出，促进产业高端化发展以及国内服务部门的成长，而且有利于为经济转型提供一个相对合理稳定的价格环境；从外部看，无论是历史上史密森体系的解体，还是当前所谓"复活的布雷顿森林体系"的消失，都不能否认低弹性（或者钉住）汇率对于促进全球经贸发展方面的先天优势，但是在低弹性的汇率安排下，中心国和外围国由于经济周期不一致和缺乏货币政策协调，往往加大彼此的利益冲突，这成为各国央行加大汇率弹性的主要考虑。因此，渐进式地加大人民币对美元的双边名义汇率弹性，对于促进后危机时代中国经济高质量增长具有积极的意义。

9

新常态下货币政策与汇率政策协调的结论建议

9.1 主要结论

新常态下货币政策和汇率政策协调是一个重要的理论问题，回顾国际宏观经济学的发展脉络，可以清晰地看到经济学家和中央银行家们对于货币政策和汇率政策协调的理论思考，这些经典理论和观点成为指导本书研究的方法论。货币政策和汇率政策协调同样是一个实践性很强的问题，多样性的政策协调方式对应着经济体具体情况的多样性……对于单个国家或全球经济而言，不同的政策协调方式被认为依赖于政策目标、随机冲击性质、国家的结构性特征和政策制定者的信誉。而单个新兴市场经济体在面对上述问题之外，还要关注国际竞争和国际收支状况，这使得货币政策和汇率政策协调更加复杂化了。

中国是目前全球最大的发展中国家和新兴市场经济体，推进市场化改革和实现经济平稳转型使得中国的央行面临着比成熟的工业国更为复杂的调控对象和政策目标体系。自1993年11月十四届三中全会《关于建立社会主义市场经济体制若干问题的决定》提出要建立以间接手段为主的完善的宏观调控体系以来，中国央行逐步建立起来多目标制的货币政策框架和有管理的浮动汇率制度。这种政策框架和制度安排与发达经济体，乃至一些同类型的大型新兴市场经济体是存在差异的。从21世纪以来的调控效果看，中国比其他金砖四国获得了更高的年均经济增长速度和更低的年均CPI上升水平，从一个侧面反映出多目标的政策框架所发挥的作用。从理论上看，多目标制货币政策框架在一定条件下会存在政策目标的冲突，而协调不同政策的重要方法之一就是政策目标的优先排序。

进入新常态以来，中国经济发展面临国内外诸多矛盾叠加，风险隐患交汇的严峻挑战。供给冲击、真实需求冲击、资本流动冲击叠加扰动中国经济，在暴露结构性问题的同时，加剧周期性问题。面对复杂多变的经济金融形势，中国央行主动适应经济发展新常态，保持货币政策的审慎和稳健，尤其是注重根据形势变化把握好调控的节奏、力度和工具组合，加强预调微调（中国人民银行货币政策分析小组，2017）。稳健的货币政策效果显著。银行体系流动性合理充裕，货币信贷和社会融资规模平稳较快增长，利率水平低位运行，人民币对一篮子货币汇率保持基本稳定，对美元双边汇率弹性进一步增强。在一系列政策措施的共同推动下，中国经济运行总体平稳，为顺利推进供给侧结构性改革创造了良好环境。

　　基于新世纪至新常态中国货币政策和汇率政策协调的特征和近年来货币政策和汇率政策协调的问题，本书利用政策目标优先排序并辅之以配套政策措施的方法，使货币政策和汇率政策协调能够更好地服务于新常态下货币金融调控需要。本书首先利用国际经验借鉴的方法，分析了一个多世纪以来，英国、德国、日本、中国曾退出钉住汇率制，转向内部稳定的历史事件，归纳了大型经济体纷纷由外部稳定目标转向内部稳定目标的一般性原因，并结合德国和美国的政策协调经验，获得了央行在重点关注内部稳定上要关注通胀目标和资产价格（即广义价格水平），在兼顾外部稳定上要防范有效汇率过度升值和经常项目恶化的启示。特别是结合此次国际金融危机前美国的经验，进一步将资产价格（或家庭财富—收入比）纳入到内部稳定目标中去，丰富和发展了新的政策协调的内涵。此后，基于新兴市场经济体最优货币政策与汇率政策的分析框架，建立新常态下货币政策与汇率政策协调的理论模型。在原有分析框架下，引入供给冲击，刻画供给冲击影响供给侧经济活动、资本流动及各种预期的机制。基于多目标优化方法，求解不同协调方式与工具组合下货币政策、汇率政策的最优反应函数，及货币当局总体福利水平和政策信誉状况。分析结果表明，考虑到新兴市场经济体的结构性特征，"善意忽略"的大幅汇率波动不是新兴市场经济体央行的合理选择。在利率工具的基础上，引入冲销外汇干预，不论在通胀目标制还是相机抉择货币政策下，都有助于改进央行福利。新常态下，中国经济面对供给冲击、需求冲击和资本流动冲击的叠加干扰，货币当局加强货币政策与汇率政策协调将提升央行的福利水平和政策信誉。然后，本书基于NO-EM–DSGE方法对新常态下货币政策和汇率政策协调进行模拟分析，本书论证了黏性物价条件下钉住国内通胀目标的货币政策（泰勒规则）比钉住汇率目标的政策（固定汇率制）能够更好地稳定宏观经济变量，但是如果过度追求低通胀目标有可能引发汇率的剧烈波动，因此，需要在强调通胀目标的同时，兼顾汇率的基本稳定。同时，在面对外国货币政策冲击时，不同经济周期下本国可以采取不同的货币政策和汇率政策协调方式加以应对，屏蔽外部冲击。基于国际经验借鉴和政策模拟分析，并结合未来中国货币政策调控体系更加成熟的趋势，本书尝试性地建立了新常态下新的货币政策和汇率政策协调方式，即由过去美元汇率锚（主要锚）加上货币总量目标（次要锚）的原有协调方式向通胀目标（主要锚）加上混合汇率目标（次要锚）的新型政策协调方式转变。其中，由美元汇率锚这一处于主要地位的、明确的、精确的名义锚转换为混合汇率锚这一处于次要地位的、隐含的、不太精确（只能是基本稳定的）的名义锚。由货币总量目标这一处于次要地位的、不太精确的名义锚转换成为通胀目标这一处于主要地位的、精确的名义锚。使中国在由外部稳定向内部稳定倾斜过程中，通过新的政策协调的方式，获得更为理想的内部稳定（通胀）目标，并兼顾外部稳定（汇率）目标。此外，本书通过实证分析的方法，以汇率政策对通胀目标影响这一个方面考察了特定条件下中国货币政策和汇率政策协调的实际效果，认为有效汇率升值可以起到抑制通货膨胀的作用。以上分析结论，为进一步完善新常态下中国货币政策框架，提高政策协调水平提供了思路。

9.2 政策建议

中国渐进式改革推进的内在基本逻辑，要求逐步加强货币政策和汇率政策的间接调控机制和价格型调控手段。尽管在货币政策和汇率政策协调中存在一定的矛盾，央行还是针对经济运行中出现的各种新情况、新问题进行了积极的应对，综合运用货币政策和汇率政策的各种工具和调控机制，支持了经济发展。从货币政策和汇率政策工具使用的角度看，第一，发行中央银行票据和提高法定存款准备金率的创新[①]、灵活[②]运用不仅不同程度地"冻结"[③]了资金

[①] 2004年12月，为缓解短期中央银行票据滚动到期的压力，在原有3个月、6个月和1年3个品种基础上增加了3年期中央银行票据品种，有效地提高了流动性冻结深度。2006年和2007年，根据调控需要，还多次向贷款增长偏快、资金相对充裕的商业银行定向发行中央银行票据，以强化对冲效果。同时，中央银行票据具有无风险、期限短、流动性高等特点，弥补了中国债券市场短期工具不足的缺陷，为金融机构提供了较好的流动性管理工具和投资标的。定期发行中央银行票据还有助于形成连续的无风险收益率曲线，从而为推进利率市场化创造了条件。

[②] 2003年9月起至2011年6月，中国人民银行调整存款准备金率36次，其中上调32次（2008年下半年在应对国际金融危机冲击期间4次下调）。具体操作时，都是采取小幅调整且提前宣布，给金融机构调整资产负债结构提供缓冲的时间。

[③] 这里的"冻结"是一种近似的说法，根据王国刚（2012）的研究，人民银行屡屡提高法定存款准备金率的主要用途在于对冲外汇占款。

的流动性，而且间接释放货币的"从紧"信号，实现了导向紧缩货币的效应和引致某些金融机构资金紧缩的效应。由此解决了对冲外汇占款所需资金的困难，又避免了因大量发行货币可能引致的流通中货币过多从而发生通货膨胀的后果（王国刚，2012），为人民币汇率形成机制的渐进式改革创设了时间窗口。第二，通过采取自主、渐进和可控的汇率灵活性的增强方式，与扩大内需的一系列结构性政策相互配合，使得国际收支趋于均衡，为从根本上化解流动性过剩的问题，为提高货币政策有效性和灵活性创造了条件，而且为企业、居民、金融机构认识和适应浮动汇率制度提供了必要的时间和准备。此外，伴随着土地、劳动力等要素价格的显著上涨，以及国际金融危机和欧洲债务危机的先后冲击引致的外需下降，外汇市场供求趋于平衡，人民币汇率趋向均衡水平，为实现人民币汇率的双向浮动创造了条件。第三，通过货币政策工具和汇率政策工具的综合使用，有效降低了单一工具可能带来的负面影响，在化解了各种错综复杂矛盾的同时，较好地发挥了货币政策和汇率政策协调在宏观经济调控中的作用。

新常态下，中国央行实行稳健中性的货币政策，维护流动性基本稳定，综合运用价、量工具和宏观审慎政策加强预调微调，调节好货币闸门，优化货币供给结构。注重宏观调控改革创新，寓改革于调控之中，把货币和汇率政策调控与供给侧结构性改革紧密结合起来，充分地发挥市场在资源配置中的决定性作用。针对金融深化和创新发展，完善调控模式，强化价格型调节和传导，抑制资产泡沫，提高金融运行效率和服务实体经济的能力，同时守住不发生系统性金融风险的底线。深化汇率形成机制改革，在增强汇率弹性的同时，保持人民币汇率在合理均衡水平上的基本稳定，维护了人民币在全球货币体系中的稳定地位。通过新常态下货币政策与汇率政策协调，更好地平衡稳增长、调结构、抑泡沫和防风险之间的关系，为供给侧结构性改革营造适宜的货币金融环境（中国人民银行货币政策分析小组，2017）。

从新世纪至新常态中国央行的实践经验看，实现新常态下货币政策和汇率政策协调的关键在于明确政策的目标体系，不断推进体制和机制创新，为新的货币政策和汇率政策协调创造良好条件。本书认为，需要从以下几个方面进行努力。

9.2.1 优化货币政策和汇率政策目标体系，指导相关政策制定

（一）确立实施以通胀目标作为主要名义锚的更为现代的货币政策框架，并将该目标作为短期政策制定的指导

随着中国金融改革的深入，以及金融市场越来越紧密地融入全球经济，中

国在新常态下应考虑实施以（纳入宏观审慎框架）的（弹性）通货膨胀目标为核心的更为现代的多目标货币政策框架，并将这一目标作为短期政策制定的重要指导。通货膨胀目标作为主要的名义锚的优点在于它直接瞄准了政策目标并确定了优先次序（首先是通胀目标，另一个目标是潜在经济增长率，纳入宏观审慎框架意味着还要维护金融稳定），这和中国当前货币政策多目标制下更加关注通货膨胀的政策目标是近似兼容的。尽管现在尚不具备立刻建立这种新的政策框架的条件，但是需将其作为长期目标来指导短期的政策制定：第一，继续保持一定程度的资本管制，使汇率制度的弹性增强，在正常情况下，减少央行通过外汇操作支持特定汇率目标的行动，为货币政策灵活性创造条件，当然伴随着汇率弹性加大，使得原有的汇率锚不能成为一个主要的锚，还需要在短期内利用货币总量目标发挥货币锚的作用，并逐步向更加精确的通胀目标过渡。第二，由央行宣布一个明确的长期的（最初可以是短期的，例如1年）低通胀目标（例如每年不超过4%[①]），以此降低公众对于货币政策不确定性的担忧，从而更好地锚定长期预期。第三，在中央政府战略指导下，给予中央银行货币政策操作上更大的独立性。当然为了确保操作独立性的完全有效，中央银行需要来自政府的战略指导提供的正式的纪律和问责。第四，深化金融体系改革，稳步推进利率市场化，强化价格型政策调控的传导机制，在继续采取数量型政策调控的同时，越来越多地引入利率这一价格型调控工具，以实现更加精确的通货膨胀目标。第五，提高中央银行在统计分析和预测方面的能力。第六，为了配合长期中通货膨胀目标制的实行，政府需要执行较为严格的财政纪律。

（二）稳步推进人民币汇率形成机制改革，维持中国有效汇率的基本稳定

坚持主动性、可控性和渐进性的原则，完善人民币汇率形成机制，保持人民币名义有效汇率的基本稳定。由于人民币汇率比以往更加接近均衡水平，且外汇交易主体风险管理能力逐步提高，逐步扩大人民币汇率浮动幅度的时机比较成熟，因此，可以适度、逐步扩大人民币对美元汇率浮动区间，实现双向浮动。逐步实现由人民币对美元汇率的稳定，向对货币篮汇率（名义有效汇率）基本稳定的转换。从中期看，在区间内管理货币篮汇率，实现有效汇率的基本稳定是必要的，要化解资本流动冲击的消极影响。从长期看，伴随着国内外汇

[①] IMF 在 2010 年有一篇有分量的研究报告。主张实施并调整通货膨胀目标制，并主张把目标从 2% 修订为 4%。尽管未形成正式文件，但它代表了 IMF 的新动向（周小川，2012）。

市场的逐步发展，可以逐步放大货币篮汇率的浮动区间。在可能的情况下，允许在区间内实行趋势爬行（Trend Crawl），以适应由于巴拉萨—萨缪尔森效应的结构变化导致的长期的真实汇率变化。但是借鉴德国名义双边汇率渐进升值和有效汇率总体平稳的经验看，加快汇率形成机制改革，降低贸易摩擦，维护外部环境，对提高货币政策独立性和灵活性是有必要的，但是也要维护汇率的基本稳定，防止资本流动冲击带来的宏观经济风险。

（三）完善货币政策和汇率政策的目标体系和操作手段，更好地实现货币政策意图

第一，完善货币政策和汇率政策的最终目标。"币值稳定"对内为物价稳定、对外为汇率稳定。从内外稳定的关联上看，由于在物价变动和汇价变动中存在着诸多复杂因素（货币发行量和利率是难以涵盖的），因此，将保持物价稳定和汇率基本稳定都归于货币政策，会给货币政策的制定和实施带来挑战。因此，可以将物价稳定作为货币政策目标；将汇率基本稳定作为汇率政策目标。从两个稳定的各自内涵看，对内的物价稳定，不仅包含通货膨胀目标，还包括广义的价格水平（如PPI及一些资产价格），以防止单一的通货膨胀目标出现的系统性偏差；对外的汇率稳定，是全面反映一个经济体对外经济往来的真实汇率稳定，而不是与某个大国的双边名义汇率稳定，从理论上看实际有效汇率稳定较为合适，但是实践中名义有效汇率更为合适。第二，完善货币政策和汇率政策的中间目标。需要修订和调整监控指标体系，不仅要修订 M_2 和 M_1，而且要进一步论证和完善金融总量、流动性总量、社会融资总量、家庭财富—收入比等指标，在必要时可能还需要引入类似货币状况指数（MCI）、经常项目顺差与GDP之比等兼顾反映汇率信息的新的中间监测指标，使这些观测指标更加符合中国实际，具有较强的可测性、相关性和可控性，成为贯彻货币政策和汇率政策意图的依据。第三，完善货币政策操作工具。在货币政策调控方面，从最近十年的实践经验看，在各项工具中，调控新增贷款规模对于贯彻货币政策意图较为有效，所以，这个工具还需坚持，但屡屡采取行政机制调控的方式需要调整。一个可考虑的选择是，加强与金融监管部门的协调，将信贷政策工具纳入货币政策的操作工具范畴，通过对信贷政策工具（如资本充足率、拨备率、流动性比率和杠杆率等）的调整，间接影响金融机构的放贷活动，同时，给予金融机构更多的选择权。在完善中央银行资产负债表的过程中，需要逐步加强以调整基准利率并由此影响金融机构存贷款活动为特征的价格调控机制。但是由于近年来中国开放程度越来越高，并在较长时间里面对着国际收支双顺差和外汇大量流入格局，在利率工具操作上还需要考虑利率平

价问题,做好本外币的协调。

9.2.2 增强货币政策和汇率政策调控能力,适应新型协调要求

(一) 调整中央银行资产负债结构,提高货币政策的自主性

调整和完善中央银行的资产负债表结构,转变以往外汇占款作为基础货币供应的主渠道的情况下对于货币政策自主性的不利影响。第一,在中央银行的资产方明确列出"人民币资产",以透明中央银行可操作的人民币资金的状况。第二,将一部分外汇资产从中央银行的资产方移出。在保留充足的外汇储备作为外汇资产之后,通过拓宽外汇使用渠道,转变外汇储备经营管理方式,将一部分多余的外汇资产从中央银行的资产方分离出去,逐步地使中央银行资产方的大部分集中用于中国国内的宏观经济调控,增强中央银行对金融机构体系和金融市场体系的资产调控能力。第三,改善中央银行的负债结构,中央银行负债主要来源于金融机构的状况从长期来看是难以持续的。需要逐步加大中央银行负债方中"货币发行"的占比,提高中央银行通过"货币发行"主动获得债务性资金的能力,以此提升中央银行的资产调控能力。通过以上措施,减弱货币供给的内生性,提高货币政策的自主性。

(二) 推进存贷款利率市场化,提高中央银行政策利率对于市场利率传导的有效性

无论在正常经济环境下,还是在危机时期,只有中央银行的利率调控政策得到充分有效的传导,政策意图作用于金融系统和实体经济的路径才会通畅,才能发挥价格型调控的优势,才能使社会效果最大化、负作用最小化(周小川,2011)。稳步推进中国存贷款利率市场化改革,有助于提高中央银行政策利率调控的有效性。第一,要加快培育市场基准利率体系,引导金融机构增强风险定价能力。第二,选择具有硬约束的金融机构,让它们在竞争性市场中定价。可以将宏观审慎性几项标准作为一个标尺,建立一个适应宏观审慎管理需要的稳健性标准,对于达到宏观审慎性标准的金融企业,给予其更大的存贷款利率自主定价权。第三,发展公司债券市场,增加社会主体金融产品的选择权。要推进存贷款利率市场化,必须给企业、存款人和金融机构以及其他的市场参与主体以金融工具的选择权。公司债券利率对资金供给者和资金需求者是同一价格,它高于存款利率、低于贷款利率,因此,债券是银行存款贷款的替代品。因此,需要按照《中华人民共和国公司法》和《中华人民共和国证券法》的规定,加快公司债券的发行,使其发行规模可以达到与贷款余额相匹配的程度,进而发挥替代性功能。第四,健全中央银行的征信系统,引入失真信息

的纠正机制，为金融机构提供准确的客户信息和风险定价的依据。第六，要为金融机构实现财务硬约束和自主经营、自担风险提供正向激励机制，促使金融机构提高自身定价能力，从追求客户数量、追求市场份额转向其他更为综合的目标转型发展（王国刚，2010）。第七，建立健全金融机构自律性竞争秩序。充分发挥自律组织的作用和自律管理在防止不正当竞争中所具有无法替代的功能，自律性管理能够在一定程度上管理正常的价格竞争区间，制约违规行为。第八，借鉴证券市场的投资者教育，加大利率市场化背景下市场参与者的宣传教育，让他们明白自主选择和自我保护的权利，以更好地适应竞争性市场的价格形成。

（三）充分发挥 BBC 汇率政策优势，保持外汇市场平稳运行

转变中央银行外汇操作方式，降低入市干预的频率，使市场供求在汇率形成中发挥更大作用，但针对市场汇率出现过度波动，需要进行必要干预，保持外汇市场总体运行平稳。针对金融危机时期国际金融市场动荡，可以采取相机抉择的策略，暂时性地收紧人民币对美元的汇率波动幅度，树立央行坚决防止汇率剧烈波动并严重偏离经济基本面的信誉。针对货币冲击的潜在风险，中国的央行可以灵活运用 BBC（Basket - Band - Crawling）汇率政策，降低国际投资资金冲击人民币汇率的意愿。由于货币篮中各种货币权重的随机选择会给针对货币篮价值的投机交易带来更大的不确定性，所以，中国的央行可以通过创造货币篮成分中各种货币权重的不确定性来阻止投机。在必要时，央行还可以允许汇率暂时离开汇率带，以使投机者无法确切地预测央行将要何时进行干预。

（四）提高央行统计分析与预测的能力，为实现更加精确的政策调控夯实基础

作为一个处于转型阶段的新兴市场经济体，中国在货币政策和汇率政策制定中对于统计数据的产生、分析和解释存在一些特殊的问题。例如，中国作为一个新兴市场经济体，其生产率增长可能面对更大程度的波动性，对于这一指标的预测较之于发达经济体会更难。正是考虑到这些复杂性，更需要加强央行统计分析和预测的能力，以适应中国货币政策目标（例如通货膨胀目标）要求更加精确、政策工具更加注重价格型手段进行微调的发展趋势。第一，中央银行必须及时地获取中国宏观经济和金融状况的全面准确的数据，并且使公众可以通过其官方网站上的数据库获得这些数据（这方面可以借鉴美联储的经验）。此外，中央银行还应该利用其分支机构来建立一个全国范围的网络，以获取国内当前最新的经济和金融状况的资讯。第二，中央银行需要拥有支持政策工具灵活应对经济形势的分析能力。这种能力包括拥有训练有素的经济学家

和统计学家成员、通信等硬件设施现代化,以及实现这些能力的资源。第三,中央银行需要持续改善和推广其发布的对中国经济和金融形势的评估和预测、货币政策沟通报告(例如可以推出一些新的专题类报告,通货膨胀报告、货币政策委员会会议纪要等),以及服务于各类政策的特定指标(例如,可以尝试定期公布的名义有效汇率,引导企业和公众改变主要关注人民币对美元双边汇率的习惯,逐渐把有效汇率水平作为人民币汇率水平的参照系和调控的参考),等等。最终,通过提高数据统计和预测分析的能力,提高产出缺口、经济潜在增长能力和供求结构匹配性等关键指标的测算能力,提高政策调控的前瞻性、精确性,更好地树立央行在货币政策目标(例如低通货膨胀率)和汇率政策目标(有效汇率基本稳定)承诺方面的信誉。

9.2.3 为供给侧改革营造中性的货币环境,实施稳健中性政策

(一)综合运用价、量工具和宏观审慎政策,管理好货币闸门

央行需要主动适应新常态下货币供应方式变化和金融创新深化,关注资本流动冲击、供给冲击和真实需求冲击对货币金融体系的潜在影响,监测和把握全社会的实际融资状况,灵活运用多种货币政策工具组合,维护流动性基本稳定;加强和改善宏观审慎管理,组织实施好宏观审慎评估,将金融机构表外理财业务纳入宏观审慎评估,探索将更多的金融活动和金融市场纳入宏观审慎管理,维护稳健中性的货币金融环境,实现货币信贷和社会融资规模适度增长。引导金融机构提高流动性风险管理水平,合理安排资产负债总量和期限结构。

(二)深化利率市场化改革,提高金融资源配置效率,完善金融调控机制

督促金融机构健全内控制度,增强自主合理定价能力和风险管理水平,从提高金融市场深度入手继续培育市场基准利率和完善国债收益率曲线,健全市场化的利率形成机制。逐步建立利率走廊机制,加强利率调控能力,疏通央行政策利率向金融体系及实体经济的传导。加强对金融机构非理性定价行为的监管,发挥市场利率定价自律机制的功能,采取有效方式激励约束利率定价行为,强化风险管理与行业自律,维护金融体系公平定价秩序。

(三)完善人民币汇率市场化形成机制,维护汇率和人民币国际地位的稳定

增强市场决定汇率的力度,增强人民币汇率双向浮动弹性。深化在岸外汇市场的发展,坚持金融服务实体经济的原则,为基于实需原则的进出口企业提供汇率风险管理服务。支持人民币在跨境贸易和投资中的使用。推进人民币对

其他货币直接交易市场发展，更好地为人民币的跨境使用服务。密切关注国际形势变化对资本流动的影响，完善对跨境资本流动的宏观审慎管理。在人民币国际化进程中，尽快建立金融处罚限制制度，以应对极端情况下的境外金融攻击或制裁。

9.2.4 完善货币汇率政策协调的配套措施，保障转变平稳可控

（一）稳步推进外汇管理体制改革，防止短期投机资金冲击金融秩序稳定

伴随着国际经贸往来发展和资本金融项目下更广泛的可兑换性，中国需要更好地协调贸易投资便利化、跨境资金有效监管、外汇净流入压力尚存之间的关系，防范短期资金的大进大出对于中国稳定的金融秩序（价格稳定和汇率基本稳定）的冲击和影响。因此，需要利用妥善的政策组合，防止热钱大进大出，对中国金融体系、资产价格和汇率稳定造成冲击。第一，要审慎、渐进地放开外国投资者对于国内资本市场的投资，而且需要通过一个机构来实现，例如当前QFII的运作方式。在吸引外资进入资本市场过程中，需要借鉴吸引FDI的思想，即鼓励外资对股票和债券进行中长期投资，防范对冲基金快进快出所引发的资本市场动荡。此外，对于资本市场上中长期投资的撤出也需要有秩序，不能在短期内集中撤出，这对中国这样的新兴资本市场冲击过大。第二，在监管方式上，逐步由审批制度改为市场化的监管，这一方面有助于服务真实的贸易和投资，另一方面防止审批制度下的"绕行现象"和寻租行为，使得正常或异常的跨境资金流动都可以被监测到，实现信息监测及时有效和风险可控。第三，中国在逐步实现资本和金融项目可兑换的过程中，要和欧美发达经济体一样，坚持对于洗钱、恐怖主义融资和"避税天堂"的倾向进行有力限制。第四，在出现金融危机或经济动荡时，中国应保留采取IMF所认可的特殊手段的权利。第五，需要清理在外汇管理体制改革中存在的各种摩擦和漏洞，其中，包括对大量涉及外汇管理的法律进行重新修订，以适应当前发展的需要。第六，外汇管理部门要加强不同部门之间的协调和沟通，争取获得上游环节、各地方各部门以及监管对象的支持和配合。

（二）构建宏观审慎管理制度框架，防范由顺周期导致的系统性风险

近些年来，经济不稳定最先往往不是通过CPI，而是由资产价格和信贷扩张表现出来的，货币稳定并不必然等于金融稳定。2008年国际金融危机爆发后，央行提出了强化金融宏观审慎管理制度的问题，透视了货币政策、金融稳

定和宏观审慎管理之间的内在联系，诸如构建逆周期的货币政策调控体系、完善资本制度、强化对系统重要性金融机构的监管、加强对影子银行和衍生品交易的监管，等等，都纳入这一管理制度之中。宏观审慎管理制度框架是国际上反思危机教训、弥补传统金融管理制度缺陷的重要安排。中国央行需要丰富和补充金融宏观调控的工具和手段，建立起适应国情和经济发展要求的，货币政策、金融稳定和宏观审慎管理之间的协调机制和制度体系，以维护广泛意义上的整体价格稳定，特别是关于由于资产价格和信贷扩张诱发的家庭财富—收入比上升对于宏观经济中消费、国际收支、资本流动、汇率水平的长期影响。

（三）优化外汇储备经营管理，扩宽使用渠道

第一，危机时期保持较大规模的外汇储备具有稳定信心的作用。国际金融危机和欧洲债务危机后，几个主要的货币储备国启动了（量化）宽松的货币政策，国际金融市场风险加大，在这样的背景下，持有较大的外汇储备规模，可以发挥危机时期"现金为王"的作用，这有助于保持人民币汇率的基本稳定[①]，防止人民币出现大幅贬值的压力。在留足必要的外汇储备的同时，需要改善外汇储备经营管理，拓宽使用渠道。第二，适度调整美元资产在外汇储备中的比重，实现外汇储备的多元化。官方储备的分散化，符合有管理浮动汇率制下货币篮子中币种多样的特点，有利于稳定以人民币计价的储备资产价值，当然不必要使外汇储备成为货币篮制度的附属品。第三，拓宽外汇储备使用渠道。可以将外汇储备资产用于支持发达经济体或发展中国家的基础设施建设，比如医院、学校、交通系统或生态城区等，这有助于缓和与发达经济体之间的贸易摩擦，促进发展中国家（例如非洲地区）基础设施建设和提高其市场开拓水平，也可以利用这些储备在国外收购重要的战略性资源资产（如能源、矿藏等）。在具体的储备运作和投资上，可以在中央银行之外成立专门的投资公司，以期通过对一部分外汇储备实施更加积极的管理，增加投资收益，并为政府的财政收入提供额外的来源，以长期巩固本国的外部平衡和国际资信地位。此外，由于这些公司是商业导向的，它们能够为政府决策者提供相当多的贴近市场的经济和金融信息。

（四）为FDI提供国内融资机会，舒缓国际收支盈余对货币政策和汇率政策目标的冲击

长期以来，FDI在推动中国生产率提升和经济增长方面发挥了重要作用，但是在引进先进技术和管理经验的同时，也成为导致国际收支盈余，进而冲击货币

---

① 林毅夫（2012）认为后危机时代人民币宁可要保持升值的预期，也不要出现贬值的压力。

政策和汇率政策目标的一个因素。允许外国投资者在本地获得更好的融资机会，可以有效解决以上两难问题。一方面，积极探索建立国际板市场，鼓励外国企业在内地资本市场上市；另一方面，允许国外私募股权基金利用国内的资金。这样做不仅是为了解决由于 FDI 资本流入带来的资本账户盈余，而且是为了中国国内的储蓄和资本实现更有效的配置，并提高国内储蓄的回报水平。加快国内的金融体系发展，将有助于舒缓国际收支盈余对货币政策和汇率政策目标的冲击。

9.3 本书结语

在本书即将收尾之际，笔者将引用诺贝尔经济学奖获得者、欧元之父蒙代尔的话语来结束，站在思想巨人的肩膀上，或许让我们看得更远："20 世纪 70 年代是通货膨胀的十年，80 年代是拨乱反正（极大地提高了工业国中央银行的独立性）的十年，90 年代是相对稳定的十年。从经济稳定角度看，20 世纪 70 年代开始的浮动汇率试验是一场灾难，但是坏事可以转化为好事，没有浮动汇率的试验，就不会有重新学习、吸取教训的过程，历史的经验教训是：通货膨胀、预算赤字和巨额债务都有害于大众利益，纠正这些错误的成本是如此高昂，以至于没有一个民主政府还想重蹈覆辙。""然而，一个重要的经验还没有被吸取，那就是：在每一个国家都实现了价格稳定的世界里，浮动汇率实在是一个不必要的痛苦。"

"无论未来产生什么新的货币区，有一点是毋庸置疑的。美元—欧元汇率将成为事关美国、欧洲和世界其他地区的重大因素。国际货币储备从美元向欧元的多元化转移必将推动欧元急速升值，从而掀起美国和欧洲之间竞争力和就业问题的巨大波澜。如果我们相信（当时的美元、欧元和日元）三大货币区域经济相对封闭，彼此之间的汇率并不重要，甚至'善意忽视'美元—欧元汇率，那就要犯极大的错误。从长期来看，世界将从一个美元独大的世界转向美元和欧元分庭抗礼的世界，这个过渡时期可能相当长，所以有必要建立一个管理和协调架构来处理美元—欧元汇率问题。"

本书认为，蒙代尔的观点对于我们理解新常态下货币政策和汇率政策协调的必要性，特别是理解（货币政策转向内部稳定目标和人民币国际化复杂背景下）央行维护本币（有效）汇率基本稳定的政策意图，具有重要的启示。事实上，伴随着当前供给侧结构性改革的实施，关于新常态下货币政策、汇率政策和供给侧结构性改革的协调研究显得十分必要和紧迫。

参 考 文 献

[1] 保罗·沃尔克（Paul Volcker）、行天丰雄（Toyoo Gyohten）著，贺坤、贺斌译. 时运变迁：国际货币及对美国领导地位的挑战 [M]. 北京：中国金融出版社，1996.

[2] 范从来. 开放经济货币政策研究 [M]. 北京：商务印书馆，2011.

[3] 郭庆平，王爱俭. 汇率政策与利率政策协调机制研究 [M]. 北京：中国金融出版社，2007.

[4] 何帆，张斌. 寻求内外平衡的发展战略——未来10年的中国和全球经济 [M]. 上海：上海财经大学出版社. 2006.

[5] 黄达. 金融学 [M]. 北京：中国人民大学出版社，2003.

[6] 姜波克，国际金融新编（第四版）[M]. 上海：复旦大学出版社，2009.

[7] 杰格迪什·汉达著，郭庆旺、刘晓路、陈卫东译. 货币经济学 [M]. 北京：中国人民大学出版社，2005.

[8] 卡尔·E·瓦什著，陈雨露、王芳、曾刚、商越、张宗梁译. 货币理论与政策 [M]. 北京：中国人民大学出版社，2001.

[9] 李子奈，潘文卿. 计量经济学（第二版）[M]. 北京：高等教育出版社，2000.

[10] 罗伯特·M·索洛、约翰·B·泰勒、本杰明·M·弗里德曼等著，张晓晶、李永军译. 通货膨胀、失业与货币政策 [M]. 北京：中国人民大学出版社，2004.

[11] 麦金农，大野健一. 日元与美元 [M]. 上海：上海远东出版社，1999.

[12] 蒙代尔（Mundell, R. A.）著，向松祚译. 蒙代尔经济学文集（全六卷）[M]. 北京：中国金融出版社，2003.

[13] 莫瑞斯·奥博斯特福尔德、肯尼斯·若戈夫著. 刘红忠、李心丹、陆前进、郦彬译. 高级国际金融学教程 [M]. 北京：中国金融出版社，2002.

[14] 沈联涛著，杨宇光、刘敬国译. 十年轮回：从亚洲到全球的金融危机 [M]. 上海：上海远东出版社，2009.

[15] 王光伟. 国际收支与汇率金融学 [M]. 南京：东南大学出版社，2007.

[16] 吴敬琏等. 供给侧改革 [M]. 北京：中国文史出版社，2016.

[17] 夏斌，陈道富. 中国金融战略2020 [M]. 北京：人民出版社，2011.

[18] 向松祚，邵智宝. 伯南克的货币理论和政策哲学 [M]. 北京：北京大学出版社，2008.

[19] 亚当·斯密著，唐日松译. 国民财富的性质和原因的研究 [M]. 北京：华夏出版社，2006.

［20］约翰·梅纳德·凯恩斯. 就业、利息和货币通论［M］. 北京：商务印书馆，2005.

［21］约翰·史密森（John Smithin）著，柳永明、王蕾译. 货币经济学前沿：争论与反思［M］. 上海：上海财经大学出版社，2004.

［22］张卫平著. 货币政策理论：基于动态一般均衡方法［M］. 北京：北京大学出版社，2012.

［23］中国人民大学国际货币研究所. 人民币国际化报告［M］. 北京：中国人民大学出版社，2015.

［24］蔡昉. 供给侧认识·新常态·结构性改革——对当前经济政策的辨析［J］. 探索与争鸣，2016（5）.

［25］龚刚. 论新常态下的供给侧改革［J］. 南开学报（哲学社会科学版），2016（2）.

［26］贺京同，刘倩，贺坤. 市场化程度、供给侧管理与货币政策效果［J］. 南开学报（哲学社会科学版），2016（2）.

［27］胡鞍钢，周绍杰，任皓. 供给侧结构性改革——适应和引领中国经济新常态［J］. 社会科学文摘，2016（8）.

［28］黄炎龙，陈伟忠，龚六堂. 汇率的稳定性与最优货币政策［J］. 金融研究，2011（11）.

［29］雷德沃德（Petre Redward）. 中国采取爬行波幅钉住货币篮子的汇率政策［J］. 国际融资，2010（12）.

［30］林文浩. 大型经济体主动与国际本位币脱钩原因研究［J］. 现代经济探讨，2012（10）.

［31］林文浩，孙薇. 后危机时代中国汇率政策对通货膨胀的影响［J］. 现代财经，2012（7）.

［32］俞乔. 论中国汇率政策与国内经济目标的冲突及协调［J］. 经济研究，1999（7）.

［33］王国刚. 中国货币政策调控工具的操作机理：2001—2010［J］. 中国社会科学，2012（4）.

［34］王国刚. 供给侧改革中的货币政策［J］. 中国金融，2016（7）.

［35］王烁等. 专访周小川［J］. 财新周刊，2016（2）.

［36］王松奇. 如何改善宏观调控［J］. 银行家，2011（5）.

［37］项俊波. 中国本外币政策协调问题探讨［J］. 金融研究，2007（2）.

［38］谢多. 管理浮动汇率制下的货币供给和货币政策工具协调［J］. 金融研究，1996（8）.

［39］谢平，张晓朴. 货币政策与汇率政策的三次冲突——1994—2000年中国的实证分析［J］. 国际经济评论，2002（5）.

[40] 许少强, 庄后响. 东亚五国的管理浮动汇率制研究 [J]. 国际金融研究, 2007 (6).

[41] 徐涛, 王亚亚. 解读当今国际货币秩序的新范式 [J]. 国际金融研究, 2011 (2).

[42] 闫文涛. 汇率与泰勒规则文献综述 [J]. 经济学动态, 2010 (10).

[43] 殷剑峰. 人民币国际化:"贸易结算 + 离岸市场",还是"资本输出 + 跨国企业"? [J]. 国际经济评论, 2011 (4).

[44] 钟表. 德国汇率政策的经验与启示 [J]. 中国物价, 2012 (3).

[45] 中国人民银行调查统计司课题组. 协调推进利率汇率改革和资本账户开放 [J]. 中国金融, 2012 (9).

[46] 中国人民银行金融研究所. 人民币汇率形成机制改革进程回顾与展望 [J]. 西部金融, 2011 (11).

[47] 周其仁. 在收益与代价之间——当前中国经济形势分析 [J]. 理论视野, 2011 (1).

[48] 周小川. 新世纪以来中国货币政策的主要特点 [J]. 中国金融, 2013 (1).

[49] 周小川. 人民币资本项目可兑换的前景和路径 [J]. 金融研究, 2012 (1).

[50] 历年国务院政府工作报告 (1994 年至 2013 年). [EB/OL]. http://www.gov.cn/test/2006 - 02/16/content_ 200719. htm

[51] 周小川. 把握好多目标货币政策:转型的中国经济的视角 [EB/OL]. http://www.pbc.gov.cn/hanglingdao/128697/128719/128766/3090366/index. html, 2017 - 02 - 10.

[52] Black S. The Relationship between Exchange Rate Policy and Monetary Policy in Ten Industrial Countries [M]. //Exchange Rate Theory and Practice. University of Chicago Press, 1984: 499 - 516.

[53] Canto, Victor A., Douglas H. Joines, and Arthur B. Laffer. Foundations of Supply - Side Economics [M]. New York: Academic Press, 1983.

[54] James Edward Meade. 1951. The Theory of International Economic Policy [M]. Vol. 1: The Balance of Payments. Vol. 2: Trade and Welfare, with "Mathematical Supplements." London: Oxford University Press.

[55] James, Jessica, Ian Marsh, and Lucio Sarno, eds. Handbook of exchange rates [M]. John Wiley & Sons, 2012.

[56] P. Thiel, and B. Masters. Zero to One: Notes on Startups, or How to Build the Future [M]. New York: Crown Business, 2014.

[57] Tinbergen, Jan, 1952. On the Theory of Economic Policy [M]. North Holland, Amsterdam.

[58] Wolfson, Martin H., and Gerald A. Epstein, eds. The handbook of the political economy of financial crises [M]. Oxford University Press, 2013.

[59] Amit Ghosh and Ramkishen S. Rajan. Exchange rate pass – through in Korea and Thailand: Trends and determinants [J]. Japan and the World Economy, 2008 (3): 12 – 19

[60] Bacchetta, P. and van Wincoop. E. V. A Theory of the Currency Denomination of International Trade [J]. Journal of International Economics, 2005, 67: 295 – 319

[61] Benes J, Berg A, Portillo R A, et al. Modeling Sterilized Interventions and Balance Sheet Effects of Monetary Policy in a New – Keynesian Framework [J]. Open Economies Review, 2015, 26 (1): 81 – 108.

[62] Bernanke, B and F Mishkin. Inflation targeting: a new framework for monetary policy? [J]. Journal of Economic Perspectives, 1997 (3): 183 – 192

[63] Bussière M, Cheng G, Chinn M D, et al. For a few dollars more: Reserves and growth in times of crises [J]. Journal of International Money and Finance, 2015, 52: 127 – 145.

[64] . Calvo, G. A. and Reinhart M. C. Fear of Floating [J]. Quarterly Journal of Economics, 2002. Vol. 117: 87 – 90

[65] Campa, J. M., and Goldberg, L. S. Exchange Rate Pass – Through into import prices [J]. The Review of Econmics and Statistics, 2005, 87: 679 – 690

[66] Coenen G, Wieland V. The zero – interest – rate bound and the role of the exchange rate for monetary policy in Japan [J]. Journal of Monetary Economics, 2003, 50 (5): 1071 – 1101.

[67] Devereux M. Monetary Policy, Exchange Rate Flexibility, and Exchange Rate Pass – Through [J]. Revisiting the Case for Flexible Exchange Rates, 2001: 47 – 82.

[68] Erler A, Bauer C, Herz B. Defending against speculative attacks – It is risky, but it can pay off [J]. Journal of Banking & Finance, 2014, 47: 309 – 330.

[69] Fatum R. Foreign exchange intervention when interest rates are zero: does the portfolio balance channel matter after all? [J]. Journal of International Money and Finance, 2015, 57: 185 – 199.

[70] Frankel J. Historical Precedents for the Internationalization of the RMB [J]. International Economic Review, 2012, 27 (3): 329 – 365.

[71] Gali J, Monacelli T. Monetary policy and exchange rate volatility in a small open economy [J]. The Review of Economic Studies, 2005, 72 (3): 707 – 734.

[72] Ghosh A R, Ostry J D, Chamon M. Two Targets, Two Instruments: Monetary and Exchange Rate Policies in Emerging Market Economies [J]. Journal of International Money & Finance, 2016, 12/01 (1): 172 – 196.

[73] Goldberg, P. K. & Knetter, M. M. Goods price and exchange rates: What have we learned? [J]. Journal of Economic Literature, 1997, 35, 1243 – 1272.

[74] Kharel R S, Martin C, Milas C. The complex response of monetary policy to the exchange rate [J]. Scottish Journal of Political Economy, 2010, 57 (1): 103 – 117.

[75] Kydland, Finn E., and Edward C. Prescott. Time to Build and Aggregate Fluctuations

[J]. Econometrica, Vol. 50, No. 6, 1982, pp. 1345 - 1370.

[76] Lane, P. The New Open Economy Macroeconomics: A Survey [J]. Journal of International Economics, 2001, 54: 34 – 56.

[77] Li S, Tsai L C. Would a Relaxation of the Exchange Rate Regime Increase the Independence of Chinese Monetary Policy? Evidence from China [J]. Emerging Markets Finance and Trade, 2013, 49 (3): 103 – 123.

[78] Lucas, Robert E. Supply - Side Economics: An Analytical Review [J]. Oxford Economic Papers, Vol. 42, No. 2, 1990, pp. 293 - 316.

[79] Monacelli, T. Monetary policy in a low pass – through environment [J]. Journal of Money Credit and Banking, 2005 (6): 1047 - 66.

[80] Mundell R A. Capital mobility and stabilization policy under fixed and flexible exchange rates [J]. Canadian Journal of Economics and Political Science, 1963, 29 (04): 475 – 485.

[81] Obstfeld M, Shambaugh J C, Taylor A M. The trilemma in history: tradeoffs among exchange rates, monetary policies, and capital mobility [J]. Review of Economics and Statistics, 2005, 87 (3): 423 – 438.

[82] Ozkan, F. G.. and A. Sutherland. Policy Measures to Avoid a Currency Crisis [J]. The Economic Journal, Vol. 105, March 1995.

[83] Philip R. Lane. The new open economy macroeconomics: a survey [J]. Journal of International Economics, 2001 (54): 235 - 266.

[84] Stanley Fischer. Exchange Rate Regimes: Is the Bipolar View Correct? [J]. Journal of Economic Perspectives, Vol. 15, 2001 (2): 3 – 24

[85] Sutherland, A. Incomplete Pass – through and the Welfare Effects Of Exchange Rate Variability [J]. Journal of International Economics, 2005, 65, 375 – 399

[86] Taylor, M. P. , Low Inflation, Pass – Through, and The Pricing Power of Firms [J]. European Economic Review, 2000, Vol. (44) . 7 – 23

[87] Tobin, James. Monetary Policy: Rules, Targets, and Shocks [J]. Journal of Money, Credit and Banking, Vol. 15, No. 4, 1983, pp. 506 - 518.

[88] Devereux, M. B. and Yetman, J. Price – setting and Exchange Rate Pass – through: Theory and Evidence in Price Adjustment and Monetary Policy [C]. Proceedings of a Conference Held by the Bank of Canada, 2002 (11): 347 – 371.

[89] Filardo A, Guinigundo D, ng Pilipinas B S. Transparency and communication in monetary policy: a survey of Asian central banks [C]. //BSP – BIS High – Level Conference on Transparency and Communication in Monetary Policy, Manila. 2008, 1.

[90] Kim J. Monetary and Exchange Rate Policy in the Aftermath of the Asian Financial Crisis: The Case of Korea [C]. mimeo presented at the 'Korea and the World Economy X' The Association of Korean Economic Studies Conference at Claremont McKenna College, USA, 2011.

[91] Obstfeld M, Rogoff K. The mirage of fixed exchange rates [R]. National Bureau of Economic Research, 1995.

[92] Röthig A. Currency futures and currency crises [R]. Darmstadt discussion papers in economics, 2004.

[93] . Committee on the Global Financial System: Capital flows and emerging market economies, CGFS Papers No 33, Bank for International Settlements, 2009 (1): 1 – 159.

[94] David Cobham. From Bretton Woods to inflation targeting: financial change and monetary policy evolution in Europe. Heriot – Watt University Economics Discussion Papers. Working Paper No. 2012 – 03. 2012 (11): 15 – 23

[95] Giancarlo Corsetti, Luca Dedola, Sylvain Leduc (2010): "Optimal Monetary Policy in Open Economies", Federal Reserve Bank of San Francisco Working Paper Series. http://www.frbsf.org/publications/economics/papers/2010/wp10 – 13bk.pdf

[96] Gill Hammond, Ravi Kanbur, Eswar S. Prasad. Monetary Policy Challenges For Emerging Market Economies. Global Economy & Development Working Paper 36, August 2009.

[97] Gill Hammond, Ravi Kanbur, Eswar S. Prasad. 2009. Monetary Policy Challenges For Emerging Market Economies. Global Economy & Development Working Paper 36. August 2009.

[98] Goldfajn, I., and Werlang, S. R. C., 2000, The Pass – Through from Depreciation to Inflation: A Panel Study, Banco Central de Brazil Working Paper No. 5.

[99] Goldstein, M. (2004) "Adjusting China's Exchange Rate Policies." Institute for International Economics, Working Paper No. 04 – 1 (June).

[100] Obstfeld, M., 2001, International Macroeconomics: Beyond the Mundell – Fleming Model, NBER Working Paper No. 8369.

[101] Olivier Blanchard, Giovanni Dell'Ariccia, and Paolo Mauro. 2010. "Rethinking Macroeconomic Policy". IMF Staff Position Note. February 12, 2010. SPN/10/03.

[102] Ostry, Jonathan D., Ghosh, Atish R., Habermeier, Karl, Laeven, Luc, Chamon, Marcos, Qureshi, Mahvash S., Kokenyne, Annamaria, 2011. Managing Capital Inflows: what Tools to Use. International Monetary Fund, Washington, IMF Staff Discussion Note No. 11/06.

[103] Maurice Obstfeld. International Finance and Growth in Developing Countries: What Have We Learned? the Commission on Growth and Development. Working Paper NO. 34.